三國志研究入門

渡邉義浩 著
三国志学会 監修

日外選書
Fontana

題字：呉田 志穂
カバー墨絵：王 農
装 丁：赤田 麻衣子

序

　21世紀は中国の時代である、と言われることがあります。現状は、それほど中国に楽観的ではありませんが、日本と中国との関係が、現在以上に深まることは間違いのないことでしょう。ところが、現在の日本と中国との関係は、歴史認識問題などを理由に、けっして良好とは言えません。日本人の中国への無関心、それと同様に中国人の日本への無関心は、相互の偏見と差別を助長するでしょう。そんなとき、「三国志」は、日本と中国とをつなぐ大きな架け橋になるのではないでしょうか。

　こうした思いから、われわれは2006年に「三国志学会」を設立しました。三国志学会は、第一に、研究者だけではなく、三国志を愛するすべての人に開かれ、その交流の場となることを目指します。第二に、三国時代の歴史・文学・思想・宗教のみならず、『三国志演義』を中心とする三国志文化を学ぶすべてのものを結集することを目指します。第三に、日本・中国・韓国・東南アジアをはじめとするアジアの文化交流の架け橋となることも目指しています。

　中国に関する他の分野に比べて、三国志に興味・関心を持っている人々の知識レベルは高く、深いものがあります。われわれ研究者から見ても、納得できるような興味深い考え方を持っている人も多くおられます。ただ、これまではせっかくの深い考えを研究レベルにまで高める方法を指し示す書籍がありませんでした。また、それを発表する場に恵まれていたとも思えません。三国志学会は、本書『三国志研究入門』を監修することにより、多くの人々に三国志研究への手引きを示し、また機関誌『三国志研究』への投稿をお待ちすることにより、発表の場を提供したいと考えております。ご入会・ご投稿など三国志学会の詳細については、ウェブページ（http://www.daito.ac.jp/sangoku/）をご覧ください。

　みなさまのご入会をお待ちしております。

2007年4月

　　　　　　　　　　　　　　　　　三国志学会会長　　狩野　直禎
　　　　　　　　　　　　　　　　　三国志学会副会長　金　　文京
　　　　　　　　　　　　　　　　　三国志学会副会長　大上　正美
　　　　　　　　　　　　　　　　　三国志学会副会長　堀池　信夫

目　　次

序 ……………………………………………………………… 3

第一部　研究入門篇 ………………………………………… 9
 Ⅰ．三国志をより深く知るには ………………………… 10
 Ⅱ．論文を書いてみよう ………………………………… 22
 Ⅲ．三国志の基本知識 …………………………………… 69

第二部　研究動向篇 ………………………………………… 121
 Ⅰ．歴　史 ………………………………………………… 122
  A　史　料 ……………………………………………… 122
   A-1　『三国志』 …………………………………… 122
    A-1-1　『三国志』の訳注・索引 ……………… 123
    A-1-2　陳寿と『三国志』 ……………………… 124
    A-1-3　裴松之と『三国志』注 ………………… 126
    A-1-4　裴注と史学の成立 ……………………… 127
    A-1-5　『三国志』集解・校補 ………………… 128
   A-2　『後漢書』 …………………………………… 129
    A-2-1　『後漢書』の訳注・索引 ……………… 131
    A-2-2　范曄と『後漢書』 ……………………… 131
    A-2-3　『後漢書』集解・校補 ………………… 132
    A-2-4　諸家『後漢書』 ………………………… 132
   A-3　『晋書』 ……………………………………… 133
   A-4　その他の史料 ………………………………… 134
   A-5　長沙走馬楼呉簡 ……………………………… 136
   A-6　考古資料 ……………………………………… 137

- B 政治史 …………………………………………………………… 139
  - B-1 貴族制論 ………………………………………………… 139
  - B-2 後漢政治史 ……………………………………………… 142
    - B-2-1 秦漢帝国論と後漢の位置 ……………………… 143
    - B-2-2 外戚・宦官 ……………………………………… 144
    - B-2-3 豪族の台頭と党錮の禁 ………………………… 145
    - B-2-4 黄巾の乱 ………………………………………… 146
    - B-2-5 後漢末の群雄 …………………………………… 147
  - B-3 曹魏政治史 ……………………………………………… 147
    - B-3-1 曹魏政権論 ……………………………………… 148
    - B-3-2 曹操の伝記 ……………………………………… 151
    - B-3-3 曹操の臣下 ……………………………………… 152
    - B-3-4 曹丕の即位と司馬氏の台頭 …………………… 153
  - B-4 蜀漢政治史 ……………………………………………… 154
    - B-4-1 蜀漢政権論 ……………………………………… 154
    - B-4-2 諸葛亮の伝記 …………………………………… 156
    - B-4-3 諸葛亮の内政・外交 …………………………… 157
  - B-5 孫呉政治史 ……………………………………………… 158
    - B-5-1 孫呉政権論 ……………………………………… 158
    - B-5-2 民族問題・山越 ………………………………… 161
  - B-6 西晋 ……………………………………………………… 162
- C 経済・法制史 …………………………………………………… 165
  - C-1 経済 ……………………………………………………… 165
    - C-1-1 経済全般 ………………………………………… 165
    - C-1-2 屯田制 …………………………………………… 166
    - C-1-3 税制 ……………………………………………… 168
    - C-1-4 大土地所有・水利・科学技術 ………………… 168
  - C-2 制度 ……………………………………………………… 169
    - C-2-1 三国時代の官僚制度 …………………………… 170

	C-2-2	九品中正制度 ……………………………	170
	C-2-3	軍事制度 …………………………………	172
C-3	法制	………………………………………………	174
	C-3-1	法制度 ……………………………………	175
	C-3-2	法思想 ……………………………………	175

Ⅱ．思想・宗教 …………………………………………… 177

D　哲学・思想 ………………………………………… 177

D-1	資料・総論 ………………………………	178
D-2	儒教 ………………………………………	181
D-3	玄学・老荘 ………………………………	187
D-4	人物評価・清談 …………………………	190

E　道教・仏教 ………………………………………… 192

E-1	資料・総論 ………………………………	192
E-2	太平道と五斗米道 ………………………	194
E-3	関帝信仰 …………………………………	196
E-4	仏教 ………………………………………	198

Ⅲ．文　学 ………………………………………………… 200

F　魏晋文学 …………………………………………… 200

F-1	資料・総論 ………………………………	201
F-2	建安文学 …………………………………	203
F-3	三曹の文学 ………………………………	204
F-4	建安の七子 ………………………………	208
F-5	阮籍と嵆康 ………………………………	208

G　三国志演義 ………………………………………… 211

G-1	資料・総論 ………………………………	211
G-2	羅貫中と『三国志演義』の成立 ………	212
G-3	版本研究 …………………………………	213
G-4	テーマと人物 ……………………………	215

  G-5　『三国志演義』の形成 …………………………………… 216
  G-6　三国志の受容 ………………………………………………… 216

第三部　文献目録篇 ……………………………………………………… 219

跋 ……………………………………………………………………………… 265

第一部 研究入門篇

第一部　研究入門篇

Ⅰ．三国志をより深く知るには

0　三国志を研究してみよう

　三国志への興味の持ち方は、人それぞれに違うと思います。小説から、漫画から、あるいはゲームから興味を持った人も多いでしょう。せっかく三国志に興味を持ったのであれば、三国志を極めてみませんか。ただし、そのためには、順序よく三国志に関する学問の世界を知っていただく必要があります。

　三国志について、とても興味深い考え方を持っている人はたくさんおられます。しかし、その着想が広く認められ、学会の共通理解になるためには、科学的な手続きが必要なのです。単なる思いつきではなく、資料に基づいたしっかりとした論証をして、それを三国志学会の機関誌である『三国志研究』に投稿してみる。本書は、そのような手続きの方法を説明していきます。この本により、三国志を極めてくれる人が増えることを願ってやみません。

1　三国志に関する概説書

　三国志に関する研究は、近年ようやく盛んになってきました。2006年には、歴史・思想・文学を横断した総合的な三国志に関する学会である三国志学会が設立され、分野を超えた三国志の研究が開始されました。設立大会には、中国から三国演義研究の第一人者である沈伯俊四川大学文学院教授をはじめ多くの中国人研究者が参加し、劉世徳中国社会科学院教授には、「『三国志演義』嘉慶七年本試論」という講演をいただきました（『三国志研究』第二号に翻訳が掲載されます）。三国志学会は研究者以外にも広く開かれた学会ですので、どうぞ積極的にご入会ください。

Ⅰ. 三国志をより深く知るには

　三国志の総合的な共同研究は始まったばかりですが、三国志に関する一般読者を対象とする概説書は、古くから非常に多く出版されています。そのすべてを挙げることは不可能ですので、それらの中から、学問的に見てレベルの高いものを紹介していきましょう。

1-1　歴史
　三国時代の歴史に関する概説書は、三国時代の歴史の全般を描いた概説書と個人の生涯を扱った伝記に大別されます。

1-1-1　三国時代全般の概説書
　三国時代の全般を扱った概説書として、渡邉義浩『図解雑学 三国志』(ナツメ社、2000年)は、入手しやすい本です。図解により整理されていますので、三国時代の基本的な流れを簡単に理解できます。ただし、渡邉義浩は第二部で述べますように、『三国政権の構造と「名士」』(汲古書院、2004年)という現在日本で唯一の三国の歴史に関する研究書を出版し、「名士」論という独自の視角により、貴族制の成立期としての三国時代を捉えていますので、概説書にもその立場が反映しています。つまり、渡邉説の概説としては読みやすい本ですが、これだけが三国時代への分析視座ではないことに注意が必要です。

　同様に、金文京『中国の歴史04 三国志の世界』(講談社、2005年)も、特徴のある概説書です。これも第二部で述べますように、金文京は日本を代表する『三国志演義』の研究者ですので、本書は歴史としての三国時代の概説書でありながら、随所で演義との比較が行われます。また、「三教鼎立の時代」、「文学自覚の時代」にそれぞれ一章が割かれているように、歴史だけではなく、儒教・道教・仏教の三教の三国時代における展開、建安文学の自立性など、思想・文学にもきちんと目配りが行き届いた本になっているところも、本書の優れた点です。むろん、三国正統論から『三国志平話』・『三国志演義』と続いていく『三国志演義』の形成論という得意分野の優れた記述も見逃せないところです。

第一部　研究入門篇

　ただし、以上の二書は、ある程度の知識を前提として読むべき少し難しめの概説書といえます。もう少し平易な、読みやすい本としては、良質な概説書の提供で定評のある三国志学会会長の狩野直禎に、『「三国志」の世界―孔明と仲達』(清水書院、1971年)、『「三国志」の知恵』(講談社現代新書、1985年)、『三国時代の戦乱』(新人物往来社、1991年)があります。それぞれ、諸葛亮と司馬懿・現代との係わり・戦いの具体相に重点が置かれています。また、満田剛『三国志―正史と小説の狭間』(白帝社、2006年)は、最新の三国志に関する概説書です。

1-1-2　伝記

　日本でも中国でも、三国時代の伝記的な関心は、諸葛亮と曹操に偏っています。日本では、劉備や孫権に関する本格的な伝記は、出版されていません。

　諸葛亮の伝記としては、宮川尚志『諸葛孔明―「三国志」とその時代』(冨山房、1940年→光風社出版、1984年)が最も優れています。丹念に集めた史料に基づき、諸葛亮像を復元していますが、そこには諸葛亮を「漢代的精神を把持しながら六朝的政治社会に生きたために悲劇的であった偉人」と理解する宮川の歴史観が貫かれています。六朝的政治社会とは貴族制のことであり、六朝貴族は王朝の興廃に関係なく永続的に家系を維持しました。簡単に言えば、君主に忠など尽くさないのです。ところが、諸葛亮は劉備に身を託して、官僚としての忠義を貫きました。時世の流れに遅れていたかに見えた諸葛亮は、のちにその忠厚質実な人柄と文章により、朱子など多くの人の崇敬の的になったとするのです。ただし、書かれた年代からも分かるように、この本は初学者には少し難しいと思います。

　狩野直禎『諸葛孔明』(人物往来社、1966年→PHP文庫、2003年)も、長く読み継がれてきた伝記です。平易な、それでいて深みのある文章を堪能することができます。なかでも、諸葛亮の伝記のハイライトである「出師の表」は、祖父である狩野直喜が中学生であった著者に、「勉強するように」と送った書き下し文をそのまま使っており、日本の中国学の開祖の

一人である狩野直喜の端正な訓読を今日に伝えています。

　渡邉義浩『諸葛亮孔明―その虚像と実像』(新人物往来社、1998年)は、三つの諸葛亮像を掲げる本です。『三国志』の著者である陳寿は、諸葛亮の偉大さを描くことにより、西晋に生きる旧蜀漢系人士の登用を願いました。「亡国の民」と差別することはやめて欲しい。「蜀にも忠に生きた立派な丞相がいたのだ」と。すでに陳寿の偏向が入っていた諸葛亮像は、北方民族に中国が脅かされるたびに高められ、宋では王に、明では帝に、清では神格化されます。陳寿の諸葛亮像を確認したあとは、こうした『三国志演義』を頂点とする諸葛亮の虚像の歴史的変遷を時代ごとの史料を掲げて調べていきます。最後に、三国時代という歴史の中に諸葛亮を置いて、その実像を考えます。貴族の前身としての「名士」諸葛亮と劉備との関係は、「水魚の交わり」と表現されるような絶対的な信頼関係にはなく、権力をめぐる両者のせめぎあいが見られる、というのがその結論です。渡邉義浩『図解雑学 諸葛孔明』(ナツメ社、2002年)は、これを簡単にまとめたものです。

　このほか三国志に関する好著の多い林田愼之助には、諸葛亮のみを描いた『諸葛孔明―泣いて馬謖を斬る』(集英社、1986年→集英社文庫、1991年)・曹操と諸葛亮を描いた『三国志 風と雲と龍―曹操と諸葛孔明』(集英社、1994年)があります。また、流麗な『三国志演義』の訳で知られる立間祥介に、『諸葛孔明―三国志の英雄たち』(岩波新書、1990年)があります。

　曹操に関しては、石井仁『曹操―魏の武帝』(新人物往来社、2000年)があります。石井仁は、第二部で述べますように、三国を含む魏晋南北朝の軍事制度の専門家です。したがって、本書からは制度に関する正確な知識を得ることができ、また独自の曹操論の展開を楽しむことができます。なかでも、曹操の権力樹立過程を追う前半の記述は独創的で、他書の追随を許しません。一方、堀敏一『曹操―三国志の真の主人公』(刀水書房、2001年)は、曹操の伝記を追いながらも、バランスの取れた全体像の記述と社会構造の変容の叙述に重きを置いています。なかでも、屯田制や税制である田租・戸調の意義の考察に優れ、魏晋南北朝を切り開く存在とし

ての曹操の位置が明確に語られています。曹操は、曹魏の基礎を作りあげた政治家であるとともに、建安文学の創始者でもあるので、文学の側面より見た曹操の伝記もあります。それは、1-3-1の建安文学で扱うことにします。

また、福原啓郎『西晋の武帝 司馬炎』(白帝社、1995年)は、表題は西晋の武帝司馬炎の伝記となっていますが、司馬懿－司馬師－司馬昭の三代にわたる権力掌握過程が丁寧に叙述され、三国時代の後半についての概説の役割も果たす有用な伝記です。

1-2　思想・宗教

　三国時代は、漢代の儒教一尊の価値観が崩れ、太平道や五斗米道といった道教の源流が興り、また孫呉では仏典の翻訳も始まっています。曹魏では、老荘思想を復活する玄学が現れるとともに、漢代の儒教を克服する試みも開始されます。つまり、思想史的に三国時代は大きな転換点なのですが、三国時代の思想・宗教のみを扱った概説書はありません。

　強いてあげれば、狩野直喜『魏晋学術考』(筑摩書房、1968年)なのでしょうが、大正時代の講義のノートですので、簡単に読める代物ではありません。内容も高度で、研究書と考えた方がよいでしょう。したがってⅡ. 論文を書いてみようで掲げる、中国全体の概説書の三国時代の部分を読むしかないと思います。

　そうしたなかで、唯一ともいえるものが、山口久和『「三国志」の迷宮―儒教への反抗 有徳の仮面』(文春新書、1999年)です。むろん三国志の思想全体を概説的に取り扱うものではありませんが、清朝考証学を専門とする著者が、『三国志』を題材に、中国思想史の一端をより具体的に提示したものです。切り口の異なる刺激的な三国志です。

　また、蜀漢の英雄である関羽は、やがて道教の神となり、関帝信仰の対象となります。日本でも函館や横浜、神戸や長崎といった中華街を持つ港町では、赤い顔をした関帝が祭られています。今泉恂之介『関羽伝』(新潮社、2000年)は、中国における関帝信仰のあり方を重ねながら、関羽の一生

を追う概説書です。

1-3 文学

　三国時代に関わる文学の概説書は、曹操のサロンから生まれた建安文学を扱うものと、『三国志演義』を扱うものに大別されます。また、『三国志演義』の受容の結果として、現在中国の各地に残る遺跡に関する書籍も、ここで取りあげましょう。

1-3-1 建安文学

　建安文学の概説としては、曹操を愛する中国文学研究の第一人者吉川幸次郎に、『三国志実録』（筑摩書房、1962年→ちくま学芸文庫、1997年）があります。曹操・曹丕・曹植の生涯をたどりながら、その作品が解釈され、曹操のサロンから始まった建安文学の文学史上における位置づけを行います。また、『阮籍の「詠懐詩」について』（岩波文庫、1981年）では、竹林の七賢の筆頭である阮籍の詩とその生涯が語られます。

　川合康三『曹操』（集英社、1986年）は、非常の人、曹操のはがねの鎧の下にある人間としての苦しみや悲しみにおののく、柔らかな心を曹操の詩・文の中から描き出したもので、曹操の文学のみならず建安文学を学ぶ際の恰好の概説書となります。また、竹田晃『三国志の英傑』（講談社現代新書、1990年）は、曹操を中心としながら、文学という視点により三国時代を捉えたものです。竹田晃には、より明確に曹操の文学を取りあげた『曹操―その行動と文学』（評論社、1973年）もあります。松浦友久『詩歌三国志』（新潮社、1998年）は、日本人に親しまれてきた土井晩翠の「星落秋風五丈原」を中心に、日本と中国の三国志に関わる詩歌によって詩人たちの情熱や感動を追体験する異色の書です。

　多くの人物に焦点を当てた三国志もあります。高島俊男『三国志人物縦横談』（大修館書店、1994年）はその典型でしょう。井波律子『三国志曼荼羅』（筑摩書房、1996年→岩波現代文庫、2007年）もこうした傾向が強い書籍といえましょう。そうした書籍の集大成と言える林田愼之助『人間三国志』

第一部　研究入門篇

全6巻（集英社、1989～90年）も、伝記の集成により三国志を表現します。ただし、それだけではなく、政治的な動向に止まらず、三国時代に起こった価値観の変動により生じた文学や思想にも焦点を当てている点が特徴です。その林田が評価する花田清輝『随筆三国志』（筑摩書房、1969年→講談社文芸文庫、2007年）も挙げておきましょう。

1-3-2　『三国志演義』

　三国志の伝説は、『三国志演義』で頂点を迎えます。『三国志演義』の概説としては、金文京『三国志演義の世界』（東方書店、1993年）が最も優れています。『三国志演義』研究の第一人者が、演義に係わるすべての問題を丁寧に説明しますので、演義がどのように研究されてきたのかをあわせて知ることができます。後半の出版元をめぐる議論が少し難しい気もしますが、それでも、『三国志演義』を学ぼうとする者が、最初に手にすべき書物といえるでしょう。

　もう少しやさしい概説書がよければ、渡邉義浩『図解雑学 三国志演義』（ナツメ社、2007年）があります。渡邉義浩『図解雑学 三国志』と同様、ページの半分を図解として理解をしやすくしています。『図解雑学 三国志』と比べることにより、歴史と演義との違いも分かると思います。また、井波律子『三国志演義』（岩波新書、1994年）も丁寧な良書です。岩波新書なので、入手しやすいと思います。原典の雰囲気を味わいたいのであれば、今西凱夫『原典を味わう三国志物語』（日本放送出版協会、1994年）がお勧めです。もとはNHKラジオ中国語講座のテキストなので、『三国志演義』の代表的な文章を引用しながら、的確に物語を進めていきます。訳だけではなく、解説もついているので概説の代わりになるのです。紹介する場所が違いますが、井波律子『『三国志』を読む』（岩波書店、2004年）は、正史の『三国志』でそれを行ったもので、陳寿の伝記のほか、正史『三国志』の代表的な箇所を訓読しながら、解説をつけています。

　『三国志演義』以前の「三国志」文学である『三国志平話』には、二階堂善弘・中川諭訳注『三国志平話』（光栄、1999年）があり、誤りが多く

難解な原文に詳細な注を附して翻訳しています。読みにくかった『三国志平話』を簡単に読めるようにした功績は、非常に大きいと思います。また逆に『三国志演義』の編纂の後につくられた、三国故事と呼ばれる「三国志」の伝説については、殷占堂『三国志―中国伝説のなかの英傑』(岩崎美術社、1999年)があり、演義には含まれなかった民間の伝説を読むことができます。この二著は概説ではなく翻訳ですが、ここに掲げておきます。

1-3-3 「三国志」紀行

「三国志」の舞台となった中国の各地をめぐり、「三国志」の遺跡を紹介する紀行ものは、めまぐるしく変貌する現代中国では、遺跡の形が変わってしまうので、すぐに古くなってしまいます。こうした限界を持ちながらも、雑喉潤『「三国志」劉備と歩く』(立風書房、1997年)、『三国志の大地』(竹内書店新社、2001年)は一読に値します。朝日新聞社中国取材班のキャップとして活躍した雑喉潤の透徹した中国観を味わうことができます。雑喉潤には他に、日本における「三国志」の受容に関する唯一の概説書である『三国志と日本人』(講談社現代新書、2002年)もあります。また、小松健一『三国志の風景』(岩波新書、1995年)は、新書の値段でのきれいなカラー写真がお得です。逆に豪華版としては、劉煒編著、気賀沢保規編訳『図説三国志の世界』(大修館書店、2001年)があります。渡邉義浩・田中靖彦『三国志の舞台』(山川出版社、2004年)は、沈伯俊四川大学文学院教授の紹介により詳細な取材ができた成都武侯祠、NHKの番組で取りあげた「三国志」の子孫村の記述に特徴があります。

2 三国志の工具書

工具書とは、辞書や年表・地図をはじめとする参考図書(レファレンス・ブック)のことです。三国志をより深く知るためには、すぐれた工具書を上手に用いるとよいでしょう。

第一部　研究入門篇

2-1　辞書・事典

　漢文で書かれている『三国志』の原文を読むためには、漢和辞典が必要です。持ち運べる小辞典としては、小川環樹・西田太一郎・赤塚忠編『新字源』（角川書店、1968年→［改訂版］角川書店、1994年）が優れています。『新字源』で用が足りない場合には、諸橋轍次『大漢和辞典』（大修館書店、1955～60年→［修訂第2版］鎌田正・米田寅太郎修訂、大修館書店、1989～90年）を使いますが、大部の辞典ですので、図書館などで調べることになるでしょう。一方、『三国志演義』は白話小説ですから、現代中国語の辞典を使います。少し大きめですが用例の豊富な、愛知大学中日大辞典編纂処編『中日大辞典』（中日大辞典刊行会、1968年→［増訂第2版］大修館書店、1987年）を用いるとよいでしょう。これで間に合わない場合には、大東文化大学中国語大辞典編纂室編『中国語大辞典』（角川書店、1994年）などを使いますが、大部な辞典なので、これも図書館などで調べることになるでしょう。

　三国志に限らず、中国学に関する制度・人名・書名などを調べるには、『アジア歴史事典』（平凡社、1959～62年、復刊は85年）を使います。ただ大部な事典ですので、一冊ものの事典として有用な京大東洋史辞典編纂会編『新編 東洋史辞典』（東京創元社、1980年）も挙げておきます。また、百科事典も有用で、たとえばDVD版の『世界大百科事典』（日立デジタル平凡社、1999年）では、リンク機能を使うと、さまざまな関連知識を一挙に調べることもできます。

　三国志の人名に関しては、多くの人名事典が出版されています。歴史としての三国時代については、小出文彦監修『三国志人物事典』（新紀元社、1999年）が最も優れています。中国の思想刊行委員会編『三国志全人名事典』（徳間書店、1994年）も、多くの人物を網羅的に集めていますが、一部の人物に重複があり、個々の記述も充実しているとは言い難いと思います。三国時代だけではなく中国全体の人名事典としては、『中国人名事典―古代から現代まで』（日外アソシエーツ、1993年）があります。また、

『三国志演義』に関しては、渡辺精一『三国志人物事典』(講談社、1989年)が最も有益です。渡辺精一には、『三国志人物鑑定事典—キーワードで探る英雄たちの素顔』(講談社、1998年)もあり、こちらは『三国志演義』ではなく、三国時代の人物が受けた評価について典拠を示して事典にしたものです。

　人物に限らず、『三国志演義』全体については、沈伯俊・譚良嘯編著、立間祥介・岡崎由美・土田文子編訳『三国志演義大事典』(潮出版社、1996年)があり、演義の先行作品・登場人物・ストーリー・遺跡名所・説話伝説・ことわざなどが網羅されており、演義に係わるほとんどすべての事項を調べることができる重宝な大事典です。また、篠田耕一『三国志軍事ガイド』(新紀元社、1993年)は、承服できない部分はあるものの、三国時代の軍事に関するイメージを与えてくれます。

2-2　地図・年表・度量衡

　三国時代の歴史地図としては、中国の各時代の全体図をおさめた松田寿男・森鹿三編『アジア歴史地図』(平凡社、1966年、復刊は85年)の後漢・三国・西晋の部分を挙げることができます。しかし、それらは、時代の全体像をつかむのには有益ですが、詳細とは言い難いものです。そこで、中国で出版された譚其驤主編『中国歴史地図集』(地図出版社、1982年)のうち、第二冊　秦・西漢・東漢、第三冊　三国・両晋を用いるとよいでしょう。詳細な地図情報が提供されています。また、『三国志演義』については、許盤清『三国風雲地図説』(地震出版社、2004年)があり、実際の三国時代の地理とは少し異なる『三国志演義』の地理を、戦いごとの地図によって表現しています。

　歴史年表としては、歴史学研究会編『世界史年表』(岩波書店、1994年→［第2版］岩波書店、2001年)があります。ただし、三国時代だけの年表ではありませんので、本書の第一部Ⅲ.　三国志の基本知識に概略を掲げておきました。元号と西暦を簡単に対照する時などに抜群の機能性を発揮する藤島達朗・野上俊静『東方年表』(平楽寺書店、1955年)も小冊子な

がら重宝する本です。さらに正確に日数の単位まで明らかにしたい場合には、王双懐主編『中華日暦通典』（吉林文史出版社、2006年）を利用すればよいでしょう。

『三国志演義』では関羽の身長は九尺とされています。『三国志演義』が書かれた元末明初の一尺は元では30.72cm・明では31.10cmとなりますので、3m近い大男になります。これが後漢の一尺であれば23.04cmですから、2m強となり、常識の範囲に納まることになります。この程度の簡単な度量衡であれば、『新字源』の付録に載っていますが、さらに本格的に度量衡を調べる場合には、梁方仲編『中国歴代戸口、田地、田賦統計』（上海人民出版社、1980年）を用いるとよいでしょう。

2-3 目録学

漢文や中国語の読解力があれば、中国学の史料解読は十全なのかというと、そうではありません。一生懸命読んだ史料が偽書で、史料的に何の価値も持たないものであれば、苦労は水の泡になってしまいます。史料がどのような状況下で、誰によって何を目的に著されたのかを理解したうえで、史料を読解する必要があるのです。西欧では「史料批判」と称されて発展してきたこうした手続きは、中国学では「目録学」と称され、「史料批判」とは別の伝統を持って発展してきました。倉石武四郎『目録学』（汲古書院、1979年）は、目録学の入門書として優れたものです。

清朝までの目録学の集大成は、『四庫全書総目提要』（『四庫提要』と略します）です。これは、漢代以来の目録学の伝統をうけ、清の乾隆帝により全国から四庫全書館に集められた書籍（172,626巻）の分類と解題の作業を紀昀（きいん）が中心となって行ったもので、原田種成『訓点本 四庫提要』（汲古書院、1981～94年）により、訓点付きで読むことができるようになりました。ただし、初学者がいきなり『四庫提要』を読むことは難しいので、それ以外の史料の解題書を掲げておきます。仁井田陞他編『東洋史料集成』（平凡社、1956年，復刊は85年）は、主として東洋史に関する研究史と史籍・史料の解説を行ったもので、史籍・史料の工具書としての価値が高く、も

と平凡社の『世界歴史事典』の附録として刊行されたものが、単行本として復刊されたものです。また、神田信夫・山根幸夫編『中国史籍解題辞典』（燎原書店、1989年）は、発売後半世紀を経た『東洋史料集成』に代わるべき史料解題として企画され、版本の解説に止まらず、標点本・校注本などを積極的に紹介しているところに特徴があります。

　なお、本書で紹介する中国関係の書籍、とくに中国や中華民国からの輸入書は、取り扱う書店が限られています。山田崇仁作成の「中国書籍販売店データベース」（http://www.shuiren.org/books/index-j.html）は、書店の所在地やウェブサイトをまとめており、重宝します。また、古書でしか購入できない書籍もあるので、日本の古本屋（http://www.kosho.or.jp/）など、インターネット上の古本屋を利用することも便利でしょう。

第一部　研究入門篇

II．論文を書いてみよう

0　論文を書くまでの全体の流れ

　文学部の教員は個人商店である、とよくいわれます。ゼミを単位に実験を行う理系などと異なって、文学部は、基本的には個人で研究を行いますし、その研究方法も教員によって異なるためでしょう。したがって、これから説明する論文の書き方はあくまでも一般論です。以下、卒業論文の書き方を例にして、論文の書き方について述べてみましょう。
　卒業論文の完成までの大まかな流れを最初に示しておきます。以下、本書では、この流れに即して説明していきます。
　1　漠然とした問題関心から、テーマを絞り込む
　2　論文リストを作り、論文を入手する
　3　論文を批判的に読んで、自分の主張を出す
　4　資料により実証しながら、論文を執筆する

1　漠然とした問題関心から、テーマを絞り込む

　論文の執筆は、漠然とした問題関心を抱くことから始まります。最初からテーマを絞る必要はありません。自分の興味のある分野をいくつか挙げていき、それに対して調査をします。
　興味ある分野について、調査をする必要があるのは、最初に抱く関心は、広いものになることが多いためです。たとえば、三国志に興味がある、三国志の論文を書きたい、と考えたとします。三国時代は220年から280年までの60年間ですから、比較的短い時代といえます。資料も『三国志』が中心で、簡単に書けるような気がするかもしれません。しかし、実際に調べてみると、三国時代全体を論文にするためには、原稿用紙で1,000枚

を超えるような長さになることに気がつくでしょう。三国の中でも、蜀漢・曹魏・孫呉のどれにするのか。政治・経済・制度・外交といった歴史、あるいは文学・思想・宗教、さらには『三国志演義』の研究をしたいのか。さまざまな分野が浮かんでくるはずです。浮かんでこないのであれば、それは知識が足りないからでしょう。自分の興味のある分野に対して、調査を行う必要があるのは、そのためです。三国志に関することなら、なんでも分かるようになりましょう。そのように努めれば、分からない部分が多いこと、つまり論文を書くべきテーマのあることに気がつくはずです。

テーマを絞るためには、自分が興味を持った分野の概説書を読むことから始めます。それには、参考文献が掲げられているはずです。無ければ、もう少し範囲の広い概説書を読む一方で、自分の調べたい細かい事項は、事典で調査します。

1-1 概説・事典などによる調査

概説や事典にたどり着くためには、書籍の調査が必要です。町中の大きな本屋さんで本棚を見て歩くのも楽しいことですが、ここでは図書館を利用した書籍、なかでも概説の調査を中心にみていくことにしましょう。

1-1-1 OPAC (Online Public Access Catalog)

図書館には、地方自治体の図書館・大学図書館・国立国会図書館などいくつかのタイプがあり、蔵書の性格や利用資格・利用方法にそれぞれ特徴があります。利用者が、書架から本を自由に取り出して利用できる開架式になっているか、館外貸出が可能であるかなどが、図書館選択のポイントになるでしょう。

また、図書館には、レファレンスサービスがあるので、必要とする資料が見つからない場合、相談することもできます。また、図書館の間で相互に蔵書の貸借をするシステムもあり、他の図書館の蔵書を利用することが可能になっている場合も多いのです。レファレンスデスクに問い合わせてみるとよいでしょう。

さまざまな図書館の中でも、国立国会図書館は、国内のあらゆる刊行物を所蔵することが法律で定められており、また十八歳以上であれば誰でも利用できるので便利です。ただ、利用の集中を防ぐため、一人が借りられる冊数には制限が設けられています。それでも以前に比べれば、利用しやすく改善されました。四方八方に手を尽くして見つからなかった場合には、国立国会図書館を利用するとよいでしょう。

　図書館の所蔵図書の検索には、OPAC（Online Public Access Catalog）というシステムが広く使われています。しかも、インターネットを経由して手元のパソコンから検索できるので（Web OPAC）、自宅に居ながらにして、図書館の蔵書を検索することができるのです。大東文化大学のWeb OPACを例に掲げましょう。

　Web OPACの検索画面は、およそ入力画面－検索結果表示画面－詳細表示画面という流れになっています。これは、後に扱う雑誌記事索引などにもあてはまります。蔵書を検索するためには、書名・著者名・出版者等のフィールドにキーワードを入力し（図1-1）、検索ボタンをクリックすれば、検索結果がリストアップされます。検索結果がリスト

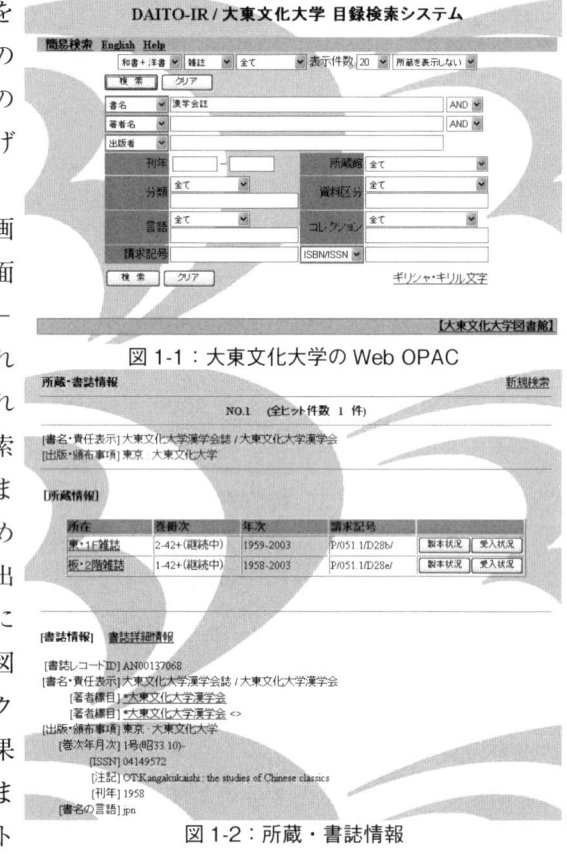

図 1-1：大東文化大学の Web OPAC

図 1-2：所蔵・書誌情報

- 24 -

アップされたら、その中から役に立ちそうな本を選び、クリックをすると、さらに詳しい所蔵・書誌情報が得られます（図1-2）。また、システムによっては電子メールなどで、検索結果を入手できるものもあります。

1-1-2　概説・事典

　三国志に関する概説および工具書としての事典については、すでにⅠで扱いました。Web OPACを利用して、どの図書館にお目当ての本があるかを調査したら、それを借りて読むことから始めます。事典などの工具書は貸し出しが禁止されていることも多いと思います。これは足繁く通うしかないでしょう。むろん、後で紹介する研究書に比べると概説書や一部の工具書は安いので、書店で購入してもよいでしょう。

　ただし、三国志の世界は、三国時代だけで完結しているわけではありません。歴史としての三国志は、三国時代だけで理解できるものではありません。その前後の時代、可能であれば中国史全体を俯瞰したうえで、三国時代の歴史的位置を考えたいものです。三国時代の思想・文学を学ぶ際にも同じことがいえます。『三国志演義』を研究するのであれば、時代を追って変化してきた三国志の物語を把握し、演義以外の四大奇書の常識も身につけておきたいものです。いずれにしても、三国志の世界を理解するためには、中国全体の歴史・思想・文学の理解が望まれるのです。

　そこで、ここでは三国時代に限定されない中国の歴史・思想・文学に関する概説書を掲げておきます。可能であれば、中国史・中国思想・中国文学のそれぞれの代表的な概説書には目を通しておきたいところです。

　中国史の概説書としては、宮崎市定『中国史』上・下（岩波書店、岩波全書、1977年→『宮崎市定全集』第1巻、岩波書店、1993年）が、一人の手になる概説書として優れていると思います。一人で概説を書くということは、その人が持つ中国史の全体像を描くことですから、この本には、宮崎の中国史の捉え方が全面的に展開されています。むろん、そのすべてを受け入れる必要はありません。また、書かれた時期の関係上、マルクス主義への批判も多く、違和感があるかもしれませんが、内在的に批判しなが

ら読む訓練をするためにも優れた概説書であると思います。

　多くの人の手による概説書としては、『中国の歴史』01〜12（講談社、2004〜05年）が最新のものとなります。三国時代の概説として掲げた金文京『中国の歴史04 三国志の世界』（講談社、2005年）は、このシリーズの04冊目にあたります。主要人物の略伝・歴史キーワード解説・充実した参考文献をそなえ、最新の研究を取りあげたこのシリーズが、現在の中国史の概説のスタンダードであると思います。ただし、この旧版にあたる『中国の歴史』全10巻（講談社、1974〜75年）にも捨てがたい魅力があることを付記しておきます。

　世界史の一環としての中国史の概説である『世界歴史大系 中国史』1〜5（山川出版社、1996〜2003年）は、おおむね『中国の歴史』01〜12よりも難しい記述となっています。言い換えれば、研究論文に近い概説書ですから、『中国の歴史』のあと『世界歴史大系 中国史』に挑戦するとよいと思います。巻末の文献目録も詳細で便利です。なお、陳舜臣『中国の歴史』1〜15（平凡社、1980〜83年）は、平易な読み物として学べます。

　また、テーマを絞った概説書としては、西嶋定生『中国古代の社会と経済』（東京大学出版会、1981年）が、殷から魏晋南北朝までの経済史を中心とした概説書として優れており、堀敏一『中国と古代東アジア世界——中華的世界と諸民族』（岩波書店、1993年）は、唐までの中国をめぐる国際状況を「中華思想」と外交システムから描き出しています。

　中国思想の概説書としては、古くなりますが、狩野直喜『中国哲学史』（岩波書店、1953年）の価値が衰えていません。復刊もされたので、入手しやすいと思われます。また、武内義雄『中国思想史』（岩波書店、岩波全書、1936年→『武内義雄全集』第8巻、角川書店、1978年）も定評のある概説書です。ただし、ともに書かれた時代が古いため、本屋でめくってみて抵抗感があれば、本田済編『中国哲学を学ぶ人のために』（世界思想社、1975年）・森三樹三郎編『中国思想を学ぶ人のために』（世界思想社、1985年）を入門書としてもよいと思います。あるいは、大修館書店の中国文化叢書の中から、赤塚忠・金谷治・福永光司・山井湧編『中国文化叢書2 思想概論』

（大修館書店、1968年）、赤塚忠・金谷治・福永光司・山井湧編『中国文化叢書3思想史』（大修館書店、1967年）を読んでみるのもよいでしょう。これらの本を難しいと感じるのであれば、竹内実『中国の思想―伝統と現代』（日本放送出版協会、1967年→NHKブックス、1999年）がお勧めです。
　また、テーマ別の概説書としては、戸川芳郎・蜂屋邦夫・溝口雄三編『儒教史』（山川出版社、1987年）、福井康順・山崎宏・木村英一・酒井忠夫監修『道教』1～3（平河出版社、1983年）、鎌田茂雄『中国仏教史』（岩波書店、岩波全書、1978年）が、少し専門的ですが恰好の入門書となります。
　中国文学史の概説書としては、吉川幸次郎『中国文学史』（岩波書店、1974年）、『中国文学入門』（講談社学術文庫、1976年）があります。前者は、授業の受講者のノートを文章にしたものなので、読みやすいと思います。また、哲学の入門書と同じシリーズのものとしては、興膳宏編『中国文学を学ぶ人のために』（世界思想社、1991年）、鈴木修次・高木正一・前野直彬編『中国文化叢書4 文学史』（大修館書店、1968年）、鈴木修次・高木正一・前野直彬編『中国文化叢書5 文学概論』（大修館書店、1967年）があります。このほか、少し固めの入門書としては、前野直彬『中国文学史』（東京大学出版会、1975年）や、倉石武四郎『中国文学史』（中央公論社、1956年）が、中国の文学史を手堅くまとめています。

1-2　テーマを絞る

　概説や事典により、自分の関心の抱いた分野の概略的な知識を得るとともに、テーマを絞りこんでいきます。本書では、第一部のⅢ. 三国志の基本知識に第二部の研究動向篇に対応した概説を付すことにより、概説からどのような研究テーマが絞られていくのかを分かりやすくする工夫をしていますので、参考にしてください。
　三国志に関する政治・経済・社会・外交……といった分野の中から何を勉強したいのか、あるいは魏・蜀・呉・晋といった国家、諸葛亮・曹操・阮籍といった個人に興味があるのか。これは、自分だけの問題ですから、お好きなテーマを考えればよいわけですが、やみくもに選んだテーマがす

べて研究に向いているとは限りません。何しろ1800年以上むかしのことですから残されている資料に偏りと限界があるのです。そこで、興味を持った分野が、どのような研究状況にあるのかを調べる必要があります。本書第二部の研究動向篇は、そのためのものです。

　自然科学では、同じ条件下であれば誰が実験しても同じ結果になるということが、科学の前提として重視されます。しかし、中国学などの人文・社会科学では、ある事象に対して先人と同じ方法論で同じ結論を導くことはあまり評価されません。サマリー（要約）と論文の根本的な違いもここにあります。人の著書や論文を要約したサマリー、それに対する自分の主張を加えたレポートとは異なり、論文は自分の主張を科学的に実証することが必要であるためです。したがって、他人の研究をまとめるだけでは論文になりませんし、ましてや自分の勝手な思いつきをならべたり、学界で常識となっていることを懸命に述べたてても、せっかくかけた時間が生かされません。そのため、自分が勉強したい分野について、今までどのような研究がされてきたのかという先行研究の整理が、人文・社会科学では非常に重要なものとなるのです。しかし、勉強を開始して間もない時期に、すべての研究に目を通して先行研究を把握するなど不可能なことでしょう。そこで、研究の動向を整理している著書や論文を利用して、自分が勉強したい分野の研究状況を調査するわけです。本書の第二部は、三国志に関する研究動向を整理したものです。

　研究動向を調べながら、自分の研究テーマを暫定的に定めていきます。まだ、この段階では、他のテーマに変わることが十分にあり得るので、いくつかのテーマを考えておくとよいでしょう。

2　文献リストを作り、文献を入手する

　論文のテーマが決まれば、テーマに関する先行研究の文献リストを作成します。テーマについての研究書があれば、それを優先します。数多くの論文を最終的にまとめあげたものが、研究書であるためです。研究書がな

ければ、学界の研究動向を利用します。そして、全国学会誌に掲げられる文献リストを調査し、最終的に東洋学文献類目を調査します。本書の第三部文献目録篇も、そうして作成したものです。

2-1 学術論文と研究書

　研究者の研究方法はさまざまですが、その成果は学術論文としてまとめられます。学術論文は、学会・大学などの研究機関が定期的に刊行している学術雑誌に掲載されます。三国志学会が刊行している『三国志研究』もその一つです。学術雑誌は、学会の大小・審査の有無などにより、世界レベルの研究雑誌・全国学会誌・その他の学術雑誌に分けられます。全国学会誌には、多くの場合論文リストが付せられています。また、あくまでも原則ですが、審査のある全国学会誌に発表された学術論文は、高く評価されます。

　中国学における世界レベルの研究雑誌は、とうぜん中国語で書かれた雑誌であるべきでしょう。ところが、戦前における日本の中国研究のレベルが高かったこと、文化大革命により中国での研究が停滞してしまったことを主因として、中国で発行される学術雑誌のなかで、日本人研究者も競って投稿するような世界レベルの研究雑誌と評価されるものはありません。かといって、日本の全国学会誌が世界レベルの研究雑誌と評価されているわけでもないので、中国学に関して言えば、いまだ世界レベルの研究雑誌は存在しない、という研究状況にあると考えてよいでしょう。ただ、これはあくまで過渡期的な状況であり、世界レベルの研究雑誌の創出を目指さなければならないことは言うまでもありません。

　全国学会誌として、論文リストが付されている雑誌は、
- 『日本中国学会報』（東京：日本中国学会、1950年〜）
  中国哲学・中国文学・中国語学の学会展望（日本語文献のみ）を付す。
- 『東洋史研究』（京都：東洋史研究会、1935年〜）
  東洋史の近刊叢欄（日本語・中国語・韓国語・欧米語文献）を付す。

の二冊を挙げることができます。このほか、

第一部　研究入門篇

- 『東方学』（東京：東方学会、1951年～）

は、毎号に論文リストを付す代わりに、『ACTA ASIATICA』という英語で書かれた別冊の研究動向、および『東方学関係著作論文目録』を出版しています。現在の中国学において、最も世界レベルの研究雑誌に近いものといえるでしょう。

　また、中国に限定されませんが、

- 『史学雑誌』（東京：史学会、1892年～）

には、2月号・6月号・10月号に東洋史の文献目録（日本語文献のみ）が付され、5月号は、後述する「回顧と展望」となっています。道教に関しては、

- 『東方宗教』（日本道教学会、1951年～）

が、道教関係著作論文目録を付しています。このほか、学会の規模と厳格な審査から、

- 『歴史学研究』（東京：歴史学研究会、1933年～）
- 『中国―社会と文化』（東京：中国社会文化学会、1986年～）

も、全国学会誌と考えてよいでしょう。

　研究者は、こうした全国学会誌だけではなく、自分の所属する学会や勤務先の大学などの研究機関が発行する学術雑誌に、研究の成果を発表していきます。そして、一つの大きなテーマに関して、ある程度の本数の学術論文が書けた場合、それを一冊の研究書として刊行します。研究書にまとめる際には、それまで発表した論文を全体の文脈の中で手直ししますので、学術論文が研究書に収められている場合には、それを最終稿とみなして、研究書に収録された学術論文を読みます。したがって、自分の論文のテーマと係わりのある研究書を探索することが重要となるのです。

2-2　学界の研究動向を読む

　研究者は単に思いつきで学術論文を書いているわけではなく、今までの先行研究の積み重ねを踏まえたうえで、自らの研究を構築していきます。これまでの学界の研究動向を読むことは、初学者にとって何が研究されていて、何が明らかになっていないのかを知るために非常に重要なことで

す。ただし、注意をすべきことは、研究動向は、あくまでも著者の問題関心に基づいて書かれており、それによる偏向が含まれるということです。やがては自分なりの問題関心によって自ら研究動向を整理していくとよいでしょう。

　自分のテーマと関わる研究書がある場合には、研究書の最初の部分をみてみましょう。研究書をまとめた時までの研究動向の書かれている場合があります。まず、それを参考にすればよいでしょう。研究書がない場合には、研究動向をまとめた本があると便利です。三国志に関しては、本書の第二部がその役割を果たすことになります。なお、中林史朗・渡邉義浩『三国志研究要覧』（新人物往来社、1996年）は、1995年ごろまでの研究動向をまとめたものです。ただし、すべての分野が、このような研究動向に恵まれているわけではありません。

　中国学で言えば、史学は比較的整備されています。すでに掲げましたが、
- 『世界歴史大系 中国史』1～5（山川出版社、1996～2003年）

は、概説書であるとともに、巻末に簡単な研究動向と参考文献表を付しています。このほか、
- 『中国史学の基本問題』1～4（汲古書院、1996～2001年）
　各時代のテーマごとに、執筆時期までの研究動向をまとめたものです。
- 『中国史研究入門』上・下
（山川出版社、1983年→［増訂版］山川出版社、1991年）
　テーマ別に短めの研究動向をつけ、可能な限り論文の情報を載せています。
- 『アジア史研究入門』1～5（同朋舎出版、1983年）
　テーマ別に研究動向を論じます。執筆者の主観がつよく打ち出されています。
- 『中国歴史研究入門』（名古屋大学出版会、2006年）
　最新の研究動向です。研究分野の細分化にもよく対応しています。

などがあります。これらの中から、自分の研究したいテーマを見つけることができなければ、『史学雑誌』の「回顧と展望」を利用します。『史学雑

誌』では、5月号を「回顧と展望」という特集号として、前年に書かれた研究論文の紹介と評価を行っています。これを年代順に読んでいくことにより、自分のテーマがどのように研究されてきたのかを調査していくのです。1949〜85年までは、

- 史学会編『日本歴史学界の回顧と展望』12〜15（山川出版社、1987年）

にまとめられています。85年までの部分は、これを利用するとよいでしょう。それ以降の部分は、一年ごとに見ていく必要があります。

このように中国史が体系的な研究動向と文献目録を整備していることに対して、中国哲学・文学は研究動向の整理に恵まれません。2001年度（53号）より『日本中国学会報』がそれを行い始めましたが、中国史に比べると不十分です。したがって、当該分野のなるべく新しい論文を入手して、そこで行われている学説整理に注目したり、注に引用されている代表的な論文を読むことにより、自分で研究動向を整理する必要があるでしょう。そのためには、研究論文を探すスキルを身につけなければなりません。

2-3　研究論文を探す

自分の論文テーマの研究動向が把握できたあとは、テーマに関する文献を少し広い範囲で探していきます。なるべく多くの文献を探し、リストアップしていくことが、研究への第一歩となります。

2-3-1　東洋学文献類目を利用する

研究動向により研究の大きな流れを把握し、論文の所在もある程度は知ることができたならば、さらに網羅的に自分の研究分野に関わる著書や論文を調査していきます。そのために、文献目録を利用します。文献目録の代表は、京都大学人文科学研究所が刊行している『東洋学文献類目』です。これは、1934年以来原則として毎年発行されてきた『東洋史研究文献類目』を、1960年に『東洋学研究文献類目』、63年に『東洋学文献類目』と改称して、東洋史に止まらない東洋学全体の目録に発展させたものです。日本だけではなく中国・韓国・欧米を含む、中国学のなかで最も体系的な

文献目録となっています。ただし、膨大な情報量を提供する目録であるため、発行まで少し年数がかかります。なお、『東洋学文献類目』の一部は、CHINA3として公開されており、インターネットを経由して検索できます（http://www.kanji.zinbun.kyoto-u.ac.jp/db/CHINA3/）。これにより、『東洋学文献類目』は、利用しやすくなりました。

2-3-2　雑誌記事索引を利用する

　国立国会図書館が収蔵している学術誌・専門誌・大学紀要などに掲載された学術論文の情報を検索できるものが、雑誌記事索引です。収録されている雑誌のタイトル数は、2007年3月現在、採録誌総数17,024誌（内、現在採録中9,891誌、廃刊・採録中止7,133誌）にのぼります。CHINA3とあわせて、国立国会図書館の雑誌記事索引を利用するとよいでしょう（http://opac.ndl.go.jp/）。

　ただし、雑誌記事索引は、日本語の論文だけです。中国語の論文を捜すためには、CHINA3を利用する必要がありますし、後述するCNKIを利用するとさらに強力に調査することができます。

　ここでは、国立国会図書館の雑誌記事索引に、さらに自社で調査したデータを加え、より完備した論文検索を提供する日外アソシエーツのMAGAZINEPLUSを掲げましょう。基本的には有料サービスですが、大学図書館では経費を大学が負担して開放しているところも多いようです。利

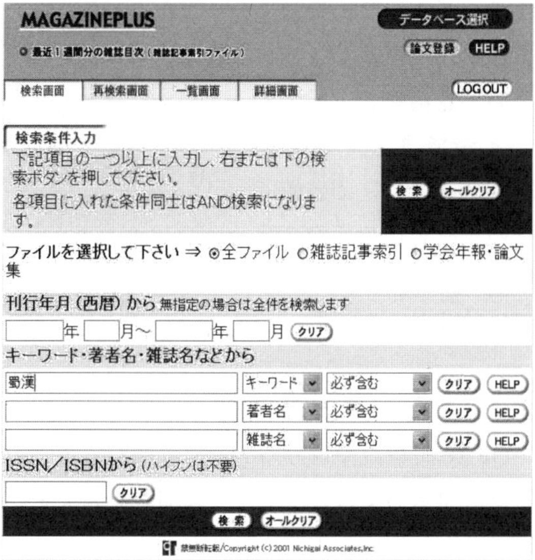

図 2-1：MAGAZINEPLUS 入力画面

- 33 -

用できるかどうか図書館で問い合わせてみるとよいでしょう。

自分のテーマが蜀漢政権の歴史であるとすると、「蜀漢」というタイトルを持つ論文から探していくのがよいでしょう。キーワードに「蜀漢」を入れて検索してみます。もちろん、一度の検索で自分の求めるすべての論文を検索することは不可能です。いろいろなキーワードを考えて次々と検索します。検索結果が多すぎる場合には、図書検索と同様に、AND検索を使うこともできます（図2-1）。

ここでは、「蜀漢」を入れて検索してみましょう。11件の論文を検索することができました。MAGAZINEPLUSでは、まずその一覧が表示されます。これらの中から、自分が必要とする論文をチェックして、さらに細かい書誌データを入手します。学術雑誌の号数・出版年代・掲載ページなどの書誌情報を入手することができました（図2-2）。あとは、図書館でその雑誌を探して論文を読み、自分の知識を深めていけばよいのです。

MAGAZINEPLUS

検索結果　0001～0011〈11 件中〉　[1]

1	標　題	吃音の話――三国、蜀漢を滅ぼした〔トウ〕艾の逸話
	著者名	福原啓郎
	雑誌名等	環日本研究 [ISSN:1340-4431]（環日本研究会）10 2003.3 p1～18
	備　考	NDL請求記号:Z21-B126【日外整理No.ZX197940】

2	標　題	蜀漢政権における益州士人の思想
	著者名	遠藤真樹
	雑誌名等	埼玉大学国語教育論叢 [ISSN:1342-6184]（埼玉大学国語教育学会）4 2001 p57～67
	備　考	NDL請求記号:Z7-B976【日外整理No.ZR073548】

3	標　題	蜀漢同情論から蜀漢正統論へ――明弘治本『三国志通俗演義』と毛本『三国演義』との比較を中心に
	著者名	薬進
	雑誌名等	法政大学教養部紀要 [ISSN:0288-2388]（法政大学教養部）108 1999.2 p383～394
	備　考	NDL請求記号:Z22-103【日外整理No.ZP232873】

4	標　題	蜀漢南征故事考――三国故事遺跡二探
	著者名	土屋文子
	雑誌名等	中国文学研究（Journal of the Waseda University Society of Chinese Literature.）[ISSN:0385-0919]（早稲田大学中国文学会）24 1998.12 p79～89
	備　考	NDL請求記号:Z12-370【日外整理No.ZQ164569】

図 2-2：MAGAZINEPLUS 書誌情報

2-4　文献リストの作成

OPACで概説や自分のテーマに関わる著書を、そして東洋学文献類目や雑誌記事索引で自分のテーマに関わる論文を調査したあとは、一覧表の文献リストを作成します。

2-4-1 文献リストの項目

文献リストの項目には、つぎのものを用意するとよいでしょう。もちろん、人によって必要なものは違いますので、必ずしもこれに従う必要はありません。

①. 通し番号：並び換えや抽出により崩れた体裁を元に戻すためのものです。
②. 分類番号：データが少ない場合には不要です。
③. 氏名：フリガナの項目も作ると、並べ替えることができます。
④. 論文名・著書名：論文と著書を分けてもかまいません。一つの枠に著書と論文を入れる場合は、両者を分ける『著書』「論文」をつけます。
⑤. 収録雑誌・出版社名：論文と著書を分ける場合には、ここも分けます。これに加えて、論文がどの著書に収められたかを示す項目をつくるのもよいでしょう。
⑥. 年代：論文・著書が発表された年代です。
⑦. 所蔵情報：論文を収録する学術雑誌・著書の所蔵番号などを記します。
⑧. 有無：自分がその著書や論文を入手できたか否かを入力します。
⑨. コメント：著書や論文の要旨とそれへの自分の考えをまとめます。

以上の①～⑨をすべて項目として掲げると図2-3のようになります。

	A	B	C	D	E	F	G	H	I	J	K	L	M	N	O
1						三国志研究文献目録									
2	番号	分類	氏名	フリガナ	論文名	著書名	収録雑誌	出版社名	収録書名	年代	所蔵情報	所蔵機関	有無	要旨	意見
3															
4															

図2-3：文献リストの項目

実際に、データを入力していくと、データの長さに応じて項目の行幅を拡げていきますので、このくらい多くの項目数を掲げると横に広い画面となります。むろん、スクロールしていけば問題はないのですが、横に広い画面が使いにくければ、項目数を減らしても結構です。その場合、③・④・⑤・⑥が必須となります。あるいは、カード型データベースソフトを利用してもよいでしょう。

2-5　論文を入手しよう

　一覧表の論文リストを作成したあとは、優先順位をつけながら必要な論文を入手していきます。近くの図書館で入手できるものと、遠くの大学や研究機関にしか所蔵されないものに分け、前者から先に集めていきます。

2-5-1　大学図書館・公共図書館など近くの図書館の利用

　自分の近くにある図書館が、目的の論文を所蔵しているか否かは、OPACにより検索します。論文は学術雑誌に掲載されている場合が多く、その学術雑誌が所蔵されているか否かを検索するのです。学術雑誌が所蔵されていれば、所蔵情報と書誌情報が表示されます。これは、図書検索の場合と同じです。書誌情報には、その学術雑誌の出版元なども表示されますので、必要であれば、メモをしておきます。論文の入手に必要なものは、所蔵情報です。所蔵された場所に行き、学術雑誌を借り受けます。目的の論文をコピーする時には、学術雑誌の号数や発行年代などを確認しておくとよいでしょう。一つの図書館で、目的の学術雑誌をすべて捜し当てられることはほとんどありません。ただし、その場合でも、著書に収録されている場合がありますから、目的の論文の著者が、著書を著しているか否かの確認をOPACで行ってください。また、入手しにくい論文を集めた『中国関係論説資料』（論説資料保存会、1965年〜）という本も刊行されています。それを利用できる環境であれば、該当する年次を確認してもよいでしょう。

2-5-2　自分が所属しない大学・研究機関の利用

　目的の論文が近くの図書館で入手できない場合には、それを掲載する学術雑誌を所蔵している大学や研究機関を調査します。そのためには、国立情報学研究所のWebcatを利用します。

　総合目録データベースであるNACSIS Webcat（http://webcat.nii.ac.jp/）は、どこの大学・研究機関が、どのような学術雑誌および著書を所

Ⅱ．論文を書いてみよう

蔵しているのかを総合的に検索できるデータベースです。このデータベースにより学術雑誌は、その誌名ごとに所蔵している図書館とその所蔵状況（欠号の有無）などを簡単に知ることができます。自分の探している学術雑誌（あるいは著書）の名称をタイトルワードに入力して、検索します。

検索結果には、図書館のOPACと同じように、書誌情報と所蔵情報が表示されます（図2-4）。上段の書誌情報では、学術雑誌の名前が変更されている場合には、その詳細が記されます。

下段の所蔵情報には、学術雑誌の所蔵状況が示されます。例えば1-4、12-43＋は、1号から4号までを所蔵し、12号から43号までを所蔵していること（5～11号は欠号）および継続的に受け入れていること(＋により表現)を示しています。

目的の論文を掲載している学術雑誌を所蔵している機関が判明したならば、その入手を目指します。図書館のレファレンスサービスを利用して、所蔵する図書館にコピーの依頼を行うことも一つの手段です。ことに遠方の場合には、この方法は有効となります。しかし、時間と費用（コピー費用と郵送料）

NACSIS Webcat: 詳細表示

[利用の手引き] || [検索画面に戻る]

大東文化大学漢学会誌 / 大東文化大学漢学会〈ダイトウ ブンカ ダイガク カンガッカイシ〉. -- (AN00137068)
1号 (昭33.10)-. -- 東京
ISSN: 04149572
別タイトル: Kangakukaishi : the studies of Chinese classics
著者標目: 大東文化大学漢学会〈ダイトウ ブンカ ダイガク カンガッカイ〉

所蔵図書館 72

CAMBRIDGE/ UL 1-35〈1958-1996〉+
愛大豊 図 5,10-13,15-45〈1963-2006〉+
岡大 附属図 2,38,41,43-44〈1959-2005〉+
学習院 史学 35-36,38-44〈1996-2005〉+
学習院 図 2,6,14-33,35-38〈1959-1997〉
関大 図 2-3,7-8,10-44〈1959-2005〉+
京女大 雑誌室開架 3-4,19〈1960-1980〉
京大人文研 漢情セ 1-4,12-45〈1958-2006〉+
京大文 図 1-4,6,14-45〈1958-2006〉
金大 図 2-3〈1959-1960〉
九大 文 1-4,6,28-45〈1958-2006〉+
駒大 2-9〈1959-1969〉
慶大三 雑誌 2-4,6,14-45〈1959-2006〉+
広大中 書・書庫紀要 3,35-36,38-43〈1960-2004〉
広大中 文・中哲 31,35-36,38-40〈1987-2001〉
広大中 文・中文 2,14-18,22-23,25-26,28-30〈1959-1991〉
弘大 本館 12〈1973-1973〉
高大 2〈1959-1959〉
国学院 1,3-4,14,17-31,34-40〈1958-2001〉
国際仏教学院 図 41-45〈2002-2006〉+
国士舘 本館 15-17,19-20,26〈1976-1987〉
国文研 全開開架 1-21〈1958-1982〉
阪教大 2〈1959-1959〉
阪市大 センタ 35-45〈1992-2006〉+
山口大 2-4,9〈1959-1969〉
滋大教 2-4〈1959-1961〉
鹿大 中央図 2-3〈1959-1960〉
実践女 図 2-7,9-13〈1959-1974〉
取大 図 2〈1959-1959〉
尚絅大 17,19-31,33-38〈1978-1999〉+
昭女大 図 4,6〈1961-1963〉
新大 人哲学 2-3,6〈1959-1963〉
創価大 37-40,42〈1998-2003〉+
早大戸山 雑誌 4,6,9-45〈1961-2006〉+
早大中央 図書 6〈1963-1963〉
大正大 1-6,15-45〈1959-2006〉
大谷大 2-4,6,14-19,21-31,33-45〈1959-2006〉+
大東大 1-44〈1958-2005〉+

図2-4：NACSIS Webcat －検索結果

がかかりますので、所蔵する図書館や専門機関が近くにあれば、自分でそこに行って、閲覧や複写を行った方が効率的でしょう。大学の附属図書館や専門研究機関は、紹介状などを必要とする場合が多く、また急な休館日

などもありますので、問い合わせたうえで出かけるべきです。所在と連絡先は、Webcatの所蔵情報で大学名をクリックすると表示されます。

　国立情報学研究所は現在、本と雑誌を探すWebcatに連想検索を加えたWebcat Plus、論文を検索する論文情報ナビゲータ（CiNii）などをあわせた学術コンテンツ・ポータル（GeNii）の構築を始めています。なかでも、論文情報ナビゲータ（CiNii）は、国立国会図書館の雑誌記事索引を含むだけではなく、検索した論文のPDFファイルを無料（一部有料）でダウンロードできるサービスが含まれています。これが本格的に稼働すれば、図書館に出向く必要もなく、居ながらにしてインターネットにより論文を集めることができるようになるのです。期待したいと思います（http://ci.nii.ac.jp/cinii/servlet/CiNiiTop）。実は、中国語の論文については、有料ですが、それが実現しています。CNKI(中国学術情報データベース）です。

2-5-3　CNKI（中国学術情報データベース）

　中国で発行された雑誌については、これまではアジア経済研究所編『中国文雑誌・新聞総合目録』（アジア経済研究所、1986年）を利用して、中国で発行された雑誌を所蔵している研究機関を調査していました。同様の本として、国会図書館が所蔵する中国語の雑誌・新聞を掲げた国立国会図書館専門資料部編『国立国会図書館所蔵中国語・朝鮮語雑誌新聞目録』（国立国会図書館、1993年）を利用することも可能です。しかし、現在では、NACSIS Webcatにより、中国語文献・英語文献も検索することができますので、こうした本を利用する必要はなくなりました。

　さらに、有料のデータベースですが、CNKI（中国学術情報データベース）は、論文を検索できるだけではなく、論文をダウンロードして入手できる新しいサービスです（図2-5）。CNKIプロジェクトは、中国社会に「知識のインフラ」を整備するため、北京の清華大学が中心となって構築した五つのデータベースから成ります。中国学術雑誌データベース・中国重要新聞データベース・中国博士修士学位論文データベース・中国重要会議論文

Ⅱ．論文を書いてみよう

全文データベース・特選バックナンバーアーカイブデータベースです。近くの図書館が契約をしていれば、ウェブ（http://cnki.toho-shoten.co.jp/）より論文を検索し、その論文をファイルとして保存し、印刷することができます。

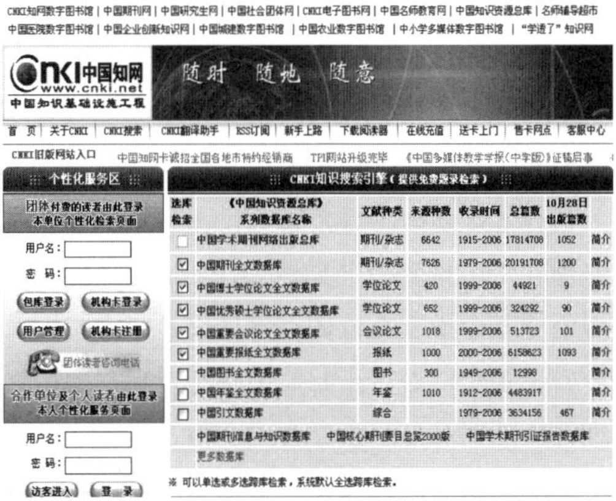

最も有用な中国学術雑誌データベースは、1994年以降の中国で発行された重要雑誌7,600誌より、1,769万件以上（2007年4月現在）の文献を全文収録しています。図書館で利用できない場合でも、CNKIカードを購入すれば、個人で利用することが可能です。

日本総代理店の東方書店のウェブサイト（http://www.toho-shoten.co.jp/）に詳細が記載されていますので、参考にするとよいでしょう。

図2-5 CNKI

3　論文を批判的に読んで、自分の主張を出す

論文を入手できたならば、それを読んでいきます。論文を読む場合には、内在的な批判を行うように心がけます。第一に、論文の主張を要約して、論旨の展開の論理性を検討します。第二に、論文に引用されている資料や研究論文にあたり直して科学的な手続きに基づいて執筆されているのかを確認していきます。

3-1　内在的批判

この論文は自分の考え方と違うから嫌い、という対応は、内在的な批判ではありません。論文の論理に沿って内容を把握し、引用している文献や資料にあたり直し、論理的に批判していく。それが内在的に批判する、と

いう行為です。と書くことは簡単ですが、なかなかすぐにできるものではありません。第一に、論文の主張を要約することから始めていきます。

3-1-1　論文の叙述方法

これまで述べてきたように、科学的な論文を書くためには、先行研究を整理して、自分の主張がこれまでの研究とどのように異なるのか、研究史の中でどのような位置づけになるのかを明確にしていきます。さらに、自分の主張がいかに正しいのかを資料や他の研究を引用することによって論理的に証明していきます。すると、論文は主として、
　①．従来の研究成果のまとめ
　②．自らの主張
　③．主張を論理的に証明するための引用
という三つの部分より構成されることになります。もちろん、この三つの部分を総合的に判断しながら読み進めていくことがよいのですが、慣れないうちは、この三つの部分を分け、②の部分を追いかけていくことにより、論文の主張を要約することから始めるとよいと思います。①・③の部分は、あとで検証することにして、②だけを追っていくのです。

　また、論文は「はじめに」の部分で問題を設定して、「おわりに」の部分でその問題に対する結論を述べる、という形式を取ることが多いものです。したがって、「はじめに」と「おわりに」を先に読んで、論文の問題関心と結論を先に理解しておくと、論旨の展開を正確に追うことができます。

　具体的な事例として、渡邉義浩「「寛」治から「猛」政へ」(『東方学』102、2001年→『三国政権の構造と「名士」』汲古書院、2004年）を取りあげて、論文の読み方を示していきます。

3-1-2　問題意識と結論

　第一に、「はじめに」を掲げてみましょう。①従来の研究のまとめはイタリックで、②自らの主張はボールドで、③引用は下線を附して区別することにします。

Ⅱ. 論文を書いてみよう

はじめに

　曹魏の基礎を築いた曹操は、根拠地の安定的な支配を荀彧ら潁川「名士」の名声に依拠して実現したため、君主権力とは別の場で形成される「名士」の名声を、当初は尊重せざるを得なかった。やがて君主権力の確立を目指した曹操は、儒教を規範とする「名士」の名声へ介入を試み、その自律性を打破することに努めた。曹操を支えた荀彧への賜死は、「名士」の自律性と君主権力とのせめぎあいを象徴する（本書第四章第三節）。それにも拘らず、荀彧殺害後も、陳羣・鍾繇ら潁川「名士」は、曹魏政権の中核を構成し続けた。丹羽兌子〈一九七〇〉は、荀彧ら潁川清流士大夫が曹魏の建国に積極的に関わっていく姿勢を清流士大夫の理念との矛盾と捉え、堀敏一〈一九九六〉は、後漢末以降政権と対立していた名士が、政権と接触して変容し、地方名士から王朝貴族へ変貌を遂げると主張する。

　曹魏政権における潁川「名士」の積極的な政権関与を、自律から従属へという政治的立場の変更を視点に、君主権力との妥協と捉えるだけでは、君主権力からの自律性を特徴とする貴族の生成を内発的に理解することはできない。**貴族が自律性の存立基盤を、土地所有などの経済的側面や官僚としての地位といった政治的側面に求めず、文化的価値の専有に求めるのであれば、その前身である「名士」の文化的価値の中核を占める儒教理念の内発的な展開から、政権への主体的参与の原因を考察しなければなるまい。かかる課題の解決は、儒教一尊の価値観が崩壊した魏晋南北朝時代における儒教のあり方を探る端緒ともなろう。**

「はじめに」の部分が①と②を中心に成り立っていることが分かります。「（本書第四章第三節）」までの①は自分の研究からの引用ですが、これも従来の研究の一つと考えてよいでしょう。②の部分には、この論文の問題意識が書かれています。なかでも、「**「名士」の文化的価値の中核を占める儒教理念の内発的な展開から、政権への主体的参与の原因を考察**」する、という部分が本論文の中心課題です。

第一部　研究入門篇

　これに対して「おわりに」では、どのような答えが出されているのでしょう。「おわりに」を同様の方法で引用してみます。
　　　おわりに
　　貴族への変貌を果たす後漢末から曹魏期の「名士」層は、自己の価値観の根底をなす**儒教の教義を内発的に展開することにより、儒教一尊の時代であった後漢の崩壊を乗り切ろうとしていた。儒教に基づく人物評価を展開して後漢「儒教国家」の価値観を批判的に継承する**一方で、今文『尚書』の「五教在寛」に基づく「寛」治を暫く措き、『春秋左氏伝』の「寛猛相済」に基づく「猛」政を具現化することにより、弛緩した後漢の支配を建て直さんとしたのである。そして、その不可を知るや、「猛」政への展開の中で培った法知識を生かして、**肉刑復活論や「新律十八篇」編纂の中心となって、曹魏政権の国家権力を強化していく**。かかる儒教の展開への努力の中で、「名士」は君主権力に対する自律性を保持しながら、国家権力の再編へと踏み出していったのである。曹魏政権において「名士」が自律性を持ちながらも君主に協力し、君主が対峙性を持ちながらも「名士」を重用した接合点には、儒教理念の内発的展開が存在していたのである。

　儒教の内発的な展開とは、『尚書』の「五教在寛」に基づく「寛」治から、『春秋左氏伝』の「寛猛相済」に基づく「猛」政への展開を指し、その展開により国家権力の再編を目指したことが、政権への主体的参与の原因となっている、と主張していることが分かります。
　「はじめに」を読むことで論文の問題意識を捉え、「おわりに」でその問題への答えを探る。論文を理解するための第一歩は、論文の問題意識と結論を知ることなのです。

3-1-3　論旨の展開

　「はじめに」と「おわりに」により、論文の問題意識と結論を理解したあとは、論旨の展開を把握していきます。「一、後漢の「寛」治」を同様の方法で引用してみましょう。

- 42 -

一、後漢の「寛」治

「儒教国家」が成立した後漢の支配は、豪族が在地社会に持つ規制力を利用する「寛」治として実現し、かかる支配は、今文『尚書』堯典の「五教在寛」を典拠に正当化されていた。『後漢書』本紀三 章帝紀に、

> 丙寅、詔して曰く、「比年 牛に疾疫多く、墾田 減少し、穀価頗る貴く、人 以て流亡す。春の東作に方たり、宜しく時務に及ぶべし。二千石は勉めて農桑を勧め、弘く労来を致せ。羣公・庶尹は各々精誠を推し、専ら人事を急にせよ。罪は殊死に非ざれば、立秋を須ちて案験せよ。有司は選挙を明慎し、柔良を進め、貪猾を退け、時令に順ひ、冤獄を理めよ。五教 寛に在りとは、帝典の美とする所、愷悌の君子とは、大雅の歎ずる所なり。天下に布告して、明らかに朕が意を知らしめよ」と。

とあるように、「寛」治を励行する詔が、後漢では頻繁に出されている。ゆえに後漢の地方官には、その「寛」治を称えられる者が多く、皇帝や皇后の徳の高さにも、列伝に記される個人の評価にも、しばしば「寛」という概念が高い価値を帯びて使用されているのである。

後漢における「寛」治の盛行は、『後漢書』列伝三十六 陳寵伝に、

> （陳寵）理官と爲るに及び、数々疑獄を議し、常に親しく自ら奏を爲すに、毎に経典に附し、務めて寛恕に從へり。

とあり、法刑を掌る廷尉の陳寵までもが、「寛恕」に務めていたことにも明らかである。

ところが後漢末になると、「寛」であることを貶める評価が現れる。『三国志』巻十四 郭嘉伝 注引『傅子』に、

> 漢末、政 寛に失すも、（袁）紹は寛を以て寛を済はんとす、故に摂ず。（曹）公は之を糾すに猛を以てし、上下 制を知る。此れ治 勝るの三なり。

とあるように、郭嘉は袁紹と曹操とを比較する中で、後漢末の政治が「寛」に過ぎて行き詰まったにも拘らず、袁紹は「寛」治による支配を繰り返し

第一部　研究入門篇

て失敗していると分析する。**後漢「儒教国家」の「寛」治は、限界を迎えていたのである。一方、曹操は、袁紹とは対照的な「猛」政により、統治を円滑に行い得ていると郭嘉は説くのである。**

　かかる対照的な見方ではないが、渡部東一郎〈一九九七〉が着目したように、「寛」と「猛」とを相い補う政治形態と措定する思考方法は、『後漢書』列伝十四 馬援伝附馬厳伝に、

　　其〔章帝即位〕の冬、日 之を食するの災有り。（馬）厳 封事を上りて曰く、「……唯だ丙吉 年老い優游なるを以て、吏の罪を案ぜず。是に於て 宰府 習ひて常俗と為し、更に共に罔養し、以て虚名を崇ぶ。或いは未だ其の職に曉らざるも、便ち復た遷徙す。誠に官を建て禄を賦するの意に非ず。……（左）伝に曰ふ、『上徳は寛を以て民を服さしむるも、其の次は猛に如くは莫し。……政を為す者は、寛 以て猛を済ひ、猛 以て寛を済ふ』と。……」と。

とある、後漢の章帝期における馬厳の上奏文にも見ることができる。馬厳は、『春秋左氏伝』を陳元から受けた古文学者であった（『後漢書』列伝十四 馬援伝附馬厳伝）。『春秋左氏伝』昭公 伝二十年に、

　　仲尼曰く、「善きかな。政 寛なれば則ち民 慢。慢なれば則ち之を糾すに猛を以てす。猛なれば則ち民 残。残なれば則ち之に施すに寛を以てす。寛 以て猛を済ひ、猛 以て寛を済はば、政 是を以て和す」と。

とあり、孔子の言として、「寛」なる政治が弛緩した場合には、「猛」政によりこれを糾すべきことを伝える。馬厳は、『春秋左氏伝』の「寛猛相済」を典拠に、属吏を罰しないような「寛」治を批判し、「猛」政の必要性を主張したのである。

　『春秋左氏伝』に掲げる「猛」政への孔子の賛美は、鄭の子産が子大叔に残した次の遺言に対する評価として語られている。『春秋左氏伝』昭公 伝二十年に、

　　我 死なば、子 必ず政を為さん。唯だ有徳者のみ、能く寛を以て民を服す。其の次は猛に如くは莫し。夫れ火は烈なり。民 望みて之を畏る。故に焉に死するもの鮮し。水は懦弱なり。民 狎れて之を翫ぶ。則ち

- 44 -

焉に死するもの多し。故に寛は難し。

とある。かかる遺言を受けながら、子大叔は「猛」政を行うに忍びず、子産の遺言に背く。「寛」なる政治を行った鄭は乱れ、子大叔は子産の言に従わなかったことを悔やむのであった。津田左右吉が指摘するように、この話柄は、『韓非子』巻九 内儲説 上にも、

> 子産 鄭に相たり。病みて将に死せんとす。游吉に謂ひて曰く、「我が死せる後は、子 必ず鄭を用ひん。必ず厳を以て人に莅め。夫れ火の形は厳なり、故に人 灼かるること鮮し。水の形は懦なり、故に人 溺るること多し。子 必ず子の刑を厳にし、子の懦に溺れしむること無かれ」と。

とある。戦国末期には未だ固定化していなかった子産の人物像を、『韓非子』は「厳」政を尊ぶ法家として描いた。これに対して、『韓非子』と同根の説話を摂取した『春秋左氏伝』は、子産を「猛」よりも「寛」を尊ぶ儒者と位置づけた。しかし、説話は「厳」政を尊ぶ法家と共通するものであったから、子産の言も「寛」を優越させながら、「猛」をも重視するものとなっている。**『春秋左氏伝』は、こうして法家の主張をも包摂することにより、「寛」なる政治を補完する支配理念として「猛」政を構築していたのである。**

しかし、後漢における儒教の教義を定めた章帝期の白虎観会議では、古文学を取り込みながらも今文学が勝利をおさめ、後漢では「寛」治が主流とされた。それが、後漢時代の「寛」治の盛行や「寛」なる人々の出現をもたらしていたのである。むろん、*後漢の官学となった今文学、就中『春秋公羊伝』は、主観主義的な法解釈に基づき、反国家的な犯罪を過酷に、そして厳格に処す論理を持つ（日原利国〈一九六二〉）*。ところが、官学なるが故に今文学は、「寛」治を克服する論理を展開させ得なかった。在野の学たる古文学に、それは委ねられたのである。

ボールドで示した主張をつないでみましょう。
　①．後漢の支配は、「寛」治であり、『尚書』の「五教在寛」により正当化されていた。

②. 後漢の「寛」治は限界を迎え、曹操は「猛」政で円滑な統治をしていた。
③. 「寛」治の批判と「猛」政の主張は、『春秋左氏伝』の「寛猛相済」を典拠としていた。
④. 『春秋左氏伝』は法家の思想をも包摂し、「猛」政という支配理念を構築していた。

あえて一文で表現してみると、

『尚書』の「五教在寛」により正当化されていた後漢の「寛」治は限界を迎え、『春秋左氏伝』の「寛猛相済」を典拠とし、法家の思想をも包摂する「猛」政という支配理念が成立し、曹操は「猛」政で円滑な統治をしていた。

となります。これが、第一章の要約です。同様の作業を第二章・第三章と行っていき、論旨の展開を把握します。

3-1-4　論文への評価

論文の評価は、論旨の一貫性と実証性によって定まります。本項で検討しているのは、前者の論旨の一貫性です。

「はじめに」と「おわりに」を読むことで、問題意識と結論を探り、章ごとに論旨の展開を把握することにより、論旨の一貫性を検討します。その結果、

①. 「はじめに」で掲げられている問題意識と「おわりに」に述べられている結論とが一致しない。
②. 章ごとの論旨の展開に乱れがある。

こうした論文は、論旨の一貫性に欠けるので、その主張には従わないほうがよいでしょう。このように、著者の主張を論理的に追い、その乱れを批判することは、内在的な批判といえます。ただし、学術論文である以上、この程度の批判に耐えられないものは少ないはずです。

論旨が一貫していれば、論文に引用されている資料や研究論文にあたり直して科学的な手続きに基づいて執筆されているのかを確認していきま

す。その方法は3-2引用資料の確認・3-3注記の確認で学びましょう。

　これとは逆に、読み終わった論文の問題意識・結論・論旨の展開になんの不満もなく、自分としてはこれ以上のものを考えることができない、と判断されるときもあります。論文とは、何らかのオリジナリティーを求められるものです。

　小林康夫・船曳建夫編『知の論理』（東京大学出版会、1995年、296頁）は、それを
　1．発見──新現象や新事実の報告
　2．発明──理解の枠組みが変わるような新解釈や新理論の提示
　3．総合・関連──異なる事実や解釈・理論間の関連づけや統合
　4．批判・再解釈──上記の1～3に対する批判や再検討

に分類しています。したがって、先行研究を読んで、自分には何らオリジナリティーを加えることができないと判断すれば、残念ながら、テーマを変更せざるを得ないでしょう。自分の独自性がなければ論文とは言えないためです。ただ、それではあまりに悔しいので、論旨の展開だけではなく、その論文が科学的な手続きに基づいて執筆されているのかを確認することを行っていきましょう。

3-2　引用資料の確認

　論文に引用されている資料は、原典にあたって確認します。引用部分に誤りはないか、前後の意味を無視した引用はされていないか、といった引用の正確さの確認に加えて、自分が論文を書いていく際の資料収集を行うためです。

3-2-1　資料による実証

　論文では、資料を引用する際に、典拠を示す必要があります。3-1で利用した、渡邉義浩「「寛」治から「猛」政へ」（『東方学』102、2001年→『三国政権の構造と「名士」』汲古書院、2004年）をもう一度掲げてみましょう。

第一部　研究入門篇

　一、後漢の「寛」治
　「儒教国家」が成立した後漢の支配は、豪族が在地社会に持つ規制力を利用する「寛」治として実現し、かかる支配は、今文『尚書』堯典の「五教在寛」を典拠に正当化されていた。『後漢書』本紀三　章帝紀に、
　　丙寅、詔して曰く、「比年　牛に疾疫多く、墾田　減少し、穀価　頗る貴く、人　以て流亡す。春の東作に方たり、宜しく時務に及ぶべし。二千石は勉めて農桑を勧め、弘く労来を致せ。羣公・庶尹は各々精誠を推し、専ら人事を急にせよ。罪は殊死に非ざれば、立秋を須ちて案験せよ。有司は選挙を明慎し、柔良を進め、貪猾を退け、時令に順ひ、冤獄を理めよ。五教　寛に在りとは、帝典の美とする所、愷悌の君子とは、大雅の歎ずる所なり。天下に布告して、明らかに朕が意を知らしめよ」と。
とあるように、「寛」治を励行する詔が、後漢では頻繁に出されている。ゆえに後漢の地方官には、その「寛」治を称えられる者が多く、皇帝や皇后の徳の高さにも、列伝に記される個人の評価にも、しばしば「寛」という概念が高い価値を帯びて使用されているのである。

　第一章の三行目に書かれている「『後漢書』本紀三　章帝紀」が、続く引用資料の典拠となっています。ただし、この典拠の示し方は、必要最小限のものです。『後漢書』などの二十四正史は、中華書局本に依拠することが学界で常識となっているので、これでかまわないのです。しかし、底本とすべき本が定まっていない場合には、どのような本に依拠したのかを明示する必要があります。また、中華書局本の場合でも、巻数だけではなく、頁数まで典拠を示す場合もあります。
　典拠に基づいて原典にあたってみます。ここでは、『後漢書』の章帝紀を探していきます。すると、中華書局本の132～133頁にかけて、
　　丙寅、詔曰、比年牛多疾疫、墾田減少、穀価頗貴、人以流亡。方春東作、宜及時務。二千石勉勧農桑、弘致労来。羣公庶尹、各推精誠、専

- 48 -

急人事。罪非殊死、須立秋案験。有司明慎選挙、進柔良、退貪猾、順時令、理冤獄。五教在寛、帝典所美。愷悌君子、大雅所歎。布告天下、使明知朕意。

とありました。論文の引用と比較しながら読んでいきます。すると、引用に誤りはなく、自分に不都合な部分を省略することもなく、前後の文章にもこれと関わりのある部分はありません。訓読も多少の読み癖の違いはあっても、誤って読んでいる部分はなく、解釈もよいと思われます。

以上の検討により、ここの部分の資料による実証は正しく行われていると判断します。

3-2-2　資料の蓄積

続いて、この資料を自分がどう活用するかを考えていきます。自分のテーマと少しでも関わりがあるのであれば、ここまでしっかり調べたのですから、活用しない手はありません。具体的には、カード、あるいはカード型データベースとして資料を蓄積していきます。項目は、

①典拠②原文③訓読④解釈⑤引用者

の五項目でよいでしょう。さきほどの例であれば

①　　　『後漢書』本紀三 章帝紀（中華書局本、132〜133頁）
②・③　すでに掲げました
④　　　後漢で頻繁に出されている「寛」治を励行する詔
⑤　　　渡邉義浩「「寛」治から「猛」政へ」（『東方学』102、2001年、『三国政権の構造と「名士」』汲古書院、2004年に所収、310頁）

となります。わたし個人としては、コンピュータ上にデータとして所有すると共にプリントアウトをして、カードとして持っている方がよいと思います。自分で論文を書いていく際、そのカードをここに入れよう、あそこに入れようと考えながら、動かしていくことができるためです。

3-3　注記の確認

論文の文章と一般の文章の形式的な違いは、注記の有無にあります。注

は、それほどまでに重要なものなのです。論文の注を確認していくことにより、実証性をさらに検討していきましょう。

3-3-1　注の役割

　論文は、なぜ注を必要とするのでしょうか。注の役割は、第一に、典拠を示して論文の科学性を保障すること、第二に、枝葉の議論を別の場所で行い本文の論旨を掴みやすくすることにあります。渡邉義浩「「寛」治から「猛」政へ」（前掲）の注を確認してみましょう。第一の事例が多いため、少し省略しながら掲げます。

〔注〕

（二）　渡邉義浩〈一九九四〉を参照。また、渡部東一郎〈二〇〇〇〉は、後漢の「寛政」の実施を、漢の祖たる堯に従うべく指示する緯書の具体的実践であったと指摘する。

（一五）従来の王符をめぐる研究は、その儒家的・法家的主張をどう解釈するかに収斂される。徳化こそ正統とする儒家的徳化主義を否定しない法術主義は不安定ではかないとする金谷治〈一九七七〉、道徳教化の政治こそ理想として法刑より優先させたとする日原利国〈一九五七〉、法の位置をほとんど儒と対等にまで高めたとする堀池信夫〈一九八八-ａ〉、徳治を理想としながらも法治の有効性を説いたとする辺土名朝邦〈一九九五〉の諸研究である。こうした中、田中麻紗巳〈一九九六〉は、王符の人間観に両主張の論拠を求め、王符は良民に対する道徳・教化、小人に対する法・賞罰と、統治方法を弁別していたとする。

（二五）もちろん、後漢末における儒教の展開を受けて法刑を重視した者は、潁川「名士」に限らない。後漢末の荊州学の中心である司馬徽に愛された南陽の劉廙には、「先刑後礼之論」があり（『三国志』巻五十八 陸遜伝）、同じく司馬徽に学んだ諸葛亮は、蜀科という法典を編纂しているのである（『三国志』巻三十五 諸葛亮伝）。西田太一郎〈一九五五〉、宮川尚志〈一九六九〉を参照。

(三二) このほか、黄休には出身地に関する記録はないが、潁川「名士」の胡昭を趙儼・荀顗・鍾毓・庾嶷らの潁川「名士」とともに推挙しており(『三国志』巻十一 管寧伝)、潁川「名士」の可能性が高い。劉邵とは『人物志』を著した劉劭のことで、多田狷介〈一九八〇〉が指摘するように、曹室派の人物であったが、曹爽と司馬懿の対立の際には、どちらにも意識的に加担したとする記述はない。なお、韓遜は、ここにしか記録がなく出身地は不明である。

　(二)は典拠の表記、ならびにその論文の紹介です。第一の事例にあたります。これがあることにより、読者は引用している文献にあたり直し、論文での引用が適切になされているかを確認できるのです。こうして注は、論文の科学性を保証します。

　(一五)は本文中で議論を展開する王符について、主要な先行研究の主張を整理したものです。王符に関する先行研究を検討することは重要なのですが、これを本文の中に入れると、本文の論旨の展開に妨げとなります。第二の事例にあたります。(二五)は本文の議論に対して予想される反論に、あらかじめ自分の考えを提示しておいたものです。(三二)は本文の実証を補うものです。いずれも、必要な部分なのですが、本文に入れると論旨の展開を妨げます。これらも第二の事例となります。

　このように注を確認することにより論文の実証性を検討していきます。なかでも、他人の論文を引用している際に、筆者の都合のよい部分だけを引用していないか、誤った内容を引用していないかを検討することは重要でしょう。

3-3-2　注を利用した文献リストの充実

　注には、その論文の先行研究が引用されています。それらのなかには、これまでに作成した文献リストに含まれないものも多いでしょう。当然、それは文献リストに追加していきます。これによって芋づる式に文献を集めることができ、文献リストは充実していきます。

第一部　研究入門篇

4　資料により実証しながら、論文を執筆する

4-1　資料を集めよう

　論文を丹念に読むことにより、資料を利用して新しいことを主張する難しさが分かったと思います。やはり、先行研究と同じ資料を使って、それ以上のことを述べるのは難しいことなのです。自分の主張を論証できる新しい資料、それをどのように探していくのかを学んでいきましょう。

　従来の研究では、論文を組み立てるための資料は、原典を最初からひたすら読んでいくことが必要でした。現在でも、原典を読みこなす能力は必要不可欠ですが、資料を集めるためデータベースを利用できる環境が整っています。もちろん、積極的に利用すべきです。

4-1-1　中央研究院歴史語言研究所のデータベース

　1984年からデータベースの構築を始めた中華民国の中央研究院は、その成果の一部を「漢籍電子文献」(http://www.sinica.edu.tw/~tdbproj/handy1/) として公開しています。また、大東文化大学には、そのミラーサイトが設置されており、そこには、三国時代の研究に欠かせない「漢晋史三種」(『後漢紀校注』『八家後漢書輯注』『九家旧晋書輯本』)、最も重要な「二十五史」、「十三経注疏」が含まれています。「漢晋史三種」は、中央研究院では公開されていないデータベースですので、ここでは大東文化大学のミラーサイトにより、「漢籍電子文献」の利用法を説明しましょう。Internet Explorerなどウェブの閲覧ソフトのアドレスに、http://china.ic.daito.ac.jp/handy/newと打ち込みます。文字化けをした場合には、プルダウンメニューの「表示」から「エンコード」を選び、「繁体字中国語(BIG5)」をクリックして、中国語環境に変更します。繁体字中国語が入っていない場合には、Microsoftのウェブサイトなどから入手してください。「漢籍電子文献」のホームページが現れたら、「資料庫名称」より利用する資料庫をクリックします。これで資料庫に接続することができます。

Ⅱ．論文を書いてみよう

　「漢籍電子文献」では、階層的なディレクトリ構造を利用することにより、底本の章・節・段落などの構成をそのまま反映しています。利用者はそれに基づいて本文を調べ、あるいは検索の範囲を修正することもできます。さらに、このシステムは、底本の頁数を表示するので、容易に原典に当たり直すことができます。「二十五史」は、中華書局の標点本を底本としています。また、「漢晋史三種」のうち『八家後漢書輯注』は、周天游輯注の上海古籍出版社（1986年）本を、『九家旧晋書輯本』は、湯球の輯本に楊朝明が校補をつけた中州古籍出版社（1991年）本を、『後漢紀校注』は、周天游校注の天津古籍出版社（1987年）本を底本としています。本文や検索結果を学術論文に使用する際には、底本に当たり直すことが必須となります。コンピュータに入力された古典籍には、誤りの含まれることが当然だからです。

　資料庫に接続したら、あとは目的の部分までクリックを続けていけば、資料の閲覧を行うことができます。『三国志』巻三十五 諸葛亮伝を閲覧するまでを例に説明しましょう（図4-1）。

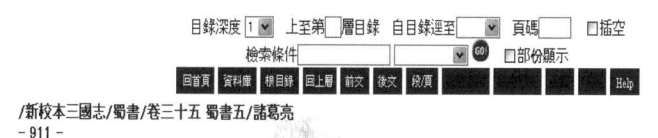

図4-1　『三国志』巻三十五 諸葛亮伝

①．資料庫名称から「二十五史」を選択してクリックします。
②．「二十五史」の「5．新校本三国志」をクリックします。
③．「新校本三国志」の「2．蜀書」をクリックします。ちなみに表示される「865」は、中華書局本の頁数です。
④．「蜀書」の「5．巻三十五 蜀書五」をクリックします。
⑤．「巻三十五 蜀書五」の「〈巻標頭〉」をクリックします。
⑥．「三国志巻三十五　蜀書五　諸葛亮伝第五」の表題が出ます。

- 53 -

第一部　研究入門篇

「検索条件」の下の「後文」をクリックすると次の頁が出て、諸葛亮伝の本文が始まります。「前文」をクリックして、前の頁に戻ることもできます。また、頁数を入れ「段/頁」ボタンをクリックすると、当該頁を表示することもできます。こうして表れた本文を閲覧したり、必要な部分をドラックして反転させ、コピーとペーストによってUnicodeに対応したエディタやワープロに貼り付けることができます。ただし、そのまま貼り付けるとMicrosoft Wordなどでは文章の順序がずれることがあります。その場合には、「形式を選択して貼り付け」より「Unicodeテキスト」を選び、貼り付けると順序のずれは回避されます。

4-1-2　中央研究院歴史語言研究所のデータベースの検索

　検索する語句は、一文字から数十字まで自由に設定することができます。検索の対象とする範囲は、小さいものでは段落、大きいものではデータベース全体を指定することもできます。検索の結果は、検索した言葉を含む句が任意の長さの段落と共に現れ、検索した語句の前後の文章を取り出すことができます。これにより、自分の目的にあった用語索引を作成することもできるでしょう。

　具体的にみていきます。「検索条件」の部分に検索したい語句を入力します（右図では「忠」）。その後、検索の範囲を定めます。検索したい書名をクリックして該当の段落を出し、チェックボック

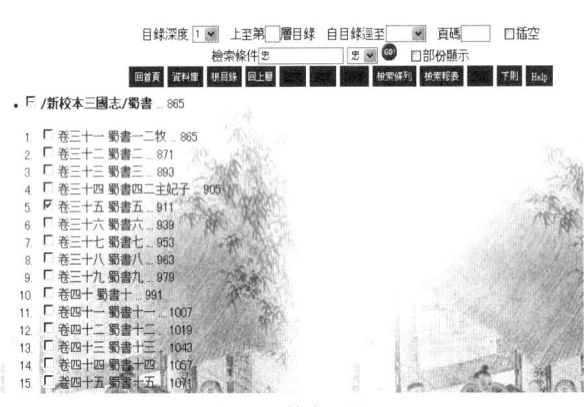

図4-2　検索画面

スにチェックをして検索範囲を定めることができます。「二十五史」全体を検索範囲とするのであれば、二十五史にチェックをしてから検索し（何

- 54 -

Ⅱ．論文を書いてみよう

もチェックをしないと全体が検索範囲となります）、『三国志』を検索範囲とするのであれば、「5．新校本三国志」の部分だけをチェックします（チェックは『後漢書』と『三国志』という具合に複数個同時に指定できます）。『三国志』巻三十五　諸葛亮伝を検索の範囲とするのであれば、「5．新校本三国志」をクリックして「巻三十五　蜀書五」を探し、チェックをして「GO」ボタンを押せばよいのです。2〜3秒で検索が終了し、結果が表示されます。

　検索の結果は、そのままでは検索語句が使用されている段落ごとに表示されます。最初に表示されるものが第一段目です。検索語句は、フォントの色が代わっているので、すぐに見つけることができます。この状態のまま、次々と「後文」をクリックしていけば、検索された最後の段落まで、順序よく表示されていきます。

　これをもう少し早く行いたい場合には、「検索報表」をクリックします。すると、検索されたすべての段が一挙に表示されます（図4-3）。ただし、検索件数が多い場合にこの方法を取ると、表

図 4-3　検索報表

示されるまでに時間が必要なときもあります。そうした場合には、「検索条列」をクリックすることにより、検索された言葉が何という本の何頁に掲載されているかを示す一覧表を表示させることもできます。検索件数に応じて、検索結果の表示方法を選択するとよいでしょう。

　検索結果などのファイルへの保存や印刷は、すべてブラウザの機能によって行います。必要な部分で「ファイル」→「印刷」や「名前を付けて

- 55 -

保存」を利用すればよいでしょう。

4-1-3　中央研究院歴史語言研究所のデータベースの限界と意義

　「漢籍電子文献」は、中華民国の文字コードであるBIG5を利用して構築されています。日本のコンピュータOSが採用している文字コードとは異なるため、本来は日本語環境上では、そのまま利用できないデータベースなのです。それをUnicodeという文字コードの利用により、日本語環境上で擬似的に使用しているのです。あくまでもUnicodeを利用した擬似環境であるため、「漢籍電子文献」の使用にはいくつかの限界が存在します。それを認識した上で、活用することが重要でしょう。

　第一に、外字は表示されません。中華民国の文字コードであるBIG5は、13,000字近くの漢字を利用することができますが、「二十五史」などの資料庫を表現するためには、これでも漢字が不足します。そこで、歴史語言研究所では5,000字近くの外字を用意して資料庫のすべての漢字を表現しています。その外字ファイルは「安装造字档」として提供されていますが、日本語の文字コードと、BIG5の外字区画が異なるため、設定はかなり複雑になります。それを入れない限り、外字の部分は、□や空白となって表示され、検索することもできません。日本語環境上で使用する際の限界と考えてください。むろん、中華民国版Windows上においては、「安装造字档」により提供される外字を使用できます。そうすれば、完全な形で「漢籍電子文献」を利用できるのです。

　第二に、検索語句に使用する漢字に制限があります。「漢籍電子文献」では、Internet Explorer上のUnicode機能によって、日本語により検索語句を入力できていますが、その検索はあくまでBIG5上で行われます。したがって、日本語に固有な漢字を使用しても検索することはできないのです。たとえば、「国」と入力しても検索はできず、「國」と入力する必要があります。しかし、すべての漢字に正字が用意されているわけではないため、日本語入力では表現しきれない漢字が残ることになります。そうした場合には、あらかじめその漢字を使っている頁を調べ、4-1-1の方法で

データベースを閲覧し、該当の文字をコピーして「検索条件」に貼り付けて検索します。この方法を使えば、外字を検索することも可能です。これら二点の問題は、新版では解消される予定となっています（試用版、http://140.109.138.237:9080/Handyを参照）。

　漢籍を電子媒体で保存することは、多くの利点を生み出します。電子媒体は、無限に複写することが可能で、保存場所も取らず劣化することもありません。例えば、二十五史は全体で約4千万字ありますが、電子媒体では40MBに過ぎず、テキストだけならCD-ROM1枚に15セット以上も保存できます。しかも、ネットワークを通じて全世界でその資産を共有することが可能となるのです。そして、何よりも大量のデータを迅速に、あらゆる角度から検索できることは、中国学の研究に新たなる地平を否応なく切り開いていくでしょう。

　実は、この程度のことは、欧米の人文・社会科学系の研究では、当たり前のように実現しています。26文字で表現できるアルファベットを使用した欧米文献のデータベースの作成は、個人のボランティアのレベルでも進展するからです。「プロジェクト　グーテンベルク」（http://promo.net/pg/）として集大成されたその成果は、インターネットを通じて広く公開されています。

　中国学に限らず人文・社会科学を研究する際の基本は、資料を読み、言葉を蒐集して索引を作り、概念を確定しながら時代的な考え方を探ることにあります。コンピュータの利用により、かかる基本的な作業負担は格段に減少します。ことに中国学では、漢文訓読の際の出典を捜すという基本的でいて最も困難な仕事の一部をコンピュータが代行する意味は大きいでしょう。「二十五史」や「十三経注疏」など「漢籍電子文献」に含まれる用例であれば、長年の勘も辞書も必要なく立ち所に出典が明らかになるためです。実際には、引用されている字句が少しでも違えばうまく検索できないので、それほど簡単ではありませんが。それでも、従来とは大きく異なることは確かですので、これにより、資料の蒐集と処理の方法論は、従来のあり方から大きく変容していくでしょう。

また、さらに重要なことは、研究者の一人一人が全世界に向けて情報を発進していくことです。他人が作成したデータベースに頼るのではなく、著書でも論文でもデータベースでも、研究者としてオリジナリティーを持った情報を世界に向けて発進すること、それがネットワーク時代における中国研究のあり方となっていくべきでしょう。

4-1-4　さらなるデータベースを求めて

　インターネット上で検索できる資料は、中央研究院の「漢籍電子文献」だけではありません。自分の研究に必要な資料を探してみましょう。

　個々のウェブサイトが良質の学術情報を提供することは、インターネットを学術情報の流通の場にするための基礎でしょうが、それらがばらばらに存在していては、せっかくの情報を有効に活用することができません。そこで、以下のようなポータルサイト（インターネットへの入り口となるサイト）を利用していきます。

①. データベース集成（http://www.ne.jp/asahi/coffee/house/DB/）
　　調査・研究目的に有用と思われるデータベースのリストです。配列は日本十進分類法新訂9版に準じています。収録対象は利用に資格制限がなく、かつ無料で利用できるものに限定されています。

②. 国内人文系研究機関WWWページリスト
　　（http://www.sal.tohoku.ac.jp/~gothit/zinbun.html）
　　東北大学の後藤斉が作成した人文系の学会のウェブサイトのリンク集です。これにより、関心のある学会のウェブサイトを見ることができます。

③. 寒泉（http://libnt.npm.gov.tw/s25/）
　　寒泉は、中華民国の故宮博物院で公開されている中国古典テキストデータベースです（文字コードはBIG5）。先秦諸子・全唐詩のほか、『資治通鑑』などが検索できます。画面は「フレーム」と呼ばれる枠によって左右に分割されています。

　　「左フレーム」が検索する書籍を選択する部分、「右フレーム」が実

際にキーワードを入力し、検索結果が表示される部分となっています。
④. 東洋学学術サーチ漢風（http://www.jaet.gr.jp/kanhoo/）
　現在最も優れた東洋学に関するポータルサイトです。「東洋学関連Ｗｅｂサイト検索」により、東洋学に関連するウェブサイトを、「東洋学古典電子テキスト検索」により、漢籍電子文献や寒泉に代表されるウェブ上の電子テキストの所在が明らかになります。

4-2　論文を執筆する

　先行研究の論文を読み、資料をデータベースなどにより収集したのであれば、いよいよ論文の執筆に入ります。論文を書くためには、第一に主題文から考えていきます。

4-2-1　主題文の作成

　テーマを絞り込み、論文リストを作成し、論文を入手して批判的に読みながら資料も集まってきたのであれば、仮の主題文を書いてみます。むろんこれは仮のもので、構成案を考え、材料を集めていく中で、変更することが多いものです。それでも、仮の主題文を書く理由は、自分の意見をはっきりさせることで、これから何を調べていけばよいのか、それをどのように配列して結論に至るのか、という構想を練りやすくするためです。
　自分の主張を出すためには、先行研究との格闘が必要です。先行研究をたくさん、何回も読み、その要旨をつくり、自分の感想をまとめていきます。それを繰り返していくことにより、自分の主張が、徐々にですが、形成されていくことでしょう。それを資料で確かめてみます。自分の主張が資料により実証できない、と判断したのであれば、また先行研究に戻ります。これを繰り返していくのです。その結果、先行研究の要旨と自分の考えがだんだん溜まっていきます。しかし、いつまで考えていても、考えはめぐるだけです。そうした中で、えい、と自分の考えを整理して書き始める必要があるのです。その契機は、多くは締め切りという物理的なものになるでしょう。

書き始めることにより、考えは変わっていきますので、主題文は仮のものとならざるを得ません。ヘタクソな文章でかまいません。自分が論文で言いたいことを一文で表現してみます。それが主題文です。例えば、3で扱った「「寛」治から「猛」政へ」という論文であれば、当初の主題文は、

> 後漢時代の豪族を利用した「寛」治が限界を迎える中で、曹操は「猛」政を展開するが、荀彧ら「名士」の間に肉刑論が盛んであったように、「猛」政は儒教の内発的な展開から左伝に基づき形成された理念であり、曹操と荀彧ら「名士」層は、「猛」政の展開にその支配理念の共通性を置いていたのである。

というものでした。一文が長く主語が複数ある典型的なヘタな文章ですね。

4-2-2　構成案の作成

　仮の主題文を定めることができたならば、どのような構成で、その主題を表現すれば説得力が高まるのかを考え、構成案を作成します。これも、仮の主題と同じように暫定的なもので、実際の調査・研究が進むにつれ、変更することが多いものです。何回も練り直し、段落ごと順序を入れ換えたりすることなどを想定すると、ワープロを利用して、構成案を作成した方がよいでしょう。

　論文の構成としては、学説史を整理して、自分の問題を提起する序論（はじめに）、具体的な資料に基づいて意見を論証していく本論（三～五章ぐらいに分けるとよいでしょう）、論証した事実に裏付けられた意見を再度主張する結論（おわりに）の三部構成で書いていきます。

①.　序論

　序論の役割は、論文の読者に、これから何について書こうとしているのか、またなぜそれについて書こうと思ったのかを知ってもらうことにあります。といっても、「自分と三国志との出会い」などを綿々と書くわけではありません。自分が何を明らかにするために論文を書くのかを宣言する部分なのです。

（1）．先行研究の整理

「はじめに」では、これから取りあげる「話題」について、どのような先行研究があるのかを提示します。自分の論文が前提とする先行研究を明示することにより、何に疑問を感じたのかが明確になるためです。

（2）．問題意識の提示

この論文で明らかにしたいことを問いかける形で問題意識を提示します。この問題意識と結論が呼応していること、つまり論旨が一貫していることが論文の命となります。

②．本論

（1）．論証

本論の役割は、問題提起したことに対して答えを出す、すなわち最終的な主張をするための論拠を挙げて論証することにあります。材料を用いて「事実」を明らかにし、それに基づく自分の「意見」を述べていくのです。そして、それらを論拠として、最終的な主張を導いていきます。

（2）．事実の記述と意見の陳述

論文を書くときに、最も必要な心得は、事実の記述と意見の陳述をはっきり別のものと意識して書くことです。事実と意見を混同してしまうと、どこまでが自分の意見であるかを明確にできないため、盗作の問題が生じます。あるいは、論文が、他人の意見を単に並べただけの「要約」になってしまう可能性もあります。それよりも何よりも、事実の積み重ねの中で、自分の意見に説得力を持たせるという論文の論理性が損なわれてしまうので、事実と意見とは自分で意識して書き分けるようにしなければなりません。

意見とは、何事かについてある人が下す判断や考えのことです。ほかの人は、その意見に対して同意するかもしれませんし、しないかもしれません。ゆえに、自分の意見を説得力のあるものにするためには、事実による論理的な実証が必要となるのです。

意見が、ある人の主観的な主張であることに対して、一般に、事実とは、証拠を挙げて裏づけられるもののことをいいます。しかし、世の中のこと

すべてを証明することは無理でしょう。そこで、他人がすでに論証して、「事実」であると認識していることに、いちいち自分が証拠を挙げて事実を証明する必要はありません。ただし、世間一般で「事実」と認められていることに疑問を感じ、自分で探求・調査することにより、新たな事実を発見することは重要なことです。そうしなければ、社会の新たな発展など望めません。こうした面倒な議論を避けるために、ここでは、「事実の記述」を次のように定義します。

　　（a）事実の記述とは、自然に起こる事象（某日某地における落雷）や自然法則（慣性の法則）；過去に起こった、またはいま起こりつつある、人間の関与する事件の記述で、

　　（b）しかるべきテストや調査によって真偽（それがほんとうであるかどうか）を客観的に判定できるもの

　　を事実の記述という。

　実は、上に掲げた定義は、わたしが考えたものではありません。木下是雄『レポートの組み立て方』（ちくま学芸文庫、1994年）の37頁に書かれている文章を引用しました。引用は、出典が明記されていれば、事実の記述と考えることができます。否、それ以上に、引用は、文科系の論文では、格別に大きな比重を持っているものなのです。すでに明らかにされている事実の引用と資料による実証、これらによる論証の正確性により、文科系の論文は評価されることになります。

③．結論

　結論の役割は、これまで述べてきたことを整理し、最終的な主張の妥当性を確認することです。可能であれば、これから先、この内容をどのように発展させていくことが可能か、という今後の展望を述べて締めくくることもよいでしょう。

「「寛」治から「猛」政へ」であれば、当初、①序論②本論③結論から成る構成案は

はじめに
一、後漢の「寛」治
二、「猛」政への傾斜
三、肉刑復活論
四、潁川「名士」と曹操の協力
　　おわりに

というものでした。そして、それぞれの簡単な内容をメモすることから論文の執筆は始まります。書いていく中で、さらに章の構成・使用する材料を次々と定めていくのです。

4-2-3　材料の収集

　仮の構成案を立てることができたのであれば、それぞれの章ごとで主張する内容とその主張を実証するために利用する材料を収集します。ファイルノートなどに、章ごとに必要な論文や資料をスクラップしていってもよいでしょう。
　「「寛」治から「猛」政へ」であれば、
　　はじめに
- 従来の研究～曹操と「名士」との関係を矛盾や従属と捉える
　矛盾～丹羽兌子〈1970〉
　従属～堀敏一〈1996〉
- 「名士」の文化的価値の中核を占める儒教の内発的な展開から両者の関係を考えるべき。
一、後漢の「寛」治
- 「寛」治～豪族の在地社会への規制力を利用する支配
　『後漢書』本紀三章帝紀（中華書局、132～133頁）
- 後漢末になると「寛」治を評価しなくなる
　『三国志』巻十四郭嘉伝注引『傅子』（中華書局、432頁）
　「猛」政という言葉を『三国志』より集める
- 「寛」治と「猛」政に関しては、左伝に典拠がある

『春秋左氏伝』昭公 伝二十年（北京大学出版社、1621頁）
と、構成案にメモを加えることを続けていくのです。

4-2-4　自分の論文内容を発表する

　論文の構想が練れてきたならば、レジュメにまとめて人の前で発表をしましょう。発表をすることにより、自分の考え方をまとめることができるうえに、先生や友人の意見を聞くことができる一石二鳥の方法です。発表をするときには、レジュメ（ハンドアウト）をつくりますが、そのときの注意点は以下の四点です。

①．自分の「売り」を明確にする

　先行研究の整理をしっかりと行って、自分の研究がそれとはどう異なるのか、オリジナリティーはどこにあるのか、をはっきりと主張するようにしましょう。

②．報告のしやすさと見た目の分かりやすさのバランスを考える

　発表原稿を別に用意するのであれば、レジュメには原稿の順に史料や文献を並べる方がよいでしょう。しかし、聞く側としては、本文・史料・参考文献と分かれている方が見やすいものです。また、議論もその方がしやすいでしょう。自分の報告のしやすさと聞きやすさのバランスを考えてレジュメをつくりましょう。

③．報告中に触れ得ないことも掲げておく

　報告の時間は、20～30分であることが普通です。この中に質疑応答の時間も含まれます。この程度の時間であれば、レジュメを少なく書いて口頭で補いながら報告をするよりも、多く書いて省略しながら報告する方が聞きやすいものです。むろん、レジュメを少なく書いたほうが、しっかりと聞いてもらえるという利点もありますが、④を考えると、多く書いた方が自分のためだと思います。また、質疑応答の時に、省略部分を説明することも可能となります。

④．原稿化しやすいようにする

　史料のコピーの切り貼りでレジュメを作るのではなく、データ入力をし

ておくと原稿化がしやすくなります。話をした時の論理のつなぎ方を忘れないうちに、すわなち発表の直後に、文章にまとめられるようにしておくと、あとから手を入れて原稿にするよりも容易にできるからです。

　発表により自分の考えをまとめ、先生や友人の意見を聞くことができたならば、いよいよ論文を執筆していきます。「はじめに」の部分から順序よく書いていくのではなく、自分の書けるところから少しずつ書いていくことが、ポイントとなるでしょう。

4-3　論文作法

　論文を書いていく時には、ほかの文章を書く場合とは異なった独特の決まりごとがあります。それを論文作法と呼びます。ここでは、その中から、重要なもののいくつかを紹介しておきます。

4-3-1　出典の明記

　他人の書いた文献（著書・論文）の内容を、まるで自分が独自に考えたものであるかのように扱うことは「盗作・剽窃」にあたります。しかし、他人が書いたものをまったく使ってはいけないわけではありません。中国学の場合、先行研究を踏まえずに論文を書くことは、むしろ不可能です。他人の書いたものを自分の論文に引用する場合には、注により出典を明示する必要があるのです。

　近年、インターネットを通じて、情報が公開・共有化されることにより、瞬時にして膨大なデータを集めることができるようになりました。だからこそ、そのデータが誰の集めたデータで、どこに出ているのかをしっかりと記述しなければなりません。ただし、インターネットに掲げられている情報は、玉石混交、というよりは、しっかりとした責任を持った著作権者が公表しているもの以外は、論文には利用できない石である、と考えたほうがよいでしょう。

　自分の意見と、事実の記述とを明確に分けるためには、自分が調べていない事実は注により出典を明示して、誰の何を引用したかを明らかにする

必要があります。論文には、注や文献表を付けなければならないのです。注は、第一に、典拠を示して論文の科学性を保障し、第二に、枝葉の議論を別の場所で行うことにより本文の論旨をつかみやすいようにするものです。文献表(あるいは参考文献リスト。本書第三部は本書の文献表です)は、自分のテーマに関して調査した先行研究を示すとともに、略記により論旨の明確化がはかれます。ただし、短めの論文の場合には、文献表は省略される場合もあります。

注に書くべき書誌情報は、専門分野によりかなりばらつきがあります。しかし、少なくとも以下の事項は書いておく必要があります。

- 論文の場合
    著者名「表題――副題を含む――」(『掲載雑誌、あるいは著書名』号数、出版年)
    《例》渡邉義浩「曹操政権論――人的構成を中心として――」(『漢学会誌』40、2000年)
- 著書の場合
    著者名『表題――副題を含む――』(出版社、出版年)
    《例》渡邉義浩『三国政権の構造と「名士」』(汲古書院、2004年)

なお、論文や著書の一部分をそのまま引用するときには、該当する頁数を書き加えたほうがよいでしょう。また、ウェブサイトを引用するときには、URL(Uniform Resource Locator、インターネット上の住所)を記載します。ただし、ウェブサイトは、その性質上、内容が改変されたり、URLが変わったりしますので、その時点においてのみ有効なものであると認識しておく必要があります。

4-3-2　規定の遵守

「～枚以内」という場合は、枚数の8～9割を書くことが常識です。「約～枚」の場合は、±1割を目安に書きます。「～枚以上」という場合には、その枚数以上を書けばよいのです。むろん、枚数は、400字詰原稿用紙を基本としていますので、ワープロで書く場合には、換算しやすい文字数と

行数を設定し、ワープロの一枚が原稿用紙の何枚にあたるのかを一枚目に書いておきます。

4-3-3　文章表現

文章表現の留意点も必要最小限、掲げておきましょう。

(1)．文体は常体で統一する

　　論文の文章は、常体（だ・である体）を用いることが普通です。特殊な文学表現以外は、敬体（です・ます体）を混用することは許されません。

(2)．口語的表現を使用しない

　　論文の中では、話し言葉は使用しません。口語的な表現を使っていないか確認することが必要でしょう。

(3)．短文の組み合わせで書く

　　できるだけ短い文章で、平均すると40字程度で一文を書くことを心がけます。100字を超える場合は、文をわけて書くと分かりやすくなります。

(4)．読点をうつ

　　句点（。）には、文の終わりに打つという明確なルールがあることに対して、読点（、）には明確なルールがないため、打ちにくいようです。基本的に、読点は動詞を含む部分が二つ以上ある場合に、その間に打つ、と決めておくとよいでしょう。

(5)．漢字とかなの使い分け

　　漢字とかな書きの使い分けを考えます。なんでも、漢字で書けばよいのではなく、形式名詞や副詞・接続詞などは、かなで書いた方が相応しいものも多いのです。あるいは、「〜を考えてみる」のような形式的な動詞は、「見る」という意味を含んでいないため、漢字表記は用いません。また、ひらがなで表記する場合は、「とおり」（×「とうり」）、「いう」（×「ゆう」）のように、現代仮名遣いの表記に従います。

（6）. 段落の設定

　段落は、少な過ぎても多過ぎても読みにくいものです。一つの段落で言いたいこと（話題や主張）は一つ、という原則を守るとよいでしょう。

（7）. 推敲

　文章が完成したのであれば、もう一度最初から読み直し、自分の主張が読む人にとって、わかりやすく、丁寧かつ簡潔に表現されているかを確認します。可能であれば、第三者に客観的に読んでもらい、意見を求めるとよいでしょう。

4-4　論文の完成後に

　いかがですか。よい論文は書けそうですか。その成果は、三国志学会に投稿してみてください。編集担当者が査読させていただき、一定の水準以上であると判断した場合には、学術雑誌の『三国志研究』に掲載させていただきます。

Ⅲ．三国志の基本知識

　第二部の研究動向篇は、専門的な学術論文の紹介が主となります。それを理解するには、三国志に関する基本的な知識が必要となります。そこでここでは、三国志に関する基本知識として、三国志の概説、簡単な年表、人物事典を掲げておきます。

1　三国志の概説

　後漢末から始まる三国志の世界の概略をここでは追いかけていきます。いちいち典拠を示すことはしませんが、ここの記述は范曄の『後漢書』や陳寿の『三国志』といった史料に基づいています。（A-1・A-2）なお、この概説では、このように（　）により、第二部の研究動向の該当部分が示してあります。

1-1　三国志のはじまり

　漢、四百年の長きにわたって中国の統治を続け、文字や民族の名称ともなっているこの王朝を破壊した者は董卓でした。しかし、単なる破壊は新たなる世界を生み出しません。反董卓連合の盟主、袁紹もまた、新たな秩序をもたらさない点では、董卓と同質でした。結果として続く混乱の中で、漢とは異なる価値観を創り出した男がいました。曹操です。曹操に創り出される新たな世界を語る前に漢、ことに後漢の秩序を見ていくことにしましょう。

　後漢「儒教国家」
　後漢を建国した光武帝劉秀は、前漢の宗室でしたが、南陽郡の豪族でも

ありました。国立大学である太学に遊学した劉秀は、儒教のうち『尚書』という政治に関する経典を学びます。赤眉の乱を平定して後漢を建国した劉秀は、儒教により豪族を統治に取り込みました。儒教を身につけた者を官僚とする郷挙里選という官僚登用制度により、豪族に郷里社会で「清」や「仁」といった姿を取らせようとしたのです。具体的には、一般農民にかけるべき税の一部を豪族に負担させることにより、豪族が「清」「廉」といった儒教の徳目で表される名声を手に入れ、それを郡太守が官僚候補者として中央に推薦させるようにしたのです。こうして、豪族は官僚への道が開かれることにより、後漢の支配に協力しました。儒教は支配の具体的な場では、このような形をとって、豪族を利用する後漢国家の支配を正統化していたのです。(B-2・D-2)

後漢の衰退

後漢の政治を乱した元凶は、外戚と宦官です。外戚とは皇后の一族のことです。幼帝の続いた後漢では、皇太后(皇帝の母)が政務を取ることが多かったので、外戚が政権を壟断できたのです。宦官とは、皇帝の後宮の警備などにあたる去勢された男子のことで、成人した皇帝の手足となって外戚の打倒に活躍しました。宦官が政治を掌握してそれを私物化すると、儒教を学んでいた官僚たちは激しく抵抗します。やがて宦官は、そうした儒教官僚を後漢から締め出す党錮の禁を起こし、後漢の政治は麻痺してしまいます。これに乗じて、太平道という宗教結社が力を伸ばしたのです。創始者の張角は、お札と聖水を使って病気を治し、民衆の支持を得たといいます。やがて彼らは、赤をシンボルカラーとする火徳の後漢に代わる黄色の土徳の天下を目指し、黄色の頭巾を巻いて反乱を起こしました。黄巾の乱です。(B-2-2〜4)

乱そのものは、張角の病死もあり、やがて平定されました。しかし、これを契機に群雄が各地に並び立ったのです。董卓は、最も早く首都の洛陽に入り、皇帝を廃立して権力を誇示します。董卓の率いる涼州軍は精強でした。それでも、天下の軍をすべて敵に回せるほどの力はなく、守備に適

さない洛陽を捨て、軍事拠点である長安へと遷都します。その際董卓は、洛陽郊外の皇帝の陵墓を掘り返し、徹底的な略奪を行います。略奪は一般民衆にも及び、洛陽は灰塵に帰しました。董卓により、後漢は命を奪われたのです。のち王允と呂布により董卓が殺害されると、人々は遺棄された董卓の死体に火を灯し、恨みを晴らしたといいます。(B-2-5)

董卓に反発する群雄たちは、後漢屈指の名門出身である袁紹を盟主として、反董卓連合を形成しました。曹魏の基礎をつくる曹操も、蜀漢の劉備も、孫呉を開いた孫権の父である孫堅も、この反董卓連合の一員として立ちあがったのです。しかし、その中心はあくまでも袁紹でした。袁紹は、四代にわたり後漢の最高官である三公を輩出し「四世三公」と称された汝南の袁氏の出身であり、袁氏の関係者は、全国に広がっていたのです。そうした名門出身でありながら、袁紹はよく士にへりくだり、人の意見を聞き入れたので、彼に従う「名士」は多く、冀州・幽州・并州・青州の四州を支配する最強の群雄に成長します。(B-2-5)

「名士」袁紹

三国時代は貴族制が形成される時代です。そのため、やがて貴族に変貌する「名士」や「清流豪族」と表現される知識人（ここでは渡邉義浩「所有と文化―中国貴族制研究への一視角」(『中国―社会と文化』18、2003年)の定義に従い「名士」とします）が、時代の主役だったのです。歴史小説『三国志演義』の印象では、英雄・豪傑が活躍する時代と思われがちですが、実際に政権を維持・運用していくには「名士」の協力が必要不可欠なのでした。三国時代に現れた「名士」とは、文化的諸価値を占有することにより得た名声を存立基盤とする支配階層のことです。漢代の支配階層であった豪族は、大土地所有を存立基盤とします。したがって、豪族の支配力は出身地にしか及びません。これに対して、名声を得て「名士」になると、近隣地域にも影響力が及んだり、諸葛亮（孔明は字）のように、郷里から遠く離れた場所でも活躍できるようになります。このような躍進を目論んで、豪族は「名士」になろうとしました。君主の方でも広大な領域を支配

するために、このような「名士」の協力が必要でした。さらに「名士」は、彼らの仲間社会だけで情報を握り、状況を分析することができました。そのため、三国随一の兵法家である曹操でさえ、情報を握る「名士」の協力が必要不可欠だったのです。（B-1）

袁紹と公孫瓚

　袁紹は自らが「名士」でした。しかし、戦乱の世において、人の意見をすべて受け入れることは、優柔不断のそしりを受けることになります。官渡の決戦でも、劉備を討ちに戻った曹操の隙を、袁紹は突くことができませんでした。乱世を生き抜いていくには、名門に過ぎたのかもしれません。「名士」を幕下に持たなければ支配は安定しません。しかし、「名士」の意見に一方的に従い、自分の決断を下さなかった袁紹は、君主権力を確立できなかったのです。袁紹と対照的な群雄が公孫瓚です。幽州を支配した公孫瓚は、軍事力を確立するため、黄巾の残党を軍に組み入れたほか、烏桓という異民族を主力とする「白馬義従」という軍をつくり、君主権力を強化しました。一方で公孫瓚は、支配地域内の「名士」を抑圧して低い地位に置いています。公孫瓚の「名士を優遇しても、彼らは自分の力によって高い地位についたと考え、自分への忠誠心を抱かないため優遇しないのだ」という言葉は、君主にとっての「名士」の問題点を、的確に表現したものといえましょう。軍事的には、公孫瓚は袁紹をしばしば脅かしました。しかし、公孫瓚は敗退します。「名士」を抑圧したため支配が安定しないことを袁紹に突かれたのです。袁紹のように「名士」を優遇した政権では、支配は安定しますが君主権力は確立せず、軍事力の弱体化を招きます。こうした袁紹型の群雄は、袁術・劉表、東州兵を編成するまでの劉焉などです。一方、公孫瓚のように「名士」を優遇しなければ、軍事力が強大であっても領域の支配は安定せず、政権は弱体化します。最強の武力を誇った呂布、徐州を支配した陶謙などは、公孫瓚型の群雄といえましょう。そのいずれもが敗退しました。それでは、三国の諸君主たちは、「名士」にどのような対応をしたのでしょうか。（B-2-5）

1-2 曹魏政権の樹立

　三国時代の英雄のうち、最も好きな人物は誰か、という問いの答えは人によって異なるでしょう。しかし、歴史上最も重要な人物は誰か、となれば、その答えは曹操です。曹操が現れなければ、中国の、少なくとも魏晋南北朝の姿は、大きく変わっていたでしょう。時代の変革者、曹操の歴史的な位置を見ていくことにしましょう。

曹操の台頭と荀彧

　曹操は宦官の孫です。去勢されている宦官に子がいるのは変なので、正確にいえば、宦官の養子の子にあたります。父の曹嵩は夏侯氏から養子に入ったのです。武将として活躍する夏侯惇や夏侯淵は、宗族として曹操と深い信頼関係にありました。宦官の孫であることは、言われているほど曹操に不利益をもたらしてはいません。祖父の曹騰は、宦官でありながら儒教官僚の抜擢に努めた人でした。まだ無名の曹操を見出し、その後ろ楯となった橋玄は、曹騰系の人脈に連なる人物です。橋玄の紹介があったのでしょう。曹操は後漢末の人物評価の中心であった許劭から評価を受けています。「乱世の姦雄」という評語は、必ずしも高い評価ではありませんが、名声を得た曹操は、汝南「名士」社会に参入することができたのです。(D-4)
　反董卓連合軍の盟主であった袁紹も、汝南郡を名声の場とする「名士」でした。名声で袁紹に劣る曹操は、その他大勢の群雄であったといってよいでしょう。ところが、袁紹は董卓の武力を恐れて、なかなか戦いません。真っ先に董卓と戦った者は曹操でした。董卓は強く、曹操は敗れました。しかし、反董卓連合軍が、自分達の勢力拡大だけを目指して分裂するなか、漢のために戦った曹操は、「名士」層から高く評価されました。(B-3-2)
　そうした「名士」の典型が荀彧です。後漢末を代表する「名士」荀彧の加入により、曹操の集団に続々と「名士」が参入することになりました。荀彧は、後漢最後の皇帝となる献帝の擁立を進言、それに従った曹操は、

他の群雄に対して皇帝の名を利用して、命令を下し得る立場にたちました。こうして力を蓄えた曹操は、袁紹と華北の覇権をかけて決戦をします。官渡の戦いです。戦いでは、十倍ともいわれる兵力差をはね返して、劣勢であった曹操が袁紹を大破しました。ここまでは、曹操と「名士」を代表する荀彧との関係は良好でした。(B-3-1)

　荀彧の進言に基づき献帝を迎えた当初、曹操の行動方針は、漢室復興におかれていました。しかし、赤壁の戦いに敗れて中国統一を断念したのち、曹操は、君主権力の強化と漢に替わる曹魏の建国とをめざすようになり、荀彧との関係は急速に悪化します。董昭から曹操を魏公に推薦する相談を受けた荀彧が、儒教理念を掲げてこれを非難すると、両者の対立は決定的になりました。孫権討伐の途上、荀彧は曹操により死に追い込まれるのです。(B-3-3)

建安文学

　「名士」層にとって、荀彧の死は衝撃でした。荀彧の年長のおいにあたる荀攸が、曹操に魏公就任を勧める文章の筆頭に名を掲げているように、荀彧の死後「名士」層は、曹操の権力に妥協・屈伏を余儀なくされます。しかし、曹操側の全面的な勝利によって、君主権力が確立したのではありません。「名士」を成り立たせているものは、軍事力でなければ経済力でもないからです。彼らを支えているものは、「名士」の間で名声を得るという、いわば文化的な価値でした。したがって、その階層を完全に自分の支配下に置くためには、「名士」の持つ文化的価値に代わる新たな価値を創出し、「名士」のそれを相対化する必要がありました。「名士」の文化的価値の根底には儒教があります。曹操がそれに代わる新たな文化的価値として選んだものは「文学」でした。曹操のサロンを中心に「建安文学」と称される中国史上最初の本格的な文学活動が開始されたのは、曹操が「文学」を政治的に宣揚したことを背景としているのです。(F-3)

　こうした「名士」への対抗措置を講じながら、曹操は曹魏の建国へと進んでいきます。曹操は魏公に封ぜられ、献帝より九錫を受けました。九錫

とは天子の代行者であることを示す九つの器物であり、九錫を受けることは、現在の天子からその地位を譲ってもらう第一歩となります。さらに漢中討伐ののち、曹操は魏王に進みました。皇帝まであと一歩の地位です。夏侯惇は、「与論と天命にしたがい、皇帝を称してはいかがでしょう」と勧めました。曹操は「周の文王もまた、天子になるだけの声望と実力を持ちながら、自ら殷を滅ぼすことをせず、子の武王にあとをまかせた。私に天命があるというなら、私は周の文王になろう」と答えています。この考え方は、曹操が自ら作詩した楽府である「短歌行」の中にも吐露されています。曹操は「文学」により自分の正統性や志を詠いあげたのです。漢を滅ぼし魏を建国することは、後継者に委ねられました。(F-2)

禅譲と後継者

曹丕による漢魏の禅譲を皮切りに魏晋南北朝から北宋まで、中国の王朝交替は禅譲により行われます。曹操以前には、前漢から王莽が禅譲を受けていますが、後世の模範となるのは、曹操の故事です。曹操が受けた官位や特別な礼は、以後の禅譲のお手本となりました。これを「魏武(曹公)輔漢の故事」といいます。曹操は後継者のため、禅譲までの手順をマニュアル化して後世に示したのです。生き残りを図る儒教は、懸命にこれに迎合しています。(D-2)

しかし、曹操の後継者は、すんなりとは決まりませんでした。曹操は、多くの子に恵まれましたが、そのなかでも長子の曹丕と三男の曹植は、ともに秀でた才能を持っていました。とくに曹植は、父に勝る抜群の文学的センスの持ち主で、曹操が「名士」層に対抗するための文化的価値として文学を尊重すればするほど、後継者争いで曹植が有利となるのです。これに対して、「名士」の根底にある儒教的価値基準では、長子が後継者となるべきでした。荀彧の娘婿で「名士」の中心となっていた陳羣は、儒教教義に基づき、長子である曹丕の後継指名を積極的に支援します。曹操は悩みました。果断な曹操が、後継者の指名という権力者にとって最も重要な決断を遅らせた理由は、曹植の文学的才能によって、儒教に代わる新たな

文化的価値である文学の地位を確立して、「名士」層に対抗するという魅惑的な選択肢に目がくらんだからでしょう。しかし、赤壁の戦いで敗退し、蜀漢・孫呉政権が残存していたため、曹操は「名士」層の協力を断ち切ってまで、君主権力の確立を目指すことはできませんでした。結局、曹丕を後継者に指名します。この曹操の迷いは高くつきました。曹丕が、自分を支持してくれた「名士」層に借りをつくることになったのです。(B-3-4)

　曹丕が後漢を滅ぼして曹魏を建国する際、陳羣の献策により制定された九品中正制度（九品官人法）は、その現れと考えてよいでしょう。九品中正制度とは、郡に置かれた中正官が就官希望者の名声に鑑みて郷品を定め、就官者は郷品に応じた官品を持つ官職を出世していく官僚登用制度です。「名士」の存立基盤であった名声により、官僚としての地位が定まる九品中正制度は、西晋時代には「名士」を貴族へと変貌させていきます。曹魏では、君主権力と「名士」層とのせめぎあいの中から九品中正制度が生まれ、両晋南北朝の貴族制への道が開かれたのです。(C-2-2)

1-3　劉備と三顧の礼

　曹操が滅ぼそうとした漢を懸命に守ろうとした者、それが劉備です。劉備を輔佐した諸葛亮、両者の関係は「君臣水魚の交わり」と称され、信頼し合う君臣関係の典型とされています。果たして、こうした陳寿の『三国志』そのままの捉え方でよいのでしょうか。

傭兵集団

　劉備の軍隊指揮能力には定評がありました。しかし、劉備は根拠地を保有し続けることができません。「名士」が集団に留まらないためです。その原因は、劉備と関羽・張飛との強烈な結びつきに、「名士」が入り込む余地がなかったことにありました。彼らの関係は、「劉備は、関羽・張飛と寝る時は寝台を共にするほどで、兄弟のような恩愛をかけた」と伝えられます。『三国志演義』では「桃園の誓い」という虚構が作られ、桃園で

三人が義兄弟の契りを結んだことになっています。彼らと「名士」との関係は、次のエピソードから窺うことができます。「張飛はある日、劉巴のもとに泊まりにいった。ところが、劉巴は張飛と話もしないので、張飛は怒って帰ってしまった。諸葛亮は劉巴にいった、『張飛は武人とはいえ、あなたを敬愛しているのです。あなたが誇り高い志をお持ちのことは分かりますが、少しは下の者にも配慮をして下さい』。劉巴は答えた、『われわれは、世の中の英雄と交際すべきであって、どうして兵子（兵隊野郎、張飛）なんかと一緒に話すことができるものか』」。劉巴のような「名士」にとって、張飛は「兵子」に過ぎず、共に語るに足りる存在ではなかったのです。劉備や関羽・張飛と「名士」とは、社会的階層を異にするのです。

それでも劉備は、公孫瓚のように「名士」を受け入れない態度を示したわけではありません。一時的でしたが豫州・徐州を得ると、陳羣・陳登という有名な「名士」を幕下に迎えています。しかし、彼らは劉備がそれらの州を失うと、集団に留まりませんでした。「名士」が、本籍地を捨ててまで随従する魅力や将来性が、劉備とその集団には欠けていたのです。また、劉備も陳羣の献策に従いませんでした。関羽・張飛を差し置いてまで、「名士」の進言に従い得る集団でもなかったのです。こうして劉備集団に「名士」は留まり続けず、劉備は傭兵として群雄の間を渡り歩き、結局劉表を頼ることになります。（B-4-1）

襄陽グループと諸葛亮

荊州の劉表政権は、「名士」に支えられて安定しており、平和を求め多くの「名士」が集まっていました。諸葛亮もそうした「名士」の一人です。諸葛亮は、司馬徽・龐徳公を指導者とし、劉表から一定の距離を保つ「名士」の集団（襄陽グループ）において、「臥龍」という高い評価を受けていました。高い名声を持ちながらも、劉表とは距離を保っている襄陽グループは、客将である劉備の恰好の接近対象でした。彼らもまた、劉備の漢室復興という大義名分と曹操も認める英雄の資質には、興味をそそられていました。

こうした両者の思いが、三顧の礼をめぐる駆け引きとなって展開されます。（B-4-2）

　劉備が諸葛亮を招聘するために尽くした三顧の礼は、無官の青年への礼としては重過ぎるものです。劉備もはじめは徐庶を使って、諸葛亮を呼びつけようとしました。しかし徐庶は、諸葛亮を、ひいては自分たち「名士」を、高く売るために、劉備に三顧の礼を尽くさせたのです。「名士」諸葛亮は、君臣関係とは別の場で成立する臥龍という名声を存立基盤としていました。諸葛亮の権威を保つには、名声という目に見えない力への劉備の尊重を、三顧の礼という形に現す必要があったのです。三顧の礼により自己の尊重を天下に、あるいは集団内の関羽や張飛に宣言させた諸葛亮は出仕します。そして、荊州・益州を領有し、孫呉と同盟して曹魏と戦う「隆中対」と呼ばれる基本方針を披露して、劉備の勢力拡大を図りました。それでも関羽や張飛は、不満をつのらせます。これに対して劉備は、「諸葛亮と私は水と魚の関係なのだ」と弁明しました。劉備は、水が無ければ生きていけない魚のように、諸葛亮ら「名士」の支持が無ければ、荊州で勢力を拡大できなかったのです。君臣の信頼関係を表わす「君臣水魚の交わり」という言葉は、劉備の諸葛亮尊重を関羽・張飛に納得させるための言い訳から生まれたのです。（B-4-2）

　劉備が諸葛亮を迎えたころ、曹操は袁紹の残党を鎮圧し、華北の統一を成し遂げていました。中国の統一を目指して曹操が南下すると、折悪しく劉表は病死し、次子の劉琮は州を挙げて曹操に降服します。劉備は、諸葛亮を派遣して孫権と結び、曹操を迎え撃ちました。赤壁の戦いです。しかし劉備は、孫呉の大都督である周瑜の戦略を疑い、陣を遠くに置いて積極的には戦いませんでした。赤壁は、孫呉の周瑜がほぼ単独で曹操を破った戦いなのです。

1-4　孫呉政権の興亡

　赤壁の戦いで曹操を破るまでに力をつけた孫呉は、孫堅、その子の

Ⅲ. 三国志の基本知識

孫策、策の弟の孫権が三代にわたって築きあげた政権です。かれら三代の君主権力と「名士」との関係を中心に孫呉の興亡を見ていきましょう。

孫堅・孫策・孫権と「名士」

　反董卓連合軍の中で、果敢に董卓と戦ったものは、曹操だけではありません。袁紹の従弟である袁術に従っていた孫堅は、陽人の戦いで董卓を破り、洛陽に一番乗りを果たしたのです。孫堅は董卓に盗掘された皇帝陵を整えるなど、漢室への忠義を尽くしました。しかし、孫堅は「名士」との関係を持たなかったため、支配拠点を確保できないまま、戦いの中で命を落とします。孫堅の後を嗣いだ孫策は、袁術が勝手に皇帝と称したことを機に袁術より離れ、長江下流域の江東に勢力を伸ばしました。揚州随一の名家出身の「名士」周瑜の協力を得たのです。しかし、袁術の命で滅ぼした陸康一族が、江東の呉郡を代表する名家であったため、江東「名士」の反発は根強く、孫策は暗殺されてしまいます。死に臨んで孫策は、弟の孫権に、「江東をまとめるには、おまえの方が適している」と言い残します。江東の人々が持つ孫氏への抵抗感、とりわけ陸康を直接手にかけた自分への反発に、孫策が思い悩んでいたことを理解できるでしょう。孫権は後を嗣ぐと、江東の支配を確立するため、「名士」を積極的に取り込みました。ことに孫権を軍事・政治の両面から支えた周瑜・張昭の両「名士」が、政権への参加を呼びかけることにより、孫策の時には政権との距離を保っていた諸葛瑾や魯粛・歩騭といった北来「名士」が出仕するようになりました。張昭は徐州彭城の「名士」であり、孫策が死去する際には、「孫権に仕事をこなす能力がなければ、君が政権を取って欲しい」と、後事を託されています。孫呉政権は、孫策の武名に依存する集団から、揚州「名士」の周瑜と張昭ら北来の「名士」とが支える政権へと変貌したのです。(B-5-1)

　こうした中、江東「名士」を代表する呉郡の陸遜が出仕します。陸遜は、孫策に弾圧された陸康一族の生き残りです。それが孫権に出仕して孫策の娘を娶ることは、孫氏と江東「名士」の和解の象徴と考えられます。そこに南下した者が曹操です。荊州は降服し、降服した「名士」は曹操政権で

第一部　研究入門篇

それなりの地位を得ました。それを見ていた孫呉では、張昭・秦松(しんしょう)などの北来の「名士」を中心に、曹操への降服論が噴出します。その理由は、魯粛が孫権に、「私は降服して曹操を迎えれば、曹操が郷里の名声に基づいてそれなりの官職に就けてくれますが、将軍（孫権）にはそれはできません」と述べている言葉に明らかでしょう。張昭ら北来の「名士」は、自身の持つ名声に加え、孫呉を降服させた功績を積めば、曹操からの厚遇を期待できたのです。孫氏と潜在的な対立関係を持つ江東の「名士」も、これに沈黙の賛同を示しました。（B-5-1）

赤壁の戦い

こうした中で主戦論を説いた者が周瑜でした。周瑜の主戦論はやや現実性に欠けるのですが、それでも孫呉の与論は決しました。演奏中に音を間違えると周瑜が振りむく、といわれた音楽的センスを持つ名門周氏の貴公子は、自ら軍を率いて赤壁で曹操を大破します。それを支えたものが魯粛の戦略でした。魯粛は、漢の復興にこだわらず、孫権自身が即位すべきだと考えていました。ゆえに、魯粛の戦略は現実的です。赤壁の戦いの後、孫権はもとより周瑜でさえ反対した劉備の荊州領有を、魯粛は天下三分のため強力に側面から支援し、劉備が他に支配地域を持つまで荊州を貸すという案によって両者をまとめあげます。孫権が荊州を劉備に貸したことを聞いた曹操は、ショックのあまり筆を落としたといいます。孫呉の不幸は、周瑜の短命に尽きるでしょう。さらに周瑜が後を託した魯粛も卒し、魯粛が評価した呂蒙(りょもう)も病死すると、残った者は赤壁で降服を説いた張昭ら北来「名士」と、孫策以来の対立を潜在的に抱える江東「名士」でした。孫権は君主権力の強化に努めざるを得ません。後継者争いである二宮(にきゅう)事件で陸遜を死に追い込んだのは、強化が進まないことへの焦りの現れでした。陸遜は孫氏と江東「名士」との妥協と協力の象徴です。それを死に追い込んだ後の孫呉は、赤壁で曹操を破ったほどの力を二度と発揮することはなかったのです。（B-5-1）

− 80 −

1-5 天下の奇才、諸葛亮

情の人、劉備

　赤壁の戦いで活躍しなかった劉備が、荊州南部を領有できたのは、魯粛の支援に加えて、諸葛亮が劉表政権崩壊時に多くの「名士」を劉備集団に参入させていたためです。龐統・馬良ら荊州「名士」は、荊州支配に力を発揮すると共に、諸葛亮の推薦を受けて枢要な地位へと昇っていきます。劉備は、「隆中対」に基づき、続いて益州の領有を目指します。益州の劉璋政権は、軍事的基盤である東州兵と益州豪族との対立により弱体化していたのです。しかし、東州兵は強く、龐統は戦死し、諸葛亮が荊州の守備を関羽に委ねて劉備を救援することにより、ようやく益州の征服は完了しました。劉備は、さらに漢中に出て、黄忠が曹魏の夏侯淵を斬り、漢中を手に入れます。魏王となった曹操に対抗して、劉備は漢中王を称し、あくまでも漢を守る姿勢を示しました。(B-4-1)

　ところが、劉備に呼応して荊州から攻めあがっていた関羽の背後を孫呉の呂蒙が攻撃、関羽は、麦城で戦死しました。関羽を殺害された劉備は激昂します。関羽の仇討ちのため孫呉と戦うことを決定、ところが劉備と情を同じくする張飛が、弔い合戦に備えて準備に戻った折、部下に裏切られ寝首を掻かれます。劉備の感情は昂るばかりです。これに対して、趙雲はこの戦いに堂々と反対します。しかし、諸葛亮は東征を止めませんでした。「義弟」のための仇討ちは、劉備の生きざまの「すべて」だったからです。劉備は、曹操や孫権のように自分の手足となって方面軍を指揮してくれる一族を持ちません。劉備は、社会の最下層部の出身なのです。その劉備が、一国の皇帝にまでなれたのは、臣下と「情」で結びついていたためです。集団の中核となり、劉備のために命をいつでも差し出そうとした関羽と張飛、その関羽が、裏切り者と孫呉のために、非業の死を遂げたのです。寝食を共にした「義弟」関羽のために、自ら軍を率いて劉備は戦いに赴きます。この夷陵の戦いの敗戦後、劉備は帰らぬ人となりました。繰り返しま

すが、諸葛亮は、それを止めませんでした。止められなかったのでしょう。互いに命を差し出しあうような「情」に基づく信頼関係を貫くこと、それが劉備の「すべて」であったからだと思います。(B-4-1)

君自ら取るべし

劉備は白帝城で死の床につき、成都から諸葛亮を呼び、劉禅を託します。「劉禅に才能があれば輔佐して欲しい。もし無ければ、君が代わって君主になって欲しい（君自ら取るべし）」と。陳寿の『三国志』諸葛亮伝は、この君臣の信頼関係を褒めたたえ、この後の諸葛亮の一生は劉禅を託された信頼に対する「忠」であったと強調します。しかし、明末の王夫之は、劉備の遺言を君主として出してはいけない「乱命」であるとし、「この遺言から、劉備が諸葛亮を、関羽のように全面的には信頼していないことが分かる」と述べています。陳寿が強調する「忠」のベールを剥がしていくと、劉備と諸葛亮の緊張関係が見えてきます。劉備に嫌われていた「名士」劉巴を評価する諸葛亮は、劉備の反対を押し切り、行政長官である尚書令に任命させます。尚書令は、かつて劉備が諸葛亮とそりの合わない法正を据え、諸葛亮の勢力を牽制した官職でした。諸葛亮ら「名士」は、理想の国家を建設するため、君主と争ってでも政策を推進していきます。その結果、劉備との間に緊張が生じても仕方がありません。遺言は、こうした関係の中で生じたせめぎあいの結果出された「乱命」と捉えるべきでしょう。それでも諸葛亮は、よく劉禅を支えました。南北朝時代になると、諸葛亮ほどの全権を掌握した臣下は、自ら国家を創設してしまいます。忠義を尽くさないのです。これに対して諸葛亮は、「漢」の最終的な継承者でした。後漢「儒教国家」で確立した儒教一尊の価値観、聖漢の君主を支え続けることが臣下の道であるとする「漢」の儒教の正統な後継者として、劉禅を支え続けたのです。(B-4-2)

南征・北伐

劉備の死去による混乱を利用し、益州郡の豪族である雍闓は、孫権と結

んで蜀漢に反乱を起こしていました。諸葛亮は、荊州「名士」の鄧芝を孫呉に派遣して、外交関係を修復したのち、自ら軍を率いて南征を行います。当時、諸葛亮が最も評価していた部下は馬謖でした。入蜀後、越嶲太守に任命され南中（雲南省）の状況に詳しかった馬謖は、「敵の心を攻めることが上策であり、城を攻めることは下策です」と進言します。諸葛亮は雍闓を破り、孟獲を生け捕りにしましたが、放免すること七回に及んだといいます。心を攻める、つまり心服させることを目指したのです。南征の終了後も諸葛亮は、現地の人々に統治をすべて任せて引きあげました。南中は、諸葛亮の死去するまで、北伐に必要な武器・食糧・兵士などを提供し続けます。諸葛亮は、異民族の城ではなく心を攻めることに成功したのです。（B-5-2）

　南征により内患を除いた諸葛亮は、国是である漢室復興のため、曹魏に北伐を敢行します。曹魏へ出征するにあたり、劉禅に奉った出師表は、これを読んで泣かない者は不忠である、と言われ、古来から日本でも読み継がれてきた千古の名文です。諸葛亮は出師表を奉ると、五万の兵を率いて漢中に駐屯します。曹魏の支配する関中平原との間には、秦嶺山脈が連なり、山間の道は、切り立った崖に丸太で土台を作っただけの桟道でした。諸葛亮は直線的に長安を目指すのではなく、西域へとつながる涼州を曹魏から切り取るため、天水郡を攻撃します。この作戦は功を奏し、天水郡ほか三郡を支配下に置きました。曹魏の明帝は、自ら長安に出陣するとともに、張郃を先鋒に巻き返しを図ります。諸葛亮は、ここで愛弟子の馬謖を起用しました。馬謖は、天水郡東北の街亭で張郃を迎え討ちましたが、策に溺れて水のない山上に布陣し、張郃に囲まれて軍を壊滅させます。馬謖の失態により北伐は失敗、諸葛亮は漢中に戻り、涙を揮って責任を問い、馬謖を斬りました。また、自らをも罰し、敗戦の責任を明らかにしています。諸葛亮は、自分の理想に誠実な政治家でした。その誠実さは、自分の定めた法を守るため、最も愛する部下の馬謖を死罪にすることに端的に現れています。しかし、北伐の中で勝機があったのは、この第一次北伐だけでした。（B-4-3）

秋風五丈原

　有能であるがゆえに諸葛亮は、すべての仕事を自分で背負いこみました。あまりの激務ぶりに、見かねた部下が「すべての仕事を気にかけることは止めて下さい」と進言したことがあります。自分を心配してくれる部下の言葉を、諸葛亮は喜び、感謝したのですが、結局はすべての仕事をこなし続けました。責任感が彼を駆り立てたのです。諸葛亮の死後における蜀漢の衰退は、彼の能力の高さと役割の大きさの反動といえましょう。司馬懿は、諸葛亮の仕事振りと食事の少なさを聞き、諸葛亮の最期が近いことを悟ったといいます。国家経営に責任を持ち、精根尽き果て五丈原で倒れたのです。諸葛亮の陣営の跡に立った司馬懿は、「天下の奇才」であると諸葛亮を讃えたといいます。(B-4-2)

1-6　西晋の中国統一

司馬氏の台頭

　曹魏を建国した文帝曹丕は、九品中正制度により陳羣を中核とする「名士」との妥協を図ったため、その政権は安定していました。文帝の後を嗣いだ明帝は、君主権力の強化に努めたので、「名士」との関係は必ずしも良好ではありませんでした。司馬懿を中心とする「名士」は、軍事面に勢力を拡大するなど、君主権力の強化に対抗しましたが、両者の対立は、明帝の死の後に顕在化します。明帝に後事を託された曹爽は、曹氏を中心とする政権の再建をめざし、司馬懿を太傅にまつりあげ、儒教に代わる新たな価値として玄学を宣揚しました。玄学とは、儒教を踏まえた老荘思想の新展開であり、人事を掌握する吏部尚書となった何晏は、玄学による人事を推進して「名士」の存立基盤である儒教を揺さぶったのです。また、何晏と共に曹爽を支えた夏侯玄は、九品中正制度の改革を提案、「名士」の既得権を奪って君主権力の確立をはかりました。(D-3)

正始の政変

これに対して司馬懿は、州大中正の制により「名士」の既得権を守り、「名士」の支持を束ねながら、軍事クーデターを起こして政権を強奪します。正始の政変です。曹爽一派は打倒され、司馬懿は九錫の礼を受けて、西晋の建国を準備します。司馬懿が死去すると、長子の司馬師が政権を嗣ぎ、対抗する廃帝（曹芳）を皇帝の位から追い、後廃帝（曹髦）を迎えます。司馬師が死去すると後を嗣いだ弟の司馬昭は、邪魔になった後廃帝を殺害します。さらに、司馬昭は鍾会と鄧艾を派遣して蜀漢を平定、劉備が心配したように、劉禅は姜維が前線で戦っているにもかかわらず、早々に降服してしまいました。蜀兵は石を斬って悔しがったといいます。咸熙2（265）年、昭の子である司馬炎は、曹魏から禅譲を受けて西晋を建国し、咸寧6（280）年には、賈充・杜預を派遣して孫呉を滅ぼし、中国を統一します。黄巾の乱から約百年後のことでした。（B-6）

1-7 英雄たちの息吹

英雄たちの歴史は幕を閉じました。しかし、その息吹は、後世へと伝えられたのです。

正閏論

三国時代の歴史を伝える『三国志』を書いた陳寿は、曹魏の正統を受け継ぐ西晋に仕える歴史家でした。したがって、魏書には皇帝の伝記である本紀を設け、蜀書と呉書には本紀を設けず、三国の中で曹魏が正統であることを歴史書の体裁により明らかにしています。（A-1）

曹魏を正統とする陳寿の歴史観に異議を申し立てたものが、東晋の習鑿歯が著した『漢晋春秋』です。漢の正統は蜀漢に、その正統は西晋・東晋に受け継がれたとする習鑿歯の主張の背景には、当時の国際関係があります。東晋は中原を五胡と呼ばれる異民族に奪われ、南に逃れた亡命政権でした。漢の正統を継ぎながら、中原を曹魏に奪われた蜀漢と同じ境遇です。

第一部 研究入門篇

軍事的には衰退しても正統は自分たちにある。東晋の人々は、三国の歴史に自己の正統性を託したのです。七世紀に成立した唐でも、安史の乱により中原が奪われると、同様の感情が盛りあがります。中原を追われ、蜀へと流浪した杜甫は、「蜀相」など諸葛亮を賛美する多くの詩を詠みました。中原を失った唐とその官僚として何もできない自分、それに中原回復を国是として中途で倒れた諸葛亮を重ね合わせて、無念と憧憬の思いを交錯させているのです。(G-6)

　蜀漢への同情は続きます。こののちも異民族の華北への侵入が続いたためです。儒教に一大変革をもたらした朱子の生きた南宋も、女真族に中原を奪われました。南宋が国是とすべき中原回復を遂行した諸葛亮は、大義名分を尊ぶ朱子学において「義」の具現者として高く評価されました。陳寿の『三国志』では正統の地位を曹魏に奪われていた蜀漢は、朱子学によって正統と位置づけられ、曹魏は閏統（正統に次ぐべき存在）に格下げされたのです。中国では、王朝の正統性を三国に託す正閏論として、三国時代の歴史は受容されていくのです。(G-6)

人の生き方・生きるすがた

　『三国志演義』は、十四世紀に羅貫中がまとめた歴史小説です。羅貫中は、それまで語られてきた三国に関わる説話の中から非現実的な部分を削り、儒教の歴史観に基づきながら、なるべく真実の歴史に近づけようと努力しました。そのため『三国志演義』は、「七分の事実に三分の虚構」といわれる歴史的事実に近い小説となったのです。しかし、小説である以上、そこにはフィクションが含まれます。『三国志演義』に含まれる「三分の虚構」は、ほとんどが蜀漢の活躍に費やされました。羅貫中は、蜀漢を正統に三国を描いたのです。むろん、史実を重んじた羅貫中は、蜀漢が曹魏を滅ぼす、などという安っぽい嘘はつきません。正義であるはずの蜀漢が、劉備の徳、関羽・張飛・趙雲の忠や諸葛亮の義にもかかわらず滅びていきます。(G-1、G-2)

　その滅びの美学を日本人は愛しました。判官贔屓の国です。日本人が「三

- 86 -

国志」に触れた時代は早く、すでに八世紀の空海の文章の中に、諸葛亮に関する記述が現れています。鎌倉時代には、武家政権を背景に本格的な受容が始まり、江戸時代には、諸葛亮は楠正成とならぶ忠義の人、曹操は足利尊氏とならぶ悪人とされました。ここでの二人の位置づけは、曹魏を正統とする『三国志』ではなく、蜀漢の美学を描いた『三国志演義』と同じです。これに対して、今も読み継がれる吉川英治の『三国志』は、戦時中の作でありながら、こうした伝統的な受け容れ方とは異なる理解を示します。曹操を単なる悪役とはせず、そのスケールの大きな人間像を描き、また諸葛亮の抜群の才知と忠誠心に肩入れし、諸葛亮の死をもって三国志の執筆を終えてしまうのです。曹操と諸葛亮を中心に、三国志に人の生き方・生きるすがたを見る日本人の「三国志」受容の方法を決定づけた作品と言えるでしょう。(G-6)

2　三国志関連年表

後漢	25	光武帝劉秀が、後漢を建国。
	155	曹操生まれる（〜220）。
	156	孫堅生まれる（〜192、191・193説あり）。
	161	劉備生まれる（〜223）。
	167	第一次党錮の禁。
	168	外戚の竇武・太傅の陳蕃が宦官の打倒を目指し、逆に殺される。
	169	第二次党錮の禁。
	175	孫策生まれる（〜200）。周瑜生まれる（〜210）。
	179	龐統生まれる（〜214）。司馬懿生まれる（〜251）。
	181	諸葛亮生まれる（〜234）。
	182	孫権生まれる（〜252）。
	183	陸遜生まれる（〜245）。
	184	太平道を率いた張角が挙兵し、黄巾の乱が起きる。
	188	劉焉の提案で州牧を置く。西園八校尉を置く。袁紹・曹操が就任。
	189	霊帝死去。即位した弘農王を董卓が廃し、献帝を擁立。

後漢	190	袁紹を盟主に反董卓連合結成。董卓は長安に遷都。
	191	孫堅、董卓を破り洛陽に入る。袁紹、冀州牧になる。
	192	呂布、董卓を暗殺。孫堅、襄陽で戦死。曹操、兗州刺史となる。
	193	曹操、陶謙に父を殺され、徐州で大虐殺を行う。
	194	劉備、陶謙の死去により徐州を得る。張邈、曹操に背く。劉焉死去。
	195	呂布、曹操に敗れ劉備のもとへ。孫策、渡江。
	196	曹操、献帝を許に迎える。袁術が劉備を破り、呂布が徐州牧となる。
	197	袁術、皇帝を称し、孫策は袁術と絶縁、会稽郡を攻略。
	198	呂布、劉備を破り、劉備は曹操に帰す。曹操、呂布を破り、殺害。
	199	袁紹、公孫瓚を滅ぼし華北四州を支配。袁術死去。劉備、小沛で自立。
	200	袁紹と曹操の官渡の戦い。孫策暗殺され、孫権に代わる。
	201	劉備、劉表の客将となる。
	202	袁紹死去。曹操、袁譚・袁尚を破る。
	203	袁譚が袁尚に敗れ、曹操に助けを求める。
	205	曹操、冀・青・幽・并四州を領す。
	207	劉備、三顧の礼で諸葛亮を迎える。曹操、華北を統一。
	208	曹操と周瑜の赤壁の戦い。劉備、荊州南部を領有。
	209	劉備、孫権の妹と結婚。
	210	周瑜死去。曹操、銅雀台を建設。
	211	曹操、関中に出兵して馬超らを破る。劉備入蜀。
	212	曹操の謀臣荀彧、自殺に追い込まれる。曹操、孫権と濡須口で戦う。
	213	曹操、魏公となり、九錫を受ける。
	214	諸葛亮、張飛・趙雲を率いて入蜀。劉備、益州を得る。
	215	劉備、孫権と荊州を分割。張魯、曹操に降服。
	216	曹操、魏王となる。
	217	魯粛死去。呂蒙が代わる。
	218	曹彰、烏桓を平定。鮮卑の軻比能が投降。
	219	劉備、曹操を漢中に破り、漢中王となる。関羽敗死。
三国	220	曹操、死去。曹丕、献帝より禅譲を受け、曹魏を建国。
	221	劉備、即位して蜀漢を建国。諸葛亮は丞相に就任。
	222	劉備、関羽の仇討ちを志すも、夷陵の戦いで陸遜に敗れる。孫権、黄武と改元し、呉王と称す。天下三分する。

Ⅲ. 三国志の基本知識

三国	223	劉備、死去。劉禅を諸葛亮に託す。諸葛亮、鄧芝を派遣し呉と同盟。
	224	呉の張温、蜀に答礼。曹丕、呉と広陵で戦い敗れる。
	225	諸葛亮、南征を行い、反乱を平定。
	226	曹丕、死去。明帝曹叡即位。
	227	諸葛亮、出師表を奉り、北伐に出陣。魏の孟達、蜀に内応。
	228	諸葛亮、馬謖の命令違反で街亭に敗退。陸遜、曹休を石亭で大破。
	229	孫権、即位して孫呉を建国、建業に遷都。諸葛亮、武都・陰平を取る。
	230	曹真・司馬懿が蜀を攻め、諸葛亮に成固で敗れる。
	231	諸葛亮、祁山を攻め司馬懿を破り、張郃を敗死させる。
	232	遼東の公孫淵、呉に使者を派遣。曹植死去。
	233	呉、公孫淵を燕王に封建しようとするが、使者は殺される。
	234	諸葛亮、五丈原で病没。献帝（山陽公）崩御。
	235	蔣琬、大将軍となり、諸葛亮を継ぐ。魏の王雄、軻比能を暗殺。
	236	呉の張昭、死去。
	237	魏の毌丘倹、公孫淵を討たんとするも、敗退。
	238	司馬懿、遼東に公孫淵を滅ぼす。
	239	卑弥呼、使者を派遣し、親魏倭王を受ける。魏の明帝、崩御。曹爽、司馬懿を太傅に祭りあげる。
	241	蔣琬、漢水沿いに出兵。
	242	孫権、孫和を太子、孫覇を魯王として、二宮事件の発端をつくる。
	244	曹爽、大挙して蜀漢を攻めるが勝てず。
	245	孫呉で二宮事件の最中、陸遜が死去。蔣琬死去。
	246	蜀の姜維、衛将軍となる。
	247	曹爽、司馬懿を抑え、実権を握る。
	249	正始の政変で司馬懿が曹爽を打倒して、実権を握る。
	250	孫権、太子孫和を廃し、魯王孫覇を自殺させる。孫亮を太子とする。
	251	曹魏の司馬懿が死去し、子の司馬師が権力を継承。
	252	孫権、死去。孫亮が即位する。諸葛恪が東興で魏を破る。
	253	孫呉で政権を掌握していた諸葛恪が失脚、孫峻に殺害される。
	254	曹魏の司馬師、斉王曹芳を廃し、高貴郷公曹髦を立てる。

三国	255	毌丘倹の乱を平定後、司馬師死去。弟の司馬昭が権力を継承。
	256	蜀の姜維が祁山を攻めるが、鄧艾に敗れる。
	257	蜀の姜維が駱谷を攻めるが、国内では反対論が盛ん。諸葛誕の乱。
	258	孫呉の皇帝孫亮が廃され、孫休が即位する。
	260	曹魏の皇帝曹髦が司馬昭を討たんとするも、敗死。
	263	曹魏の鄧艾・鍾会に攻撃され、蜀漢は滅亡。
	264	司馬昭、晋王となる。
西晋・呉	265	司馬昭、死去。子の司馬炎が曹魏の禅譲を受け、西晋を建国。
	268	呉が西晋の江夏・襄陽を攻撃、撃退される。
	272	晋の王濬、益州刺史として呉を攻撃するための戦艦を建造。
	273	孫晧、『呉書』を著した韋昭を殺害。
	274	呉の大司馬、陸抗死去。
	276	西晋の羊祜、呉を討つよう進言。
	278	羊祜死去。杜預が代わって都督荊州諸軍事となる。
	279	汲冢書（竹書紀年）発見。
西晋	280	孫晧が西晋に降伏、三国時代終了。
	297	曹魏を正統とする『三国志』の著者である陳寿、死去。
	300？	常璩、巴蜀の地方志である『華陽国志』を著す。
	316	『後漢紀』を著した袁宏、死去。
東晋	370？	習鑿歯、蜀漢を正統とする『漢晋春秋』を著す。
劉宋	429	裴松之、『三国志』に注を附す作業を完成。
	446	『後漢書』を著した范曄、死去。
北魏	527	三国の遺跡も記す地理書『水経注』を著した酈道元、死去。
唐	755	安史の乱。唐の玄宗は成都に避難。
	759	杜甫、成都に寄寓。武侯祠を訪れ「蜀相」などの詩を詠む。
	806	李吉甫、地理書の『元和郡県志』を著す（～820までの間）。
北宋	1084	曹魏を正統とする司馬光の『資治通鑑』完成。
南宋	1127	靖康の変。徽宗らが金に拉致され、北宋は滅亡。
	1141	岳飛、北宋の復興のために尽くすも、秦檜に殺害される。
	1200	蜀漢を正統とする『資治通鑑綱目』を著した朱熹、死去。
元	1321	『三国志平話』刊行（～1323までの間）。
明	1368	洪武帝朱元璋、明を建国。孫権の墓を自らの墓道に残す。

明	1478	『花関索伝』刊行（ただし、重刊）。
	1522	嘉靖本『三国志通俗演義』刊行。
清	1666	毛宗崗本『三国志演義』刊行。
	1735	関羽を非常に尊重する乾隆帝即位。
	1741	「四庫全書」の編纂を開始。
民国	1927	魯迅、講演で曹操を高く評価。
中華人民	1966	文化大革命（〜76年）。遺跡の破壊が相継ぐ。
	1978	鄧小平による改革開放路線スタート。
	1994	中央電視台「三国演義」放映開始。大ヒット。

3 人物事典

　三国志に関わる人物の事典を五十音順に並べました。概説と同じく第二部の研究動向篇との対応記号を生没年のあとに付けてあります。

【あ】

于吉（？〜200）E-1
　琅邪郡の道士（道教の術を身につけた仙人）。演義では、諸将が宴会を抜け出して于吉を拝みに行くことを不愉快に思った孫策に斬首されますが、その幻が現れて重傷の孫策を死に追いやります。この話は、東晋の志怪小説である『捜神記』を出典とします。『三国志』の裴注に引用される『江表伝』は、于吉を孫呉で広く信仰されていたものとしますが、『志林』は、後漢の順帝期の人であるとし、裴松之は、『志林』が正しいとしています。（『三国志』巻四十六 孫討逆伝注）。

袁術（？〜199）B-2-5
　字は公路。汝南郡汝陽県の人。四世三公の名門袁逢の嫡子で、庶子の袁紹とは不仲でした。一時は権勢を誇り、孫堅は彼の一配下に過ぎませんでした。寿春で皇帝に即位しましたが、敗戦を繰り返し、惨めな最期を遂げます。演義では、孫策に兵を貸す代わりに伝国の玉璽を質にとり、玉璽が

手に入ったことから、帝位を僭称します。しかし、曹操に敗れ、袁紹を頼ろうとした途中で劉備に破られて、蜜入りの水を求め、それすら得られないことに絶望して死去したとされています。(『三国志』巻六 袁術伝)。

袁紹(えんしょう)（？～202）B-2-5
字は本初(ほんしょ)。汝南郡汝陽県(じょなんぐんじょようけん)の人。四世三公の名門袁逢(えんほう)の庶子。曹操とは何顒(かぎょう)を中心とするグループで旧知の仲。そこには荀彧も許攸も所属していました。反董卓連合の盟主となり、冀州(きしゅう)を拠点として公孫瓚(こうそんさん)を破り、河北を統一。後漢末において最も天下に近い男でしたが、官渡(かんと)の戦いにおいて、曹操にまさかの大敗を喫し、失意のうちに病没しました。演義では、その優柔不断ぶりが、さらに強調されて描かれています。(『三国志』巻六 袁紹伝)。

王允(おういん)（137～192）B-2-2
字は子師(しし)。太原郡祁県(たいげんぐんきけん)の人。若くして「一日千里、王佐の才」と高く評価された後漢の司徒(しと)で、董卓暗殺の立役者として後世に名を残しました。だが、董卓の死を知って動揺した董卓のブレーン蔡邕(さいよう)を斬るなど、狭量さも目立ちます。李傕(りかく)・郭汜(かくし)など董卓の残党を許さなかったため、反乱をまねき殺されました。演義では、曹操に宝刀を貸し董卓の暗殺を委ね、貂蟬(ちょうせん)を使った美女連環の計により董卓と呂布との間を引き裂くなど、董卓を除くための手段に虚構が設けられています。(『後漢書』列伝五十六 王允伝)。

王弼(おうひつ)（226～249）D-3
字は輔嗣(ほし)。山陽郡高平県(さんようぐんこうへいけん)の人。十数歳で深く『老子(ろうし)』『荘子(そうじ)』に通じ、何晏(かあん)に評価されて、玄学(げんがく)を理論的に深めました。その著書『老子注』は、『老子』注釈の古典として重んじられ、また『周易注』は、老荘思想の論理を儒家の経典解釈に応用したものです。わずか二十四歳で病死しました。(『三国志』巻二十八 鍾会伝附王弼伝)。

Ⅲ．三国志の基本知識

【か】

何晏(かあん)（190～249）D-3

　字は平叔(へいしゅく)。南陽郡(なんようぐん)の人。後漢末の大将軍何進(かしん)の孫。母が曹操の夫人となったので、連れ子として寵愛されました。曹爽(そうそう)が政権を握ると、吏部尚書(りぶしょうしょ)となり人事を掌握するとともに、『周易(しゅうえき)』『老子(ろうし)』『荘子(そうじ)』の三玄を尊重する玄学(げんがく)により、曹氏の君主権力の建て直しを図りましたが、正始(せいし)の政変により司馬懿に殺害されました。（『三国志』巻九 曹真伝附何晏伝）。

賈詡(かく)（147～223）B-3-3

　字は文和(ぶんわ)。武威郡姑臧県(ぶいぐんこぞうけん)の人。計略に優れ、「張良・陳平(ちょうりょう ちんぺい)（前漢の高祖劉邦の謀臣）の才がある」と評されました。董卓の死後、李傕と郭汜に長安を奪回させ、まもなく張繡(ちょうしゅう)の軍師となります。劉表(りゅうひょう)と結び、知略により曹操を苦しめますが、そののち張繡を説得し曹操に降伏しました。馬超討伐では韓遂(かんすい)と馬超との仲を裂きます。演義では、献帝を脅して受禅台(じゅぜんだい)をつくらせ、譲位ののち山陽公(さんようこう)として都から追い出すなど、漢に対して悪辣な人物として描かれています。（『三国志』巻十 賈詡伝）。

華佗(かだ)（？～？）C-1-4

　字は元化(げんか)。沛国譙県(はいこくしょうけん)の人。後漢末の名医。あらゆる医術に精通し、「麻沸散(まふつさん)」という麻酔薬を使い、史上はじめて外科手術を行ったとされます。演義では、死期迫る曹操の脳手術をしようとして、殺されていますが、史実では、仕官を嫌い、仮病を用い曹操をだましたことが露見し、処刑されました。死に際して、一巻の医書を獄吏に託そうとしたものの果たせませんでした。演義では、この書を『青嚢書(せいのうしょ)』と呼び、獄吏の妻が燃やしたことにしています。（『三国志』巻二十九 華佗伝）。

郭嘉(かくか)（170？～207？）B-3-3

　字は奉孝(ほうこう)。潁川郡陽翟県(えいせんぐんようてきけん)の人。はじめ袁紹の配下となりますが、これを見捨て、荀彧(じゅんいく)の推挙により曹操に仕えます。呂布を攻めあぐねる曹操に

- 93 -

第一部　研究入門篇

攻撃の続行を進言、官渡の戦いでは、袁紹の十の弱点を掲げて曹操に勝利を確信させ、袁紹の子を分裂させ一気に滅ぼす策を進言するなど天才的謀士で、曹操が最も寵愛した人物です。曹操の華北平定中に夭折しました。曹操は赤壁の敗戦の後、「奉孝が生きていれば、こんな目にあわなかった」と嘆いたといいます。(『三国志』巻十四　郭嘉伝)。

郝昭（かくしょう）（？～？）B-3-3

字は伯道（はくどう）。太原郡（たいげんぐん）の人。金城郡（きんじょうぐん）に駐屯して武威郡（ぶいぐん）の異民族を平定するなど「河西の名将」でした。雲梯（うんてい）・井欄（せいらん）を用い、地突（ちとつ）を行うなど様々な手段で攻撃してくる諸葛亮を、陳倉（ちんそう）の守将（りょう）として撃退しました。演義では、司馬懿の推挙で陳倉を守る場面より登場。陳倉を落とせない諸葛亮が、陳倉を避けて祁山（きざん）で戦い、その撤退時に再び陳倉を攻めた際に病死しています。(『三国志』巻三　明帝紀注引『魏略』)。

郭泰（かくたい）（128～169）D-4

字は林宗（りんそう）。太原郡界休県（たいげんぐんかいきゅうけん）の人。貧しい家の出身ですが、広く古典を学び、洛陽に遊学します。登竜門（とうりゅうもん）の故事で有名な李膺の評価を受け、友人となります。それにより郭泰の名声は洛陽に鳴り響きました。後漢に仕えることなく、人物評価を行いましたが、政府への批判はしなかったので、党錮（とうこ）の禁にかかることはありませんでした。のち天下を周遊して人物評価を行い、「名士」層の形成に大きな役割を果たしました。人物を育てるような評価が郭泰の特徴でした。(『後漢書』列伝五十八　郭泰伝)。

夏侯淵（かこうえん）（？～219）B-3-3

字は妙才（みょうさい）。沛国譙県（はいこくしょうけん）の人。夏侯惇の族弟。曹操挙兵時からの宿将。「典軍校尉（てんぐんこうい）の夏侯淵、三日で五百里、六日で一千里」と評されるほど、急襲を得意としました。「司令官は時には臆病さも必要だ」と、その猪突猛進ぶり（どうじゃくだい）を曹操から誡められていましたが、曹操が心配したとおり、定軍山（ていぐんざん）で黄忠（こう）に斬られます。演義では、銅雀台が完成した際に、すでに的に当たって

- 94 -

いる四本の矢の真ん中に射あてる弓術を披露するなど、個人的武勇の高さが強調されています。(『三国志』巻九 夏侯淵伝)。

夏侯惇(かこうとん)(?～220) B-3-3
　字は元譲。沛国譙県の人。曹操の父である曹嵩は、夏侯氏からの養子であり、夏侯惇は、裴注によれば曹操の従父兄弟にあたるとされます。曹操挙兵時からの腹心で、乱戦の中片目を失ったので「盲夏侯(もうかこう)」とも呼ばれます。そのため演義では、猛将のイメージが強く、多くの戦いで華々しく活躍しますが、史実では専ら後方補給と本拠地の守備を担当しています。曹操の信頼が最も厚い武将です。また清廉・質素で、部下を労り、曹丕が即位すると大将軍となるなど、臣下として最高の待遇を受けました。(『三国志』巻九 夏侯惇伝)。

関羽(かんう)(?～219) B-4-1・E-3
　字は雲長。河東郡解県の人。劉備の宿将で、兄弟同然の仲でした。曹操に捕らわれても劉備への忠誠を捨てず、劉備のもとへ帰参。赤壁の戦いの後、劉備は蜀へ侵攻しますが、これが二人の永遠の別れとなりました。龐統(ほうとう)の戦死の知らせを受けた諸葛亮は、関羽に荊州を任せます。しかし、呉との同盟を続けられず、配下の裏切りもあって、魏と呉の挟撃により、非業の最期を遂げました。演義では、すでに神であった関羽に対して、様々な虚構が設けられています。(『三国志』巻三十六 関羽伝)。

関索(かんさく)(?～?) G-3
　創作された人物で、史実には存在しません。もともとは関羽の息子ではなく、『花関索伝(かかんさくでん)』という小説の主人公である花関索から生まれた人物です。演義では、もっとも虚構にあふれる諸葛亮の南蛮征伐の場面で活躍し、諸葛亮の南方平定の立役者の一人となります。関索が含まれるか否か、どのように活躍するかなどによって、演義のさまざまな版本の系統を分類することができるのです。

第一部　研究入門篇

魏延（？～234）B-4-1
　字は文長。義陽郡の人。荊州より劉備の入蜀に随行して活躍。劉備が漢中王につくと、張飛が任命されると思われていた漢中太守に抜擢されるほど、劉備に信頼されていました。諸葛亮の北伐に際して、長安急襲策を提案しましたが採用されず、諸葛亮の死後、不仲であった楊儀と戦い、馬岱に殺されます。演義では、劉備集団に加入した折から、諸葛亮にその「反骨」の故に斬られそうになり、諸葛亮の祈祷の主灯を踏み消すなど、一貫して悪役に描かれています。(『三国志』巻四十　魏延伝)。

許劭（？～？）D-4
　字は子将。汝南郡平輿県の人。後漢末、宦官により乱された国家の郷挙里選に代わる基準として流行した人物評価の大家。のち蜀漢に仕えた従弟の許靖と月初めに品題を代えて人物評価を行ったため「月旦評」という言葉が生まれました。橋玄の紹介を受け、曹操を「治世の能臣、乱世の姦雄」と評します。これにより曹操は、汝南郡を名声の場とする何顒グループという名士の仲間社会に加入することができました。(『後漢書』列伝五十八　許劭伝)。

許褚（？～？）B-3-3
　字は仲康。譙国譙県の人。牛の尾をつかんで百余歩を引きずったという怪力の持ち主。黄巾の乱に際しては、一族を率いて一万人の賊を撃退するなど、軍隊の指揮者としても優れていました。曹操は、「わが樊噲である」と称し、前漢の高祖劉邦を鴻門の会で救った猛将になぞらえました。武将としては虎のように強かったが、普段はぼうっとしていたので「虎痴」と呼ばれました。演義では、馬超との一騎討ちをはじめ、随所で華々しく活躍しています。(『三国志』巻十八　許褚伝)。

許攸（？～？）B-3-3
　字は子遠。南陽郡の人。汝南郡を名声の場とする何顒グループという「名

士」の仲間社会で、袁紹・荀彧・曹操らと知り合い、袁紹の幕僚となりました。官渡の戦いの際、袁紹に献策しましたが用いられず、曹操に寝返り、兵糧集積地の烏巣を襲撃することを進言します。この結果、官渡の戦いの立役者となりましたが、その功績を鼻にかけ、曹操を呼びすてるなど傲慢に振る舞ったので、曹操に殺されました。演義では、許褚に斬られたことになっています。(『三国志』巻一 武帝紀など)。

姜維（202～264）B-4-1
字は伯約。天水郡冀県の人。祁山に進出した諸葛亮に魏から帰順しました。諸葛亮は、「姜維の才能には李邵や馬良も及ばない。涼州の上士である」と高く評価し、北伐に従軍させ中監軍・征西将軍にまで抜擢します。諸葛亮の死後も北伐を続けますが、国の疲弊を招き、恨みを買いました。蜀漢の滅亡時には鍾会をそそのかし、蜀漢の復活を試みますが殺害されました。演義では、諸葛亮に帰順する際、亮を破る虚構を加えた程度で、ほぼ史実どおりとなっています。(『三国志』巻四十四 姜維伝)。

橋玄（109～183）B-3-2・D-4
字は公祖。梁国睢陽県の人。曹騰（曹操の祖父）が高く評価した种暠に推挙され太尉に至ります。その厳格な政治は、曹操の政治の模範となりました。まだ無名であった曹操を「乱世を治めるものは君である」と高く評価し、これにより曹操の名声は始めて高まります。さらに、許劭に曹操を紹介して人物評価を受けさせることにより、その名声を全国的なものとしました。(『三国志』巻一 武帝紀注引『魏書』)。

嵆康（223～262）D-3・F-5
字は叔夜。譙国銍県の人。阮籍とともに「竹林の七賢」の中心的な存在。司馬氏の簒奪が露になってきた魏末にあり、鋭い論調による文章表現をもって偽善的な風潮を敢然と批判しました。その反体制的思想のため、また魏帝室と姻戚関係にあったため、司馬氏の憎悪の的となり、死刑に処

せられました(『三国志』巻二十一 王粲伝附嵆康伝)。

阮籍(げんせき)(210〜263) D-3・F-5
　字は嗣宗(しそう)。陳留郡(ちんりゅうぐん)の人。「竹林(ちくりん)の七賢(しちけん)」の中心。常識の意表をつく奇矯な発言と奔放な態度で世人を驚かせましたが、その裏には社会の偽善や退廃に対する逆説的な批判精神がこめられていました。終始、司馬体制内に身をおきながら酒により韜晦(とうかい)し、司馬氏の悪意をかわし、生命を全うします。五言詩の連作「詠懐(えいかい)」八十二首は、そうした胸中の思いを吐露した作品で、五言詩に深い思想性をもたらしました。(『晋書』巻四十九 阮籍伝)。

黄蓋(こうがい)(?〜?) B-5-1
　字は公覆(こうふく)。零陵郡泉陵県(れいりょうぐんせんりょうけん)の人。孫堅の挙兵に従い、孫策・孫権の三代に仕えました。周瑜の配下として赤壁の戦いに参加し、曹操の船団が密集していることをみて、火攻めを進言します。さらに、曹操に投降したいとの偽の手紙を送って油断させ、火のついた軍船を突撃させて勝利を得ました。演義では、降伏の際に「苦肉(くにく)の計」を行ったことが演出されます。しかし、肝心の火攻めの献策をした時には、すでに諸葛亮と周瑜が決めていた策とされてしまっています。(『三国志』巻五十五 黄蓋伝)。

黄忠(こうちゅう)(?〜220) B-4-1
　字は漢升(かんしょう)。南陽郡(なんようぐん)の人。劉表に仕えていましたが、赤壁の戦いの後、劉備の臣下となります。劉備の入蜀に随行して功績を挙げ、漢中を攻略した際には、定軍山で夏侯淵を斬る勲功を挙げ、劉備が漢中王になると後将軍(こうしょうぐん)に任命され、その翌年、病死しました。演義では、長沙太守の韓玄の武将として関羽と一騎打ちをした場面や、呉征伐における壮絶な戦死が有名ですが、創作です。なお「老黄忠」は、老いてますます盛んな人という意味で今も使われています。(『三国志』巻三十六 黄忠伝)。

孔融（153～208）F-4

字は文挙。魯国魯県の人。孔子の二十世の子孫で、「建安の七子」の一人に数えられる文章の名手。十歳のとき李膺を訪ね、その機知に富む受け答えで高く評価されます。何進に挙用され北海相となり、教育を尊重して学校を復興しました。しかし、戦いには敗れ、許に招かれたのちには曹操の政治を批判します。曹操は当初、名声の高い孔融を憚っていましたが、君主権力を強化する一環として孔融を殺害しました。演義では、曹操の劉備への攻撃に反対して殺害されたことになっています。（『後漢書』列伝六十 孔融伝）。

公孫瓚（?～199）B-2-5

字は伯珪。遼西郡令支県の人。大儒の盧植に学びますが（同門の劉備とは義兄弟）、学問よりも武力で身を立てます。異民族である烏桓への対応策をめぐり、幽州牧の劉虞と対立、これを殺害して幽州を支配しましたが、名士を抑圧したため人心を失いました。直属軍である「白馬義従」の強さにより、しばしば袁紹を脅かしますが、界橋の戦いに敗れ滅亡しました。演義では、善玉の劉備の義兄ということで、比較的好人物に描かれています。（『三国志』巻八 公孫瓚伝）。

【さ】
左思（250?～305?）F-5

字は太沖。臨淄の人。寒門の出身であったため、蟄居して文筆活動に励みました。十年の歳月を注いだ大作「三都の賦」は、魏・呉・蜀三国の首都の繁華のさまを写実的に描く美文で「洛陽の紙価を貴める」という言葉が生まれるほど人々に読まれました。当時、すでに紙が主流であったことが分かります。歴史に題材を借り現実社会を批判した「詠史詩」もあります。（『晋書』巻九十二 文苑 左思伝）。

第一部　研究入門篇

蔡邕(さいよう)（132〜192）D-2
　字は伯喈(はくかい)。陳留郡圉県(ちんりゅうぐんぎょけん)の人。博学で文章に優れ、数術や天文に詳しく、音律に精通して琴の名手でもありました。司空の董卓に召されて祭酒(さいしゅ)となり、侍御史、尚書、左中郎将(さちゅうろうしょう)に昇進し、董卓のブレーンとなりました。董卓が王允(おういん)に誅された際、獄死しました。詩文を収めた『蔡中郎集(さいちゅうろうしゅう)』、名物制度を論じた『独断(どくだん)』などがあります。女流詩人の蔡琰(さいえん)（字は文姫(ぶんき)）の父です。(『後漢書』列伝五十下　蔡邕伝下)。

司馬懿(しばい)（176〜251）B-6
　字は仲達(ちゅうたつ)。河内郡温県(かだいぐんおんけん)の人。曹操に無理矢理仕官させられますが、才能を警戒されます。文帝曹丕のときに陳羣と並んで行政の最高位にのぼり、明帝曹叡のときに諸葛亮の侵攻を防ぐことを通じて軍事権を掌握します。一時、曹室の権力の建て直しをめざす曹爽(そうそう)に権力を奪われますが、正始(せいし)の政変により曹爽を打倒、王淩(おうりょう)の乱を未然に防ぎ、司馬氏の権力の基盤を作りました。狼のように後ろを振り返ることができる狼顧(ろうこ)の相(そう)であり、顔だけ真後ろを向けたといいます。(『晋書』巻一　宣帝紀)。

司馬炎(しばえん)（236〜290）B-6
　字は安世(あんせい)。河内郡温県(かだいぐんおんけん)の人。司馬懿の孫。毋丘倹(かんきゅうけん)の乱を平定した伯父の司馬師(しばし)や、諸葛誕の乱を平定し蜀漢を滅ぼした父の司馬昭(しばしょう)の功績を受けて、曹魏から禅譲(せんじょう)され西晋を建国しました。さらに、孫呉を滅ぼして、三国を統一しましたが、その後は緊張の糸が切れたように、好色にふけります。賢弟の司馬攸(しばゆう)ではなく、暗愚な長子である恵帝司馬衷(けいていしばちゅう)に皇帝位を嗣がせたため、八王の乱を招いた皇帝として、後世の評価は高くありません。(『晋書』巻三　武帝紀)。

朱然(しゅぜん)（182〜249）B-5-1
　字は義封(ぎほう)。丹陽郡(たんようぐん)の人。呉郡太守であった朱治の姉の子で、元の姓は施(し)。十三歳の時、朱治の養子となります。関羽を捕らえた功により昭武(しょうぶ)

- 100 -

将軍となり、病床の呂蒙により後任に指名されます。その後も長く活躍し、左大司馬・右軍師にまで昇進しました。しかし、演義では、夷陵の戦いで敗走する劉備を追撃中、救援に来た趙雲に殺されます。近年、馬鞍山で墓が発見されました。(『三国志』巻五十六 朱然伝)。

周倉（？～219）G-4

架空の人物。モデルは、関羽が魯粛と会見した際「天下の土地は徳のある者が治めるべきだ」と叫び、関羽に退場させられた『三国志』魯粛伝にみえる名の伝わらない人物です。演義では、龐徳を水中に生け捕りにするなど、関羽に仕えて活躍しました。関羽の死後、自害します。関帝廟では必ずといってよいほど、赤い顔の関羽（関聖帝君）の脇士として、白い顔の関平と共に、黒い顔の周倉の像が祭られています。

周瑜（175～210）B-5-1

字は公瑾。廬江郡舒県の人。孫策・孫権に仕えた「名士」で、赤壁の戦いで曹操を撃退した立役者。劉備に対しては警戒心を持っており、益州を手中にして曹操と天下を争う構想を持っていましたが、若くして病死しました。揚州随一の名家の出身で、周郎（周のおぼっちゃま）と呼ばれ、美男子で音楽の素養もありました。稀代の名将でありながら、演義では、不当に貶められ、諸葛亮の引き立て役とされて、すべての計画を見破られ、憤死させられる不運の人です。(『三国志』巻五十四 周瑜伝)。

荀彧（163～212）B-3-3

字は文若。潁川郡潁陰県の人。人並み優れた才知と容貌を持ち、何顒より「王佐の才」と評価されます。はじめ袁紹に仕えましたが、見切りをつけて曹操に帰順し、「わが子房」と劉邦の謀臣張良に準えられました。献帝推戴の方策、多くの人材の推挙、官渡の戦いにおける後方支援など勲功第一の働きをします。しかし、曹操の魏公就任に反対、自殺を強要されました。演義では、劉備や呂布に対して、「二虎競食の計」「駆虎呑狼の計」

をしかけます。(『三国志』巻十 荀彧伝)。

徐庶（?～?）B-4-2
　字は元直。当時の「名士」としては珍しく豪族の出身ではなく、若年のころは剣を得意として人のためにかたきを殺しています。仲間に救出されたのち一念発起して荊州学を学び、諸葛亮や崔州平と交友しました。荊州で劉備に仕え、諸葛亮を推挙、しかも自ら亮を訪ねるよう勧め、三顧の礼を尽くさせました。やがて、荊州に侵攻した曹操に母を捕らえられ、やむなく曹操に仕えます。演義では、徐庶が去ったのちに、劉備が諸葛亮に三顧の礼を尽くしたことになっています。(『三国志』巻三十五 諸葛亮伝など)。

蔣琬（?～246）B-4-1
　字は公琰。零陵郡湘郷県の人。荊州より劉備の入蜀に随従し、広都県長に任命されましたが、酒ばかり飲んで政務を顧みず、劉備の怒りをかいます。諸葛亮は「県を治める器ではありません」と弁護して、逆に重用することを勧めました。亮の北伐では後方補給を担当し、軍需物資の供給につとめます。亮の死後、蜀漢の政権を担当し、大司馬に至ります。諸葛亮に及ばない、との批判を受けても、その通りである、と批判を受け入れる大人でした。演義では、亮に従って入蜀したことになっています。(『三国志』巻四十四 蔣琬伝)。

譙周（201～270）D-2
　字は允南。巴西郡西充国県の人。蜀学とよばれる讖緯（予言書）の学問を継承して、諸葛亮に評価され、勧学従事に任命されます。亮が五丈原で陣没すると、禁令が出る前に持ち場を離れ、唯一弔問に赴き、その死を嘆いたといいます。姜維の北伐に反対し、鄧艾が成都に迫ると、予言書に基づき劉禅に降伏を勧め、西晋に仕えて散騎常侍に昇進しました。『三国志』を著した陳寿は弟子にあたります。演義では、姜維のみならず、諸葛亮の

北伐にも反対したことにされています。(『三国志』巻四十二 譙周伝)。

鍾繇(しょうよう)(151〜230) B-3-3
　字は元常。潁川(えいせい)郡長社(ぐんちょうしゃ)県の人。当初は献帝の傍らにあり、李傕(りかく)・郭汜(かくし)に正論を述べ、兗州牧(えんしゅうぼく)となった曹操が、献帝と使節を通ずるのを助けました。献帝の長安脱出に功があり、侍中(じちゅう)・尚書僕射(しょうしょぼくや)に昇進しました。曹操が関東で戦っている間、長安を守り、官渡の戦いの際には、馬二千頭を供給して、劉邦の後方補給を担当した蕭何(しょうか)にたとえられました。演義では、馬超に攻められて長安を失い、弟の鍾進を戦死させたことになっています。(『三国志』巻十三 鍾繇伝)。

諸葛瑾(しょかつきん)(174〜241) B-5-1
　字は子瑜(しゆ)。琅邪(ろうや)郡陽都(ぐんようと)県の人。諸葛亮の兄。亮が荊州に逃れた時、すでに太学(たいがく)を出ていた諸葛瑾は、母と共に江東に渡り、やがて孫権に仕えます。思慮深く、誠実で、度量が広かったといいます。亮が劉備の軍師であったため、劉備に寝返るのではないか、と孫権に告げる者もありましたが、孫権は「瑾が私を裏切らないのは、私が瑾を裏切らないのと同じである」と深く瑾を信頼していました。演義では、使者として劉備へ派遣されますが、成果を挙げられませんでした。(『三国志』巻五十二 諸葛瑾伝)。

諸葛亮(しょかつりょう)(181〜234) B-4-2・B-4-3
　字は孔明(こうめい)。琅邪(ろうや)郡陽都(ぐんようと)県の人。曹操の徐州大虐殺を避けて荊州に移住。司馬徽(しばき)を中心とする襄陽(じょうよう)グループという「名士」の仲間社会で、『春秋左氏伝(しゅんじゅうさしでん)』を中核とする儒教である荊州学を学び、「臥龍(がりょう)」と称されました。207年、劉備の三顧の礼を受け出廬。「天下三分の計」を掲げて劉備の基本戦略を定め、劉備の死後は劉禅を輔佐します。出師表(すいしのひょう)を捧げて北伐に赴きますが、五丈原(ごじょうげん)で陣没しました。演義では、兵陰陽家(へいいんようか)として多くの術を使っています。(『三国志』巻三十五 諸葛亮伝)。

第一部　研究入門篇

曹叡（205～239）B-3-4

字は元仲。曹魏の第二代皇帝（明帝）。曹丕（文帝）と甄皇后の子で、曹操に目をかけられていましたが、母が誅殺されたため太子に立てられることが遅くなりました。即位後は、司馬懿に蜀漢の防御を一任し、自らは孫呉の撃退を指揮するなど、治世の前半は名君らしさが目立ちました。しかし、諸葛亮が陣没すると、大規模な土木工事を行い人々を疲弊させ、司馬懿の台頭を招きます。演義では、美女を集めて快楽にふけり、毛皇后の亡霊に殺されたことになっています。（『三国志』巻三 明帝紀）。

曹仁（168～223）B-3-3

字は子孝。曹操の従弟。曹操とともに挙兵し、騎兵を率いて活躍します。江陵で周瑜と戦った際には、配下の牛金が数千の敵兵に包囲されたところを、精鋭数十騎を率い、包囲網を破って救出、「天上世界の人」だとその功績を称えられました。樊城を関羽に包囲されたときには、将兵を激励し、徐晃の援軍が来るまで持ちこたえました。演義では、徐庶に「八門金鎖の陣」を破られ、諸葛亮の火攻めに大敗するなど、蜀漢の引き立て役とされています。（『三国志』巻九 曹仁伝）。

曹操（155～220）B-3-2

字は孟徳。沛国譙県の人。祖父の曹騰は宦官で、その財力と人脈を利用できました。父の曹嵩は夏侯氏よりの養子です。洛陽から逃げる董卓を追撃し大敗しますが、これにより「名士」の注目を集め、荀彧らを配下に迎えます。官渡の戦いにより袁紹を破り華北を統一しましたが、赤壁の戦いで周瑜に大敗、天下統一は夢と消えます。その後は漢に取って代わる準備を行い、魏公・魏王と爵位を進めましたが、曹魏の創建は息子の曹丕に託し、病没しました。（『三国志』巻一 武帝紀）。

曹植（192～232）B-3-4・F-3

字は子建。曹操の三男。年少のころから詩文に天才的な能力を発揮、詩

Ⅲ. 三国志の基本知識

人でもあった父の舌を巻かせました。文学を尊重した父の寵愛を受け、一時は後継者と目されますが、兄曹丕に敗れました。曹丕が即位すると圧迫をこうむり封地を転々とさせられる不遇な後半生を送りました。五言詩に抒情の可能性を開拓した功績は高く評価され、六朝時代の末には唐以前の最高の詩人とみなされました。(『三国志』巻十九 陳思王植伝)。

曹丕(そうひ)(187〜226) B-3-4・F-3

字は子桓。曹操の子。魏王の位を嗣ぎ、献帝の禅譲を受け、曹魏の初代皇帝となりました。いわゆる文章経国論を主張して文学の価値を高らかにうたった文章篇を含む『典論』を著した文化人としても有名です。一方で、かつて借金を断られた曹洪をいじめ、関羽に降伏した于禁を憤死させ、妻の甄皇后に自殺を命じるなど冷酷な性格も目立ち、なかでも後継者を争った曹植を圧迫しました。演義では、それが強調され、七歩のうちに詩を作らなければ処刑すると、曹植に難題をふっかけています。(『三国志』巻二 文帝紀)。

孫堅(そんけん)(156〜192) B-5-1

字は文台。呉郡富春県の人。十七歳のとき、海賊退治で名をあげます。朱儁の配下として黄巾の乱を討ち、長沙太守として区星の乱を平定しました。反董卓連合軍が結成されると、陽人の戦いで華雄を斬るなどの活躍を見せます。しかし、「名士」を傘下に納めなかったので根拠地を保有できず、兵糧や軍勢を袁術に依存しました。そのため袁術の命で劉表を討ち、不慮の戦死を遂げます。演義では、孫堅が斬った華雄は、関羽に汜水関で斬られたことになっています。(『三国志』巻四十六 孫破虜伝)。

孫権(そんけん)(182〜252) B-5-1

字は仲謀。十九歳で兄の孫策の後を嗣ぎました。武力により江東を抑えようとした兄の路線を変更して、周瑜・張昭など「名士」を中心に据える集団に変容させました。そのため、江東の「名士」である陸遜も出仕し、

安定した政権を築きます。赤壁の戦いの際、決戦を唱えた周瑜・魯粛・呂蒙らが死去し、降伏を唱えた張昭の力が強くなってからは、君主権力の伸長をはかり、二宮事件と呼ばれる後継者争いを引き起こし、陸遜を憤死させました。演義はこれに触れません。(『三国志』巻四十七 呉主伝)。

孫晧(242～282) B-5-1
　字は元宗。孫権の孫で、孫呉最後の第四代皇帝。太子を廃された孫和の子。即位当初は、後宮の女性を嫁のない者にとつがせたり、中央軍を強化して首都を遷したりと、積極的な政策を展開し、名君とも称されます。しかし、君主権力の強化の限界を知ってからは暴君に変貌、「名士」を弾圧し、残虐行為を繰り返しました。280年に西晋に攻撃されると降伏、帰命侯に封建されます。(『三国志』巻四十八 三嗣主 孫晧伝)。

孫策(175～200) B-5-1
　字は伯符。孫堅の長子。父の死後、集団を受け継ぎましたが、袁術の命で廬江太守の陸康を攻め、その一族を殺害して、江東「名士」の中心である陸氏と決定的な対立関係を持つに至ります。のち、袁術から独立して周瑜と合流し、揚州刺史の劉繇を破って、江東における孫呉の基盤を築きました。しかし、江東の「名士」と対立関係にあったため、支配は安定せず、自らが殺害した許貢の食客におそわれ落命しました。演義では「江東の小覇王」と、覇王項羽に準えられています。(『三国志』巻四十六 孫討逆伝)。

【た】
太史慈(166～206) B-5-1
　字は子義。黄巾の乱に際して孔融に仕え、のち劉繇に身を寄せますが、重用されませんでした。劉繇が孫策に敗れたあとも、異民族を配下に抵抗を続けますが、やがて捕虜となりました。孫策が自ら縄を解き、協力を要請すると、「散り散りになった劉繇の兵をまとめてきましょう」と提案します。臣下が反対するなか、孫策はこれを許し、太史慈もこれに応えます。

赤壁の戦いの二年前に病没しました。演義では、合肥で張遼に殺されたとしますが、これは創作です。(『三国志』巻四十九 太史慈伝)。

趙雲（？〜229）B-4-1

字は子龍。はじめ公孫瓚に仕え、公孫瓚の将として袁紹との戦いに派遣された劉備に従います。そののち、改めて劉備に仕え、荊州で曹操に敗れた際には、単騎で敵軍の真っ只中に突っ込み、逃げおくれた阿斗（劉禅）を救出しました。入蜀時には、諸葛亮と共に劉備を助け、漢中争奪戦では曹操の大軍を門を開けて迎え撃ち、劉備から「子龍の身体はすべて肝っ玉である」と称賛されました。演義では、活躍の場はさらに多く、五虎将軍の一人とされています。(『三国志』巻三十六 趙雲伝)。

張華（232〜300）F-5

字は茂先、范陽郡方城県の人。若くして父を失い羊飼いをしていましたが、博学で文章をよくし、讖緯・方術の書に精通しました。その作「鷦鷯賦」が阮籍に認められて名を知られ、官界に入りました。西晋の武帝を呉の平定に踏み切らせ、陳寿を評価して『三国志』を書かせました。朝廷内の徳望も高く、「女史箴」を作り賈皇后の専横を風刺しましたが、八王の乱に際し、趙王倫の政権奪取に従わず殺されました。著書に『博物志』があります。(『晋書』巻三十六 張華伝)。

張角（？〜184）B-2-4

後漢末の太平道と呼ばれる宗教集団の指導者。同時期の張魯の五斗米道と同じように、お札と聖水による病気の治療により、全土に信者を拡大しました。漢に代わる「黄天」の到来を掲げて、184年に反乱を起こします。黄巾の乱です。しかし、張角はまもなく病没し、乱もまた皇甫嵩・朱儁により平定されました。演義では、科挙の試験に落第して反乱を起こしたことにされており、科挙は後漢にはなかったことが配慮されていません。(『後漢書』本紀八 霊帝紀など)。

第一部　研究入門篇

張郃（？〜231）B-3-3

　字は儁乂。はじめ袁紹に仕えましたが、官渡の戦いの際に、曹操に降伏しました。曹操は、「韓信が降伏したようだ」と、項羽を破った劉邦の名将に準えて、張郃を評価しました。その評に違わず各地で活躍し、街亭の戦いでは、馬謖を撃破します。のち、北伐より撤退する諸葛亮を追撃するよう司馬懿に命ぜられ、反対しましたが結局は追撃させられ、木門で戦死します。演義では、街亭で馬謖を討った主力は、司馬懿に代えられています。（『三国志』巻十七 張郃伝）。

張紘（？〜？）B-5-1

　字は子綱。広陵郡の人。孫策に仕えて、張昭とともに参謀となりました。孫策は二人のうち、一人を戦争に同行させ、一人を留守役にしたといいます。孫策の使者として献帝のいる許に赴き、そのまま曹操に引き止められ、漢の侍御史とされました。孫策が急死すると、そのすきに乗じようとした曹操を諌め、曹操は孫権を討虜将軍としました。張紘も地方官として江東に帰り、孫権に仕えます。死去に臨み、秣陵（建業）へ本拠を移転するよう遺言しました。（『三国志』巻五十三 張紘伝）。

張繡（？〜207）B-2-5

　武威郡祖厲県の人。董卓に仕えた張済の甥。張済の死後、その軍勢を率いて、宛で自立しました。曹操に攻められ、一度は降伏しましたが、曹操が張済の未亡人を妾にしたことを怨み、反乱を起こします。賈詡の計略を容れて曹操軍を破り、典韋と曹昂を討ちとりました。そののち、賈詡の進言どおり、官渡の戦いの直前に再度曹操に降伏、劣勢であった曹操に歓迎されました。官渡で大功を建てますが、烏丸討伐の途上病没しました。演義では、張済の死後、天子を奪おうとしたことにされています。（『三国志』巻八 張繡伝）。

Ⅲ. 三国志の基本知識

張昭（156～236）B-5-1
　字は子布。彭城郡の人。戦乱を避けて、江東に移住し、孫策の丁重な招きに応じて配下となりました。孫策は死に臨んで、「国内のことは張昭に問え」と孫権に遺言します。赤壁の戦いの際には、曹操への降伏を唱え、そのため孫権と対立します。それでも、孫呉を代表する「名士」として尊敬を集め、「名士」・豪族の支持を背景に、孫権に諫言を続けました。演義では、降伏論者の筆頭として論戦を挑み、諸葛亮に言い負かされています。（『三国志』巻五十二 張昭伝）。

張飛（？～221）B-4-1
　字は益徳、一部の版本では翼徳とされ、演義はそれを採用しています。涿郡の人。関羽とともに劉備の挙兵より従い、程昱に「一万人に匹敵する」と言われた猛将。荊州で曹操に敗れた時には、「わたしが張益徳である。やってこい。死をかけて戦おうぞ」と、長坂橋に一人立ちはだかったといいます。益州平定戦では、厳顔を尊重して味方につけ、漢中争奪戦では張郃を破りました。劉備が即位すると車騎将軍となりますが、関羽のあだ討ちの準備中、部下に殺害されました。演義では、暴れん坊として大活躍をします。（『三国志』巻三十六 張飛伝）。

張遼（165～221）B-3-3
　字は文遠。雁門郡馬邑県の人。丁原・董卓・呂布と主君を転々と変えましたが、下邳で曹操に降伏します。勇猛でありながら沈着冷静で、反乱を企てたものが、夜中に火を放った際にも、落ち着いて騒ぎを静め、首謀者を斬りました。魏呉激戦の地である合肥をよく守り、わずか八百の兵で十万の孫権軍を奇襲し、孫権を窮地に陥れました。演義では、関羽を降伏させ、赤壁の敗戦で関羽に見逃してもらいます。呉では張遼の名を聞くと、おびえて子供の夜泣きがおさまったといいます。（『三国志』巻十七 張遼伝）。

第一部　研究入門篇

張魯（？～？）E-2

　字は公祺。漢中に勢力を張った五斗米道の教祖。お札と聖水により病気を治し、治ったものからは、五斗の米をお布施として受け取りました。また、静室と呼ばれる部屋で瞑想し、自分の罪を懺悔して書き記し、それを川に流して治療するなどの精神的な療法も行っていました。劉焉との関係は良好でしたが、劉璋は彼の母と弟を殺して断交します。のち曹操が漢中を攻めると、降伏して鎮南将軍となりました。（『三国志』巻八　張魯伝）。

陳宮（？～198）B-3-2

　字は公台。東郡の人。黄巾と戦って刺史が戦死した兗州に、曹操を迎え、この地を拠点に天下を治めることを勧めます。しかし、曹操が徐州で大虐殺を行うと失望し、呂布を兗州に引き込んで張邈とともに反乱を起こしました。呂布は陳宮の献策に従わなかったため曹操に敗れ、捕虜となって曹操に斬られます。演義では、董卓暗殺に失敗した曹操を助けて一緒に逃亡し、呂伯奢一家を惨殺した曹操を見限り、一人落ち延びたとされています。（『三国志』巻七　呂布伝注引『典略』）。

陳羣（？～235）B-3-4

　字は長文。潁川郡許昌県の人。荀彧の娘婿。はじめ劉備に仕えましたが、劉備が献策に従わず、豫州を失ったため、曹操に仕えました。荀彧の後継者として順調に出世し、曹操の後継者争いの時には、一貫して曹丕を支持しました。貸しを作った曹丕が即位すると、名士に有利な官僚登用制度である九品中正制度を献策。三国に続く、両晋南北朝時代の貴族制を制度面から保証しました。演義では、献帝に譲位を迫る役割を果たしています。（『三国志』巻二十二　陳羣伝）。

程昱（？～？）B-3-3

　字は仲徳。東郡東阿県の人。曹操が徐州大虐殺を行い、陳宮が呂布を引き込んで反乱を起こしたときに、豪族の支持を受けて出身地の東阿県のほ

か三県を死守しました。官渡の戦いの際にも鄄城(けんじょう)を守るなど、曹操の拠点をよく保持しました。赤壁の戦いのち引退を表明、兵を返上するなど巧みな処世術を見せ、文帝曹丕に三公に任命される矢先に、八十歳で病死しました。演義では、「十面埋伏(じゅうめんまいふく)の計」で袁紹に打撃を与え、また母の手紙で徐庶をだますなど、多くの策略をたてています。(『三国志』巻十四 程昱伝)。

程普(ていふ)(？～？) B-5-1
　字は徳謀(とくぼう)。右北平郡土垠県(ゆうほくへいぐんどごんけん)の人。孫堅以来の宿将で、呉軍の最年長として尊重され「程公」と呼ばれました。はじめ周瑜に対抗意識がありましたが、周瑜が丁重な態度を取ると周瑜を支持。赤壁の戦いでは、周瑜とともに全軍の最高指揮官に任命されました。演義では、周瑜が若くして大都督(だいととく)となったことに不満で、仮病を使って軍議に出ず、のちに周瑜の才能を知って感服した、とされています。(『三国志』巻五十五 程普伝)。

田豊(でんほう)(？～200) B-2-5
　字は元皓(げんこう)。鉅鹿郡(きょろくぐん)の人。博学多彩で権謀に富む「名士」で、後漢の侍御史(じぎょし)から袁紹の参謀となりました。袁紹に献帝奉戴を勧めましたが、容れられませんでした。曹操との決戦では、持久戦を主張して投獄され、官渡の戦いに敗れた袁紹に処刑されます。北宋の蘇軾(そしょく)は、「曹操は自らを諫めた人物を賞賛し、袁紹は自らを諫めた人物を殺した。本初(ほんしょ)が滅び孟徳(もうとく)が興ったわけである」と評しています。(『三国志』巻六 袁紹伝など)。

杜預(どよ)(222～284) D-2
　字は元凱(げんがい)。京兆尹杜陵県(けいちょういんとりょうけん)の人。父は司馬懿と対立して失脚しましたが、司馬昭の妹高陸公主(こうりくこうしゅ)をめとり、尚書郎となりました。蜀漢・孫呉討伐に軍才をみせたほか、暦の作成、農業水利事業、孟津河橋の設置など、多方面にわたって才能を発揮します。『春秋左氏伝』の注の決定版となる『春秋左氏経伝集解(しゅんじゅうさしでんしっかい)』を著すことにより、司馬氏の皇帝殺害などを正当化しました。唐の詩人杜甫(とほ)は、杜預を祖先に持つことをたいへん誇りに思っ

鄧艾（？～264）B-6

　字は士載。義陽郡棘陽県の人。吃音（どもり）であったので、文書を扱う職につけず、農業関係の職に就きました。司馬懿に見い出され、対孫呉政策として運河を利用して屯田と輸送を両立させる策を献策、実行されます。鍾会とともに蜀漢の討伐を命ぜられ、剣閣にこだわる鍾会を尻目に、山道を果敢に進み、成都攻略に成功。しかし、その功績を妬んだ鍾会の讒言により、謀反人として命を落としました。演義も、ほぼ同じですが、諸葛亮の碑により死を予言されています。（『三国志』巻二十八 鄧艾伝）。

董卓（139～192）B-2-5

　字は仲穎。隴西郡臨洮県の人。何進の宦官誅滅の詔を受け、洛陽に向かいました。何進が宦官に謀殺され、混乱の中、外に連れ出された少帝と陳留王（献帝）を保護します。献帝を擁立したのちは武力を背景に、宮廷で権勢をほしいままにしました。反董卓連合軍の挙兵に対して、洛陽を焼いて長安に遷都しましたが、呂布の裏切りに遭い死亡します。演義では、司徒の王允が貂蟬を使って、呂布と董卓との関係を切り裂いたとされています。（『三国志』巻六 董卓伝）。

【は】
馬謖（190～228）B-4-1

　字は幼常、襄陽郡宜城県の人。兄は白い眉で有名な馬良。「馬氏の五常、白眉を最も良しとす」という評価があり、優秀な兄と比べられ背伸びをする癖があったのでしょう。劉備は臨終の際、「馬謖は言葉ばかりだから、重用してはならぬ」と諸葛亮に遺言しています。それでも諸葛亮は、南征に際し、「心を攻めよ」と進言した馬謖の才能を愛したのです。北伐で最重要の街亭の戦いに馬謖を起用、敗北して処刑しました。演義では、北伐の前に、流言で司馬懿を失脚させています。（『三国志』巻三十九 馬良伝

附馬謖伝)。

馬超（176～222）B-4-1
　字は孟起。扶風郡茂陵県の人。涼州に勢力を持っていましたが、曹操が漢中を攻めたことで身の危険を感じ、反旗を翻しました。これにより、都で隠居生活をしていた父馬騰は、一族皆殺しとなりました。曹操に敗れた馬超は、張魯に身を投じ、そののち劉備に仕えます。演義では、父の馬騰が曹操におびき出され、父と弟たちが曹操に殺されたので、劉備から曹操討伐の誘いを受けた馬超が、韓遂と共に曹操を攻めて、長安を取ったとされています。史実と、父の死去の順序を入れ換えているのです。(『三国志』巻三十六 馬超伝)。

費禕（？～253）B-4-1
　字は文偉。江夏郡鄳県の人。劉璋と婚姻関係があったため、荊州から迎えられて入蜀していました。劉備が蜀漢を建国すると、董允とともに太子舎人となり、劉禅の訓導にあたります。諸葛亮に高く評価され、孫呉への使者となり、北伐にも随行しました。諸葛亮の死後、蔣琬とともに蜀漢を支え、北伐を焦る姜維には、一万以上の兵を与えませんでした。のち、曹魏からの降将である郭脩に刺殺されます。(『三国志』巻四十四 費禕伝)。

法正（176～220）B-4-1
　字は孝直。扶風郡郿県の人。同郷の孟達とともに劉璋に仕えましたが、品行が悪く重用されませんでした。そのため張松とともに劉備に通じ、その益州征服を助けます。劉備が入蜀に成功すると蜀郡太守となり、些細な恨みを忘れず復讐を繰り返します。それでも、諸葛亮は劉備に寵用されている法正を退けることはできませんでした。劉備の漢中平定に功をあげ尚書令となり、諸葛亮に対抗できる地位を得ます。諸葛亮が全権を掌握するのは、法正の死後からなのです。(『三国志』巻三十七 法正伝)。

第一部　研究入門篇

龐統（178～213）B-4-1

　字は士元。襄陽郡の人。諸葛亮と並び、「鳳雛」と称されました。劉備に仕え、益州侵攻の参謀として従軍します。初対面の席で、劉璋の殺害を献策しますが、劉備は従いません。援軍を要請した劉備に、劉璋が老兵を送ると、「すぐに成都へ攻め込む、涪水関を取る、荊州に戻る」の三策を献策、第二策により楊懐・高沛を討ち取ります。しかし、龐統自身は雒城攻撃中に戦死しました。演義では、赤壁の戦いの際に、連環の計により船同士を鎖で繋げ、周瑜の火攻めの効果を高め、落鳳坡で戦死したとされています。（『三国志』巻三十七　龐統伝）。

【ま】

満寵（？～242）B-3-3

　字は伯寧。山陽郡昌邑県の人。曹操が兗州を平定すると、召しだされて従事となります。官渡の戦いや樊城に攻めよせた関羽の撃退などで大功を挙げました。また、法を守らぬ曹洪の食客を、有無を言わさず処刑する厳格さも持っていました。諸葛亮が蜀と呉による魏の挟撃を企てた際には、これを察知して陸遜を先制攻撃し、出鼻を挫きます。演義では、これを聞いた諸葛亮が、落胆のあまり気を失ったとされています。（『三国志』巻二十六　満寵伝）。

孟獲（？～？）B-4-3

　建寧太守の雍闓が、蜀漢に対して反乱を起こした際、雍闓の依頼を受けて南蛮を率いて反乱を起こします。これに対して、諸葛亮は、孫呉との外交関係を修復して南征を行います。諸葛亮は孟獲を七回捕らえ七回解き放つという「七縦七禽」の末、孟獲を心服させ、蜀漢への帰順を誓わせます。演義では、諸葛亮が火薬を使い、最も華々しい戦いをみせる場面です。また、現地には、孟獲が諸葛亮を捕虜にしたという説話も伝わっています。（『三国志』巻三十五　諸葛亮伝注引『漢晋春秋』）。

【や】

楊脩（175〜219）B-3-3

　字は徳祖。弘農郡華陰県の人。汝南の袁氏と並ぶ「四世三公」の名門、弘農の楊氏の出身。父は後漢の太尉の楊彪。建安年間に孝廉に挙げられ、曹操の要請で倉曹属・主簿となり、軍事行政に携わります。能力は高く、曹操に評価されるとともに警戒されました。丁儀とともに曹植の擁立をはかり、また袁術の甥にあたることから曹操に殺されました。演義では、漢中攻防戦で曹操が出した「鶏肋」という命令を退却の意と解釈して殺されています。（『三国志』巻十九　陳思王植伝注引『典略』）。

【ら】

陸機（261〜303）F-5

　字は士衡。呉郡呉県の人。陸遜の孫。若いころ呉の滅亡に遭い、かつての敵国晋の都洛陽に上り、周囲との異和感に耐えながら、当代随一の詩人として大成しました。典故や対句などの技法を駆使した幅広い創作活動は、六朝修辞主義文学の先導者と意義づけられます。美文形式の文学論「文賦」が代表作です。八王の乱に巻きこまれ、殺されました。（『晋書』巻五十四　陸機伝）。

陸遜（183〜245）B-5-1

　字は伯言。呉郡呉県の人。呉の四姓（顧・陸・朱・張）の筆頭で、孫策に虐殺された陸康の一族の生き残り。孫策の死後、その娘をめとり孫権に出仕、孫氏と呉の四姓の和解の象徴となりました。のち呂蒙と協力して、関羽の守る荊州を奪いとり、攻めよせた劉備を夷陵の戦いで破ります。後継者問題の二宮事件では、長子孫和を立てるべきと正論を展開、孫覇を愛する孫権の怒りを買い、詰問の使者を繰り返しよこされ、憤死します。演義では、その死は描かれません。（『三国志』巻五十八　陸遜伝）。

第一部　研究入門篇

劉焉（？～194）B-2-5

　字は君郎。江夏郡竟陵県の人。漢の魯恭王の末裔。後漢末の霊帝期に天子の気があるという益州の州牧となりました。当初は、益州豪族の協力を得ましたが、黄巾を平定して東州兵を組織、軍事的基盤を確立すると、一転して豪族を弾圧して専権を振るいます。張魯と結んで漢中を支配させ、朝廷と断交します。演義では、はじめ幽州太守として登場、劉備が義勇軍としてこれを助けます。劉焉の子である劉璋から、劉備が益州を奪うことの伏線なのでしょう。（『三国志』巻三十一　劉焉伝）。

劉協（180～234）B-2-1

　後漢最後の第十四代皇帝、献帝。生母の王美人が何皇后（何進の妹）に殺されたので、董太后に育てられました。はじめ陳留王に封ぜられますが、董卓により皇帝に擁立されました。董卓の殺害後は、李傕・郭氾に苦しめられ、曹操に許に迎えられてからは、大義名分を与える傀儡として利用されました。何度か抵抗を試みますが失敗、220年に曹丕に禅譲して山陽公に封ぜられました。（『後漢書』本紀九　献帝紀）。

劉璋（？～219）B-4-1

　字は季玉。父の劉焉を嗣いで益州牧となりますが、凡庸な人物でした。そのため政権の軍事的基盤である東州兵と益州豪族との対立が激化し、益州豪族の反乱が起こります。また、張魯との関係も悪化し、その侵攻を受けます。やがて張松や法正の手引きを受けた劉備に攻められ益州を失い、荊州へ移住させられます。（『三国志』巻三十一　劉璋伝）。

劉禅（207～271）B-4-1

　字は公嗣。劉備の長男で、幼名は阿斗。蜀漢の第二代皇帝。荊州で劉備が曹操に敗れた際には趙雲に救われ、九死に一生を得、また、周瑜の策略で孫夫人が劉禅を連れ帰ろうとした時にも趙雲と張飛に救われています。即位後は諸葛亮に全権を委任、相父と呼んで諸葛亮を信任しました。しか

し、亮の死後は宦官の黄皓を寵愛して国政を乱し、姜維が剣閣で必死に鍾会と戦っている最中、陰平より侵攻した鄧艾に驚いて降伏しました。(『三国志』巻三十三 後主伝)。

劉巴（？～222）B-4-1
字は子初。零陵郡烝陽県の人。劉表の死後、曹操の下で各郡の帰順を求める使者となりましたが、劉備が荊州を手中にしたので、蜀に亡命します。劉備が蜀を平定すると、前罪を謝罪して劉備に仕えました。「名士」としての誇りが高く、張飛を見下した発言をしたため、劉備は高く評価しませんでした。しかし、諸葛亮の抜擢をうけ尚書令に至り、鉄銭を鋳造して蜀漢の経済を建て直しました。演義では、劉璋の配下として登場し、すでに死去している227年の北伐にも参加します。(『三国志』巻四十 劉巴伝)。

劉備（161～223）B-4-1
字は玄徳。涿郡の人。前漢景帝の子、中山靖王劉勝の後裔とされますが、草鞋を売り、蓆を編んで生計をたてていました。関羽・張飛を従え、長い間傭兵集団として各地を放浪します。荊州で諸葛亮に三顧の礼を尽くし、「名士」が加わったため荊州に根拠地を得、さらに益州を取って蜀漢を建国しました。しかし、関羽の復讐のため呉に攻め込み、夷陵にて大敗。劉禅を諸葛亮に託して、白帝城で病没します。演義では、聖人君子でよく泣き、「泣いて天下を取った」と称されます。(『三国志』巻三十二 先主伝)。

劉表（142～208）B-2-5
字は景升。山陽郡高平県の人。漢室の一族で荊州牧。党錮の禁に連坐した「名士」として知られます。荊州「名士」の蔡瑁・蒯越らの協力により安定した統治を実現し、中原で曹操と袁紹が激しく抗争する中で、傍観者として平和を保ちました。平和を求めて司馬徽や諸葛亮など、多くの知識人が荊州学と呼ばれる学問を形成しました。曹操が南下した直後に病死し、蔡瑁の姉の子である次子の劉琮は、臣下を率いて曹操に降伏しました。演

第一部　研究入門篇

義では、降伏直後に劉琮が殺害されたことになっています。(『三国志』巻六 劉表伝)。

劉曄（りゅうよう）（？～？）B-3-3
　字は子揚（しよう）。淮南郡成悳県（わいなんぐんせいとくけん）の人。光武帝の子である劉延（りゅうえん）の末裔。漢帝室が衰退するなか、兵を持つことを望まず、劉勲に仕えたのち、曹操の司空倉曹掾（しくうそうそうえん）となりました。張魯討伐に従い、その平定に活躍、さらに蜀の劉備を討つことを勧めましたが、聞き入れられませんでした。曹丕（文帝）・曹叡（明帝）にも重んじられ、孟達（もうたつ）や公孫淵（こうそんえん）の反乱を予見しました。演義では、発石車を発明して官渡の戦いで袁紹のやぐらを破壊しています。(『三国志』巻十四 劉曄伝)。

呂布（りょふ）（？～198）B-2-5
　字は奉先（ほうせん）。五原郡九原県（ごげんぐんきゅうげんけん）の人。三国時代最強の武将。ただし、その個人的武力の卓越さの割りには、群雄として根拠地を維持し、兵を養っていく力に欠けていました。丁原（ていげん）に従い上洛、董卓に籠絡され丁原を斬ります。つづいて董卓の侍女との関係が発覚するのを恐れ、王允の董卓暗殺計画に乗ります。その後も裏切りと放浪を繰り返し、最後には下邳（かひ）で曹操に殺されました。演義では、董卓の侍女が王允の歌姫である貂蝉（ちょうせん）にされています。(『三国志』巻七 呂布伝)。

呂蒙（りょもう）（178～219）B-5-1
　字は子明（しめい）。汝南郡富陂県（じょなんぐんふひけん）の人。周瑜・魯粛らとは異なり、貧しい家から独力でのし上がります。若いころは武力一辺倒でしたが、孫権に諭されてより勉学に励み、魯粛にその成長ぶりを「呉下（ごか）の阿蒙（あもう）にあらず」と評され「名士」となりました。魯粛の死後、その後任として呉の軍権を握り、魏とともに関羽を挟撃して荊州を奪います。その直後に病死しますが、演義では、関羽に呪い殺されたことになっています。(『三国志』巻五十四 呂蒙伝)。

Ⅲ. 三国志の基本知識

魯粛（172〜217）B-5-1
　字は子敬。臨淮郡東城県の人。富裕な家の出身で、その財力を「名士」との交友に用います。周瑜に評価されて「名士」となり、その推挙で孫権と会見、漢室復興の非現実性を説きました。そのうえで、長江流域を領有して皇帝となり、天下を三分すべきことを孫権に勧めました。赤壁の戦いでは、周瑜とともに抗戦を主張。曹操と対抗するため、劉備の勢力拡大を支援します。魯粛の死後、諸葛亮は喪に服して恩を謝しました。演義では、蜀漢を引き立てるお人好しにされています。（『三国志』巻五十四 魯粛伝）。

盧植（？〜192）D-2
　字は子幹。涿郡涿県の人。若くして鄭玄とともに馬融に師事します。霊帝のはじめ博士に任用され、九江・廬江太守を歴任、のち侍中・尚書に転じました。性格は剛毅で文武の才能を兼ね備え、黄巾の乱の討伐でも戦功を挙げます。のちに董卓の皇帝廃立に単身抗議して免官され、隠棲したのち没しました。著書に、『礼記解詁』があります。（『後漢書』列伝五十四 盧植伝）。

第二部　研究動向篇

第二部　研究動向篇

Ⅰ．歴　　史

　三国時代の歴史に関する研究動向を、A史料・B政治史・C経済・法制史の三分野から見ていくことにしましょう。なお、著書や論文は、渡邉義浩《2000》(《　》は著書、〈　〉は論文)のように略記しています。第三部の文献目録篇で正確な名称や出版社などを確認してください。

A　史料

　三国時代を研究する際に使用される史料は、大きく編纂史料と一次史料に分けることができます。編纂史料の中心は正史、なかでも『三国志』であり、一次史料は近年出土した「長沙走馬楼呉簡」が注目されています。

A-1　『三国志』

　三国時代の研究を行う際の基本史料は、西晋の陳寿が著した『三国志』です。『三国志』は、のちに扱う『後漢書』や『晋書』とともに、中国の正史の一つとされています。正史という呼称は、『隋書』経籍志に始まるもので、『史記』以前の編年体(年表形式)の史書を古史と呼ぶことに対し、紀伝体の史書を指す用語として使用されました。司馬遷の『史記』に始まる紀伝体は、皇帝の年代記である「本紀」と臣下の伝記である「列伝」を備える歴史書のことで、制度史である「書」(『漢書』では「志」)、年表である「表」を『史記』は備えていました。やがて十世紀以後、国家により公認された特定の史書に正史の名を冠することが行われるようになり、司馬遷の『史記』に始まり、欧陽脩の『五代史記』に至る十七種の紀伝体の史書が「十七史」と称されました。中国王朝の存立の正統性を示すために、前の王朝の歴史を後の王朝が編纂するという、唐代から徐々に形成されてきた正史の考え方が、ここに確立したのです。すなわち、正史とは「正し

I．歴史

い歴史書」のことではなく、王朝の「正統性を示す歴史書」であり、それを保障するための偏向（自分に都合の良いように記事をねじ曲げること）を含んでいる歴史書なのです。正史である『三国志』や『後漢書』などを扱う際に、その成り立ちの考察から始めなければならない理由です。なお、正史については、中国の史学史の全体を格調高く描く内藤虎次郎（内藤湖南）《1949》があります。ただし、文章がやや難しいので、初学者にも分かりやすい竹内康浩《2002》により、正史の持つ意味を学ぶとよいでしょう。

A-1-1 『三国志』の訳注・索引

　『三国志』は、魏書30巻・蜀書15巻・呉書20巻（魏志・蜀志・呉志ともいいます）の65巻からなる紀伝体の歴史書で、唐・宋まで各書は独立した形でも流伝していました。日本の静嘉堂文庫に残る南宋初期に刊行された『呉書』（咸平刊本）は、二峽よりなる『呉書』の単行本です。米山寅太郎《1988》は、これに解題（本の解説）をつけて影印（写真版複製）出版したものです。こうした『三国志』の版本については、尾崎康《1989》が宋元版を中心に多くの版本の特徴を論じています。また、宋代に刊本（印刷本）となる以前に通行していた『三国志』の写本（手書き本）も出土しています。古くは東晋のものから残る写本については、大川富士夫〈1978〉のほか、六種類の『三国志』の写本に関する研究史を整理している片山章雄〈1991〉を参照するべきでしょう。

　『三国志』の版本のなかで最良とされてきた本は、宋の紹興・紹熙の二種の刻本を組み合わせて影印した百衲本と呼ばれる本で、長らく『三国志』講読の底本とされてきました。その百衲本を、明の北監本を校刻した清の武英殿本・明の南監本を校印した金陵活字本・汲古閣本を校刻した江南書局刻本という三種の本により校勘した『三国志』の決定版が、中華書局より1959年に出版された標点校勘本です。最も入手しやすい点からも、中華書局の標点本を『三国志』の標準とすべき本と考えてよいでしょう。標点本にあわせて、高秀芳・楊済安編《1980》・王天良編《1980》という便

第二部　研究動向篇

利な人名・地名索引も出版されています。二十五史データベースが日常的に利用できる今日でも、両書の価値はなお衰えていません。

　『三国志』の現代日本語訳としては、今鷹真・井波律子・小南一郎訳《1982〜89》があり、『史記』・『漢書』とともに全訳を持つ数少ない正史となっています。今鷹真・井波律子・小南一郎訳《1992〜93》は、それを文庫本にしたもので、前著での誤りを訂正しているうえ、手に入れやすく便利です。本田済編訳《1968》は、全訳の出版以前に部分訳を行ったものです。松枝茂夫・立間祥介監修《1979〜80》と中国の思想刊行委員会編訳《1994a》は、『三国志』の中の重要な部分をテーマ別にまとめて訓読と現代語訳を掲げ訳注をつけたものですから、原文により三国時代の流れを追うことができます。また、宮川尚志《1970》は、解題に部分訳をつけたもので優れた『三国志』の解説書となります。そのほかにも、『三国志』の中から時代の特徴となる語彙を集めた藤井守編《1980》《1981》や、『三国志』に関連する事項を辞書形式でまとめた張舜徽主編《1992》もあり、『三国志』の知識を深めることができます。なお、『三国志』の現代中国語訳としては、呉順東・譚属春・陳愛平《1994》、方北辰《1995》、許嘉璐分史主編《2004a》があり、方北辰《1995》は難しい語句に注をつけているため、『三国志』読解の手掛かりとなります。

A-1-2　陳寿と『三国志』

　陳寿は、『三国志』のすべてを一から書いたわけではありません。魏書は王沈(おうしん)の『魏書』と魚豢(ぎょかん)の『魏略(ぎりゃく)』に、呉書は韋昭(いしょう)の『呉書』に多くを依拠し、陳寿が全面的に著述した部分は、蜀書のみであると言われています。すでに散佚してしまった『魏書』『魏略』や『呉書』が陳寿の種本と分かる理由は、これらの書籍の一部が、裴松之(はいしょうし)の注や類書(るいしょ)（一種の百科事典）に引用されて残っているためです。しかし、類書への引用は、短くされることが多いので、そのままの形を留めませんし、すべての部分が残っているわけでもありません。このため、多くの説が立てられているのです。

　前者について、内藤虎次郎（内藤湖南）《1949》は、陳寿は魚豢の『魏

略』を最も多く採用したとしています。これに対して、山尾幸久〈1967〉
は、陳寿も魚豢も共に王沈『魏書』に依拠したとし、満田剛〈1999〉も、
陳寿は主に王沈『魏書』に依拠し『魏略』も参照した、と理解しています。
これに対して、津田資久〈1998〉は、魚豢の『魏略』全体の再構成を試
みながら、山尾説の前提となる『魏略』理解を批判しています。なお、津
田資久〈1998〉には、伊藤徳男〈1935〉以来の『魏略』の成立年代に関
する研究の学説史整理があり、この問題に取りかかる端緒となるでしょう。
また、後者の韋昭の『呉書』と『三国志』の関係については、陳博〈1996〉
のほか、満田剛〈2004〉があり、また、蜀書については満田剛〈2001〉
があります。

　『三国志』の成立事情について、共通理解が生まれないのは、『魏略』・『魏
書』・『三国志』それぞれの成立年代が明確ではないため、三者の関係が整
合的に説明できないためでしょう。遠回りであるかもしれませんが、満田
剛〈2000〉のような逸文の整理により、個々の書籍の特徴や成立年代に
関する研究を積み重ねていく必要があると思われます。『三国志』の成立
年代については、江畑武〈2000〉〈2001〉が、二十年来この問題に取り組
んできた成果として、『三国志』の成立を太康5（284）年に求める説を掲
げておきます。陳寿の伝記が明瞭であれば、それが十全なる支持を得るの
でしょうが、陳寿の事跡もまた明確ではありません。

　陳寿は蜀漢の滅亡とともに晋に仕えた旧蜀漢家臣でした。したがって、
陳寿は晋の直接の基盤である曹魏だけを正統として本紀（皇帝の伝記）を
立て、劉備や孫権は列伝（臣下の伝記）に描き、皇帝に即位したことを歴
史家として認めませんでした。そのため清の考証学者（古典の実証的な研
究を行った学者）である趙翼は『廿二史箚記（ちょうよく）（にじゅうにしさっき）』巻七に、陳寿は筆を曲げて
曹氏の不名誉なことは伏せて書かなかった、と批判しています。本田済
〈1962〉は、趙翼の見解をはじめ、宋から盛んとなる『三国志』に関する
正閏論（せいじゅんろん）（三国のなかでどの国が正統であるかという議論）をまとめ、『三
国志』を「畏懼（いく）の史」と評しています。これに対して、雑喉潤〈1974〉は、
同時代的な制約の中で、陳寿は歴史をすべて列伝に解消してしまう試みと

して「三国」志を著した、と陳寿を弁護します。また、陳博〈1993〉は、その史料の来源に曹魏の悪事を避けて書かない理由を求めています。

　旧君である劉備・劉禅を先主・後主と称し、孫呉の孫権を呉主と呼ぶことで、両者を区別しているところからは、陳寿の蜀への思いを窺うことができます。曹魏を正統としたのは、旧蜀漢の家臣が西晋で生きていくために仕方のないことだったのです。上田早苗〈1967〉は、陳寿の旧蜀漢臣下としての政治的立場に、司馬氏に対する陳寿の迴護（かいご）（遠回しに述べて悪事をかくすこと）の理由を求めています。それでも、陳寿のこうした行動には当時から批判があり、九品中正制度（きゅうひんちゅうせいせいど）では貶議（へんぎ）（清議でおとしめられること）を受けて郷品（きょうひん）を下げられ、『晋書』の陳寿伝は、恣意的にゆがめられ悪意に満ちたものとなりました。藤井重雄〈1976〉は、『晋書』陳寿伝を中心に、陳寿の受けた迫害の理由を陳寿の個性に求めていますが、『晋書』に対する史料批判が十分とは言えません。また、津田資久〈2001〉は、『華陽国志』の陳寿伝と『晋書』の陳寿伝を批判的に検討することから、偏向の少ない陳寿像を描こうとしたものです。津田資久〈2003〉は、再構築した陳寿像に基づき、津田の考える陳寿の政治的立場を述べ、『三国志』には、至親輔翼体制を強く主張する偏向があると論じています。

　中国では、繆鉞〈1962〉が陳寿の立場を簡潔にまとめ、楊耀坤《1985》、丘振声著、村山孚訳《1990》が、体系的に陳寿と『三国志』との関係を論じています。また、張孟倫〈1980〉は、中国史上最初の史論である『史通』を著した劉知幾の『三国志』への評価を論じたものです。

A-1-3　裴松之と『三国志』注

　『三国志』の文章は簡潔で「良史」と評され、また当時の原史料をそのまま用い、現行の『後漢書』よりも早く成立しているので、その史料的価値は高いと考えられています。ただ、あまりに記事が簡略であったため、南朝の宋の文帝（ぶんてい）が裴松之（はいしょうし）に注を作らせました。裴注と呼ばれる裴松之の注には、実に210種に及ぶ当時の文献が確実な史料批判とともに引用されており、『三国志』は裴注を得て、その価値を高めたと言えましょう。裴松

之の史学については宮岸雄介〈1996〉、周国林〈1986〉、李暁明〈1990〉があり、そこに引用された書籍については沈家本〈1964〉、崔曙庭〈1990〉があります。

　崔凡芝著、小林岳訳〈1996〉は「上三国志注表」を詳細に検討し、裴松之は、史料の誤謬や虚偽を指摘する際に、その主因を歴史家の著述態度の不正に求めたとします。具体的には、歴史家の政治的傾向・個人の愛憎・見識の高下です。これに加えて、誤謬と虚偽を起こす手法として、自ら史書を造る・意を以て改変する・推断を加える・言語の不審・誤伝の伝写を挙げています。また、林田愼之助〈2000〉は、裴松之は多くの異聞を掘り起こすことにより、一つの史実に対して相反する異聞であっても、それを含めて検証してゆけば、より深い史実に到達できる道がある。それが本物の史実の発見につながる方法だ、と考えていたと述べています。このほか、裴松之および裴注の評価を扱ったものに、楊翼驤〈1963〉、張孟倫〈1984〉、逯耀東〈1986〉、盧建栄〈1986〉などがあります。

A-1-4　裴注と史学の成立

　中国の伝統的な書籍分類法である四部分類は、経（儒教）・史（史学）・子（哲学・自然科学）・集（文学）によって書籍を分類します。これは単なる分類ではなく、学問の重要性をもその順番で示すものです。すなわち、儒教が人の生きる経糸（たていと）として筆頭に置かれ、史学がそれに次いでいるのです。こうした四部分類は魏晋期に始まりました。それは、後漢「儒教国家」の崩壊を機に、経学から史学が自立したことを背景としています。魏晋期からの史学の発展については、宮川尚志〈1940〉・逯耀東《2000》があり、文献目録からその歴史意識を探ったものに重沢俊郎〈1959〉があります。

　史学はもともと経学の中の『春秋』（魯の年代記）に従属していました。司馬遷の『史記』は、『漢書』の芸文志では、春秋に属して分類されています。その『漢書』を書いた班固は投獄されました。国史を改作しているとの密告を受けたためです。中国において歴史を書く際に受ける国家からの圧力については、西嶋定生〈1971〉を読むとよいでしょう。後漢の崩

壊が、はじめてこうした制約を無効にしました。そのため、経学から史学が自立できたのです。また、蔡倫の改良した製紙法が次第に普及することにより、紙に歴史を書くことも始まっていきます。紙に書かれた最初の正史が『三国志』なのです。

　裴注には、〇〇別伝と称される書籍が多く引用されています。『三国志』の趙雲伝に描かれた趙雲像と、裴注に引かれる『趙雲別伝』に描かれた趙雲像とが大きく異なり、『三国志演義』が後者を採用していることは、よく知られたことです。魏晋期に流行した人物評伝である別伝は、作者の縁故者を描くもの、新たなる文化的価値を宣揚したり、それに異議を申し立てたりするために書かれるもの、史官である佐著作郎・著作郎が表わしたものに分けることができます。そのすべてではありませんが、別伝には人物評価を有利にするための偏向が多くみられました。国史としてのタガが外れてしまっているからです。裴松之は、帝王の歴史としての史書ではない別伝に対して、史料批判という経学とは異なる方法論を確立することにより、史学の自立を促したのです。渡邉義浩〈2003ｂ〉は、裴松之が史料批判という史学独自の方法論を確立したことに、中国における「史」の自立を求めるものです。なお、別伝の理解については、矢野主税〈1967ａ〉・逯耀東《2000》もあります。

A-1-5 『三国志』集解・校補

　少し本格的に『三国志』の読解が進んでいくと、『三国志』の記述の矛盾点や翻訳への不満、あるいは、もっと体系的に史料を整理したい、といった思いが湧いてくるでしょう。『三国志』に関しては、清朝考証学の分厚い研究成果がありますので、そうした希望にある程度は応えてくれます。

　『三国志』の記述の矛盾や、他の史書との比較、人名・地名・官職の考証といった研究には、銭大昭《1936》、梁章鉅《1955》など多くの著作がありますが、それらの注釈をまとめた盧弼《1936》は、たいへん便利な本といえます。標点本を読んでいて疑問の点があれば、第一に盧弼《1936》の該当箇所を読むべきでしょう。そこで解決しない場合に初めて別の方法

を検討すればよいと言えるほど、『三国志』の読解には盧弼《1936》が必備の本となっています。今鷹真〈1989～97〉は、この盧弼《1936》の遺漏を補う労作であり、趙一清《1991》、杭世駿《1994》も、独自の『三国志』研究の成果です。それらのなかでも、趙幼文《2001》は、盧弼《1936》への疑問点をも含めて、本文・裴注に校箋を附したもので、参照に値します。

　『三国志』を体系的に整理したい場合にも、清朝考証学の成果を利用することができます。洪飴孫《1936》は、三国時代の官職の職務と地位、そして『三国志』以外の史料をも利用してそれぞれの官職への就官者を網羅的にまとめたもので、政治史・官僚制度史を研究する際の基本文献となっています。久保卓哉〈1985〉は、その索引です。また、貴族制の萌芽期である三国時代の研究においては、家系の継続性を調べることが重要な作業となります。周明泰《1936》、陶元珍《1936》は、その需要に応えるもので、三国時代の各人の系図を簡単に調べることができます。これらの本は従来、『二十五史補編』（開明書店、1936年→中華書局、1955年）という大部の本に収録されていたのですが、熊方《1984》の出版により、標点が打たれたハンディーな本で利用できるようになりました。『三国志』の部分だけをまとめた『三国志補編』（北京図書館出版社、2005年）としても出版されています。一方で、『二十五史補編』を継ぐ『二十五史三編』（岳麓書社、1994年）や『二十四史訂補』（書目文献出版社、1996年）も出版され、清朝考証学の成果がますます利用しやすくなったことは、ありがたいことです。これらの本に含まれるもの以外にも、三国時代の制度全般をまとめたものとして、楊晨《1956》、銭儀吉《1991》があり、現代中国の学者の『三国志』研究に、繆鉞《1988》、呉金華《1990》があります。

A-2　『後漢書』

　『後漢書』は、『史記』『漢書』『三国志』と共に「前四史」と称され、正史の中でも傑出した評価を受けていますが、その成立は『三国志』よりも遅れ、劉宋の范曄が、元嘉9～16（432～439）年の間に著したものとされています。後漢から遅れること約200年、当然その記述は、范曄が直接

第二部　研究動向篇

見聞したものではなく、当時伝わっていた後漢に関する様々な来源を持つ史料に依拠することになります。伝承過程で生じた誤り、多くの政治的立場から来る偏向、『後漢書』は当初からそれらを含むものとして成立したのです。しかも、范曄の『後漢書』は、完成しませんでした。范曄の獄死により、予定されていた「十志」を欠いているのです。梁の劉昭(りょうりゅうしょう)は、范曄の「十志」が欠けていることを惜しみ、先行する諸家の「後漢書」の中から、范曄がその「志」を評価していた司馬彪(しばひょう)の『続漢書』の「八志」を補ったうえで、『後漢書』の全体に注をつけました。『集注後漢』(しっちゅうごかん)と呼ばれる、すでに亡逸した書物です。この間の事情については、小林岳〈1992〉〈1993〉〈1994〉〈1997〉という一連の研究があります。また、司馬彪がなぜ後漢の歴史書を著したかについては、渡邉義浩〈2006ｂ〉があります。

　范曄の『後漢書』に注をつけた李賢(りけん)は、唐の高宗(こうそう)の第六子で、母は則天武后(そくてんぶこう)です。上元2（675）年、皇太子であった兄の李弘(りこう)が死去すると、代わって皇太子に立てられました。しかし、母である則天武后にその才能を厭(いと)われ、調露2（680）年、冤罪により庶民に貶されます。則天武后の死後、その名誉は回復され、章懐太子(しょうかいたいし)と諡(おくりな)されました。李賢の『後漢書』注は、言語の解釈を主とする顔師古(がんしこ)の『漢書』注と、史実を付加することを主とする裴松之の『三国志』注をあわせたものです。史実の付加が可能であったのは、范曄に先行する諸家の「後漢書」が、唐代にはなお伝わっていたためです。

　こうして現在通行している『後漢書』は、范曄本来の『後漢書』に唐の李賢が注をつけた「本紀」と「列伝」に、司馬彪が著し劉昭が注をつけた「志」を合刻したものとなったのです。版本により『後漢書』の巻数に異同があるのは、来歴の異なる「志」を「本紀」の後ろに置くものと、「列伝」の後ろに置くものがあるためです。研究論文などで『後漢書』本紀～、『後漢書』列伝～、『続漢書』志～などと典拠を表現して、『史記』巻～のように『後漢書』巻～と表記しない理由は、この版本の相違と成立事情を考慮しているからなのです。

Ⅰ．歴史

A-2-1 『後漢書』の訳注・索引
　『後漢書』の版本としては、宋の紹興本が最もよく、それを影印したものが百衲本です。その百衲本を、汲古閣本・武英殿本により校勘した『後漢書』の決定版が、中華書局より1965年に出版された標点校勘本です。『三国志』と同様、中華書局の標点本を『後漢書』の標準とすべき本としてよいでしょう。標点本にあわせて、李裕民編《1979》・王天良編《1988》という便利な人名・地名索引も出版されています。一字引きの索引である藤田至善編《1960〜62》は、単なる索引に止まらず、後漢時代全体の社会構造や制度を考えるための用語集にもなり、語彙・文法を研究する際の基礎資料にもなるでしょう。同じように、『後漢書』に関連する知識を辞書形式でまとめた張舜徽主編《1994》も、参考になることも多いでしょう。
　『後漢書』の全訳としては、吉川忠夫訓注《2001〜07》があります。流麗な訓読と詳細な注、さらには難しい部分に現代語訳を補い、今日までの後漢書研究の集大成となっています。これに対して、渡邉義浩主編《2001〜》は、『後漢書』と合刻されている司馬彪の『続漢書』志を含み、訓読のほかすべてに現代語訳をつけているところに特徴があります。また、現代中国語への全訳としては、雷国珍・汪太理・劉強倫《1995》、許嘉璐分史主編《2004b》と章恵康・易孟醇主編《1998》があります。章恵康・易孟醇主編《1998》は多くの資料を引用する良質な訳書と言えましょう。ただ訳は本文のみで、注の翻訳はなされていません。

A-2-2 范曄と『後漢書』
　范曄が生まれた南陽の范氏は、名門の貴族です。范曄の祖父である東晋の范甯は、『春秋穀梁伝集解』の著者として、経学史上に名を残しています。その序に范甯が明記するように、集解は范氏一族の共同研究の成果でした。吉川忠夫〈1968〉は、仏教信者であった范曄の父范泰も、逆に仏教嫌いであった范曄も、その中国認識の固有性の基底には、儒教を置いていたことを明らかにしています。また、范曄が名門貴族の出身であることは、自分達の淵源を後漢末に求めようとする視角を生みます。吉川忠夫〈1967a〉

は、范曄の後漢末期に対する歴史観の分析から、王朝に就くでも就かぬでもない生き方をした「権道派」を六朝貴族の祖先として范曄が評価していると主張し、六朝貴族制形成史の分析に大きな影響を与えました。

しかし、范曄個人は、「権道派」として生きることはできませんでした。范曄は孔熙先の謀反に関与した罪で、元嘉22（446）年、建康の市において処刑されたのです。四十八歳のことでした。こうした范曄の生き方と『後漢書』の特徴については本田済〈1957〉があり、吉川忠夫〈1967b〉は、唐の劉知幾の『後漢書』批判を論じています。また、『後漢書』の史料的特質を扱った小嶋茂稔〈1998a〉、先行研究の整理を通じて後漢の史料を検討した安部聡一郎〈2000〉もあります。

A-2-3　『後漢書』集解・校補

『三国志』の深い読解の場合と同様、『後漢書』のさらなる読解にも、清朝考証学の成果を利用できます。最も便利なものは、諸家の注を集めた王先謙《1936》で、恵棟《1936》や銭大昭《1937》などの清朝考証学の成果を一度に読むことができます。施之勉《1982〜84》は、さらにそれを網羅的に補った労作で、深く『後漢書』を読むとき座右に備えるべき本となっています。また、『後漢書』を中心とした後漢時代の史料整理も行われており、万斯同《1936ab》や黄大華《1936》などが、『三国志』と同様に『二十五史補編』や熊方《1984》などに収められています。

A-2-4　諸家『後漢書』

范曄の『後漢書』の元となった史料は、後漢時代に蘭台、のちには東観で編纂された『東観漢記』です。蘭台・東観における史書の編纂については、小林春樹〈1984ab〉があり、呉樹平《1988》も多くの後漢に関する歴史書の編纂過程を明らかにしています。また、呉樹平《1987》は、散佚した『東観漢記』の逸文を集め、校勘を加えたもので、劉殿爵・陳方正主編《1994》は、本文と一字引きの索引を併せて出版したものです。

『東観漢記』は、その成立当初から、繁雑であるとされ評判は良くあり

ませんでした。したがって、後漢の滅亡により、同時代史であることの制約が外れると、『東観漢記』を根本史料としながら、一家の言としての「後漢書」を編纂する試みが、次々に行われました。この結果、今日存在が知られる後漢に関する史書は、十二家十三種に及びます。時代順に列挙すると、孫呉の01謝承の『後漢書』・02薛瑩の『後漢記』、西晋の03司馬彪の『続漢書』・04華嶠の『漢後書』・05謝沈の『後漢書』、東晋の06袁宏の『後漢紀』・07袁山松の『後漢書』、劉宋の08范曄の『後漢書』・09劉義慶の『後漢書』、梁の10蕭子顕の『後漢書』、晋代の人と考えられる11張璠の『後漢紀』・12張瑩の『後漢南記』、および13名前が伝わらない一名の後漢に関する歴史書となります。これらの中で散逸を免れたものは、08范曄の『後漢書』と06袁宏の『後漢紀』の二書に過ぎません。『後漢書』の李賢注や後世の類書に残る他の著作の逸文は、鈴木啓造〈1970～82〉、周天游《1986》、汪文台《1987》などの輯本にまとめられています。

A-3 『晋書』

　『晋書』は、唐の太宗李世民の勅命を受けた房玄齢ら三十余名の高官・学者が、「十八家晋書」と称される先行する晋代の歴史書を参考にして三年足らずで書きあげたものです。「前四史」のように、一人の歴史家が自らの歴史観をもとに統一的な歴史を描くのではなく、史局に勤める多くの役人が分担執筆することが始まったのです。そのため、内容的には統一がとれない疎略な史書と評されています。しかも、皇帝である太宗が、宣帝紀（司馬懿）・武帝紀（司馬炎）・陸機伝・王羲之伝の四篇の史論を「制して曰く」として著しています。本来、歴史書は政治権力から自立しなければなりません。『晋書』は、それさえできておらず、太宗の歴史への介入を許してしまったのです。さらに、著された時代が晋から300年以上も隔たっていますので、「前四史」に比べて、評価の低い正史と言わざるをえません。

　しかし、現行の『晋書』の原史料となった「十八家晋書」が散逸してしまった現在においては、晋代に関する唯一の体系的な史料であるため、三

国末期や晋を研究するためには、『晋書』を利用しないわけにはいきません。そこで、百衲本や中華書局の標点校勘本以上に、詳細な考証を入手できる呉士鑑・劉承幹《1936》の必要性が高くなります。ただ、『三国志集解』や『後漢書集解』に比べると、内容的に見劣りすることは否めません。そこで、現行『晋書』の原史料となりながら、すでに散逸した「十八家晋書」を諸書から集めた湯球・黄奭《1989》や湯球・楊朝明《1991》が、『晋書』に対する史料批判を行う上で貴重な史料となるのです。

『晋書』にも『三国志』と同様に、中華書局本を底本として、人名索引である張沈石編《1977》が編纂されており、また、晋代の諸制度の史料を整理した汪兆鏞《1988》もあります。数は少ないですが、『三国志』と同様に『二十五史補編』には、『晋書』を整理した清朝考証学の成果が納められています。

また、現代日本語訳としては、『後漢書』・『三国志』には存在しないため、後漢から魏晋南北朝の法制史を研究する際の基本史料となっている「刑法志」の訳注が、内田智雄編訳《1964》に収録されています。また、越智重明《1970》には『晋書』の解題とともに、抄訳が掲載されています。

A-4　その他の史料

三国時代を研究する際に利用できる正史以外の史料には、『後漢紀』『華陽国志』『水経注』などがあります。

東晋の袁宏が著した編年体の歴史書である『後漢紀』は、范曄の『後漢書』以前に書かれた後漢時代の歴史書のなかで、唯一完全な形で残っているものです。したがって、その史料的な価値は高いのですが、従来の後漢時代の研究では、十分に利用されているとは言えません。それは、よい版本が無かったため読みにくかったことにも一因があるでしょう。周天游《1987》は、校勘を加えた本文に注をつけたもので、『後漢紀』講読の底本を提供します。また、抄訳に中林史朗・渡邉義浩《1999》があります。なお、歴史家としての袁宏については、陳寿と比較する白寿彝〈1999〉があります。

東晋の常璩が著した『華陽国志』は、蜀漢が建国された益州（巴蜀）地方の歴史・地理・人物を系統的に叙述した地理書であり、完全な形で残された現存最古の地方志として、重要な価値を持っています。久村因〈1973〉は、『華陽国志』に関する先駆的な研究で、多くの版本の異同を書誌学的に解明したものです。船木勝馬他訳〈1975～98〉は、『華陽国志』の全文を訓読して語注・校勘を附した労作で、『華陽国志』研究の際に、第一に参照すべき貴重な成果と言えましょう。谷口房男《1981》は、その作業のなかで作成された人名・民族語彙索引で、『華陽国志』講読の時に必備の本となります。なお、抄訳には中林史朗《1995》もあります。また、中国では、蒲志煊《1980》、劉琳《1984》、任乃強《1987》といった注釈本が書かれており、任乃強《1987》は現地調査をも含めた詳細な考証で注釈の集大成となっています。

　北魏の酈道元が著した『水経注』は、川の流れに則して自然・人文地理を叙述した特色ある地理書として、清朝以来多くの研究が積み重ねられてきました。なかでも、楊守敬は『水経注』研究の第一人者で、その研究成果が生かされた楊守敬《1989》は、『水経注』最良の底本となります。楊守敬には、さらに当時の城市の様子をも含めて『水経注』を図示した楊守敬《1974》もあり、作成された図によって『水経注』の読解を具体化することができます。また、王国維《1984》は、清末の碩学王国維の『水経注』に関する見解が校として記されています。索引には鄭德坤《1934》があります。現代日本語訳には、抄訳ですが、森鹿三・日比野丈夫訳《1974》があり、特殊な地理書を読み解く恰好のお手本となっています。

　このほか、三国時代を研究する際に、利用すべき歴史書としては、当該時期に流行した人物伝の類があります。これは、地域の著名な人物の伝記をまとめて郷里を宣揚するものですが、その流行の背景に関しては、渡部武〈1970〉が、傾聴すべき見解を打ち出しています。これらの人物伝はすべて散佚しましたが、それを集めたものには、舒焚・張林川《1986》、黄恵賢《1987》、舒焚《1986》などがあります。

第二部　研究動向篇

A-5　長沙走馬楼呉簡

　長沙走馬楼呉簡とは、後漢の中平2（185）年から孫呉の嘉禾6（237）年までの紀年を持つ木簡・木牘・竹簡、総計約14万点が、1996年に湖南省長沙市の古井戸から出土したものです。王素・宋少華・羅新〈1999ab〉・伊藤敏雄〈2001〉・王素〈2004〉・宋少華〈2005〉などによれば、その内容は、券書（契約文書）や官府文書（公文書）・司法文書、さらに戸籍・名刺・帳簿などで、爵制や家族構成、徴税や物流の具体像が明らかになるといいます。現在「嘉禾吏民田家莂」と題する大型木簡2,141枚の図録本と、総数13万枚を超える竹簡の一部の図録本（長沙市文物考古研究所・中国文物研究所・北京大学歴史学系・走馬楼簡牘整理組編『長沙走馬楼三国呉簡嘉禾吏民田家莂』〈文物出版社、1999年〉と同『長沙走馬楼三国呉簡　竹簡』［壱］〈文物出版社、2003年〉［貳］〈文物出版社、2006年〉）が出版されています。

　「嘉禾吏民田家莂」には、納税者の丘名・身分・姓名・農地の数と合計面積・田種と旱・熟などの状況とそれに基づく米・布・銭の納入額・納入日・納入先が記され、最後に校閲日・校閲者名が記されています。関尾史郎〈2001〉によれば、これは徴税側の郷から県に提出された納税者台帳であり、阿部幸信〈2001〉によれば、そこに現れる三種類の田土の呼びかたのうち、「常限田」「余力田」と「火種田」では分類の基準が異なり、前者はともに山地型火田農法であったといいます。高村武幸〈2004〉によれば、呉簡中には多数の郷名が見え、一郷あたり4〜6里、200戸・1,000人前後と推計され、郷勧農掾が徴税や戸籍の作成・管理を担当していたようです。

　また、「竹簡［壱］」には、名籍簿と倉庫の帳簿が多く含まれており、名籍簿については、森本淳〈2001〉・安部聡一郎〈2004〉・関尾史郎〈2005〉〈2006〉により、史料論的な分析が試みられています。倉庫について、伊藤敏雄〈2003〉〈2006〉は、呉簡にみえる州中倉・三州倉という二つの倉のうち、州中倉の方が大規模で県の中心に近い場所に設置され、足りない分を三州倉から補填していたことを、明らかにしています。谷口建速

〈2006ab〉は、倉庫からの穀物搬出システムを解明し、州中倉が郡倉であり、その穀物は主に軍団構成員の兵糧に用いられ、それを督軍糧都尉などが監査していたとします。さらに呉簡の公開が進めば、『三国志』にほとんど記録されていない孫呉政権の地方統治の状況などが解明されていくことでしょう。

A-6　考古資料

　三国時代の出土史料は、長沙走馬楼呉簡だけではなく、遺物に刻まれた文字から時代のあり方を探ることができる磚刻・石刻史料や銅鏡・官印と、考古学的遺物それ自体があります。

　曹操宗族墓と呼ばれる曹操の一族の墓から出土した磚（墓を組み立てるためのレンガ）には、稚拙ながらも多くの文字が刻まれており、そのなかには『三国志』に現れる曹氏一族の氏名が含まれています。それを解読する一方で、『水経注』など伝世文献をも利用しながら、墓主の比定が行われており、関尾史郎〈1996ab〉〈1997〉は、その成果を集大成しています。

　伝世の文字史料としては、石刻史料があります。伝世品の所在や拓本、すでに失われた碑文の著録、および金石学の成果である碑文の考証などについては、楊殿珣編《1940》、高橋継男〈1993〉、王壮弘・馬成名編《1985》などの索引類により、その所在を調査することができます。また、栄麗華編《1993》は、新たに出土した墓誌の状況を知ることができ、施蟄存《1987》は、『水経注』に記されている碑文の情報をまとめたもので、これにより『水経注』が書かれた北魏時代における碑文の残存状態を窺うことができます。袁維春《1993》は、三国時代の碑文の解題を行い、北京図書館金石組《1989》・趙超編《1992》は、碑文の文章を集めています。三国時代の出土文字資料班編《2005》は、三国時代における碑文を訓読して注をつけたもので、魏晋の石刻研究の集大成と言えましょう。石刻資料を利用した研究として、「魏公卿上尊号奏」という碑文より、漢魏禅譲の正統性を検討した渡邉義浩〈2004〉、「晋辟雍碑」という碑文より、西晋の礼教政策による権威の創出と暗愚な皇太子の箔づけを読み取る福原啓郎〈1998〉があります。

銅鏡については、それが日本の各地から出土することもあり、研究成果が積み重ねられています。梅原末治《1943》は、その代表的な成果です。近年の研究としては、菊地大〈2002ａ〉が注目されます。また、印章については、太田孝太郎編《1966》《1967》、羅福頤主編《1987》が、多くの印章を集めており、その解説としては、羅福頤著、北川博邦訳《1983》、王人聰・葉其峯編《1990》があります。

　以上のような文字史料に対して、三国時代の遺物そのものの発掘も相次いでいます。しかし、漢代の発掘物から漢代社会のあらゆる事物の解明をはかった林巳奈夫編《1976》のような研究はいまだありません。三国時代の文献にあらわれる服装や武器などが、実際にどのようなものであったのかについては、漢代のものを援用して考える、という状況にあるのです。そのため林巳奈夫編《1976》の有用性は非常に高く、このほか、文献的に当時の衣服を復元する原田淑人《1938》・杉本正年《1979》が参考になるでしょう。また、沈従文他編・古田真一他訳《1995》は図版が美しく、孫機《2001》・趙超《2002》・曽慧洁《2002》・劉永華《2003》なども衣服の復元を試みたものです。車馬に関しては、劉永華《2002》があります。しかし、これらはいずれも三国時代だけを扱う書籍ではありません。長谷川道隆〈1986〉が注目し、小南一郎〈1993〉や菊地大〈2001〉が、呉独自の文化と評価する神亭壺の研究のように、考古学的調査により発掘された実際の事物に則した三国時代の研究を、さらに積み重ねていく必要があるでしょう。

B 政治史

　三国時代から始まる魏晋南北朝（220〜589年）は、貴族制の時代と捉えられてきました。その淵源を探ることを中心的な課題とする三国時代の政治史に関する研究は、貴族制を制度的に保障する九品中正制度を生み出した曹魏の研究が中心となっています。

B-1　貴族制論

　漢末三国から唐末五代までを中世貴族政治の時代と最初に提唱したものは、内藤湖南〈1922〉でした。これに対して歴史学研究会は、第二次世界大戦後まもなく、「唯物史観」（生産力と生産関係の矛盾から起こる階級闘争により歴史は発展するというマルクス主義の歴史観）に基づく「世界史の基本法則」を掲げ、唐末五代までを古代奴隷制の時代と規定しました。こうして、魏晋南北朝時代は、秦漢古代帝国の崩壊を受けた魏晋南北朝・隋唐の中世貴族制の時代と捉えるべきか、秦漢から隋唐へと続く古代の一部と捉えるべきか、という時代区分論争の焦点となったのです。

　1950〜60年代の研究は、それを貴族の大土地所有である荘園の経営形態から明らかにしようとしました。貴族の荘園で働く隷属民を前者は農奴、後者は奴隷としたのです。しかし、こうした研究方法はやがて限界を迎えます。史料に残る隷属民のあり方は、農奴と奴隷のいずれか一方に確定できるものではなかったのです。また、比較対象とされた西欧とは異なり、中国の貴族の力は、土地所有の多寡には規定されません。貴族よりも大きな土地を所有しながら、低位の官にしか就けない豪族は、貴族の下に数多く存在しました。あるいは、貴族の中でも、「寒門」と呼ばれる下級貴族と、「上品」を独占する上級貴族との区別は、土地所有の多寡を尺度とはしなかったのです。なによりも、研究が深化する中で、西欧史を基準とする「世界史の基本法則」を無媒介に中国史に当てはめて、奴隷制か農奴制かを議論する方法論に疑問が持たれていきました。こうした状況の中

第二部　研究動向篇

で、1970～80年代の研究においては、中国史固有の問題として貴族制を考える視角が追究されていきます。

　専制的な皇帝を頂点にいただく中央集権的な官僚制度が、秦から清まで継続したことは、中国史の大きな特徴です。ヘーゲルはその形態の不変性を停滞と見て、中国を「持続の帝国」と呼びました。それが戦前の日本における中国への「停滞史観」(ていたいしかん)（日本の中国侵略を正当化した、中国は古代・中世・近代といった歴史的な発展をせず、古代のまま停滞しているとする歴史観）として受け継がれたことは周知のとおりです。「世界史の基本法則」は、その克服を目指すものであったのです。しかし、中国の固有性が解明されない時代区分では、「西欧中心史観」(せいおうちゅうしんしかん)（西欧史だけを歴史の基準として他の地域の歴史を西欧史と比較して位置づける歴史観）を脱却することはできません。中国は、西欧や日本に見られるような、不輸不入の権(ふゆふにゅう)を持つ領主(りょうしゅ)が広く存在する時代（これが中世とされます）を持ちません。中央集権的な専制政治の継続という点から見れば、貴族制の時代は、中国史の中で官僚の世襲性が他に比べて高かった時代と捉えることもできるのです。越智重明は、〈1962〉〈1977〉などやがて《1963》《1982》《1985》にまとめられる一連の研究のなかで、官僚としての貴族を重視する立場から、魏晋南北朝の貴族を世襲性の高い古代官僚と理解したのです。

　官僚の世襲性が高まった理由は、九品中正制度(きゅうひんちゅうせいせいど)に求められました。排他的な大土地所有である荘園にその理由を求める研究者はなくなりました。それどころか、荘園を持っているはずの貴族の中には、「貧」を伝えられる者も数多く存在します。矢野主税は、〈1958〉など《1976》にまとめられる研究で、貴族は皇帝の俸給に寄生する官僚であった点において、秦漢・隋唐の官僚と変わることのない「寄生官僚」(きせいかんりょう)であり、それになり得る者は政権に密着できたものだけであると説きました。たしかに、史料中において「貧」を伝えられる貴族は多く、西欧のように大土地所有に基盤を置かない中国の貴族のあり方を一面で正しく捉えた研究といえましょう。しかし、「清貧」を尊重する儒教理念の偏向を受けた史料に残存する「貧」とは、皇帝からの俸給に「寄生」しなければならないほど、現実の貴族が貧困で

- 140 -

あったことを意味しません。皇帝からの俸給を一族に「賑恤」する（分け与える）ことにより「貧」になった、という記述から、俸給に「寄生」しなければ生活できない官僚貴族、という姿を想定することは難しいと思います。

そうした史料に現れる「賑恤」に着目しながら、中国史固有の貴族の基盤を「民の望」（民衆の与論）に求めた研究が「豪族共同体」論です。川勝義雄は、〈1950〉〈1967〉〈1970ab〉など《1982》にまとめられた一連の研究において、中国の貴族は、階級として本来的には領主化傾向を持ちながらも、自分の大土地所有が郷里社会の崩壊を招くことを儒教理念により罪と考え、逆に郷里社会を「賑恤」して民衆の与論の支持を受ける「清流豪族」となる。清流豪族に寄せられる民衆の与望は貴族の名声となり、その名声を郷品として掬いあげ、貴族としての地位を再生産させるものが九品中正制度である。こうして郷里社会の「民の望」を存立基盤とする貴族は、皇帝権力の存在を前提とせず、それ自身として支配層であるため、皇帝権力に対する自立性を持つことができるとする「豪族共同体」論を谷川道雄とともに提唱したのです。その理論をまとめた川勝義雄・谷川道雄〈1970〉は、階級を内包する通常の共同体の概念とは異なり、共同体を階級をも超える中国史の形成主体と位置づけました。これに対して、歴史学研究会を中心に共同体の概念に関して、堀敏一〈1970〉、五井直弘〈1971〉、重田徳〈1971〉といった批判が寄せられ、多田狷介は〈1971〉〈1975〉〈1977〉など《1999》にまとめられる一連の研究で、自己の共同体論を展開しました。これに対して、谷川道雄は、《1976》により「豪族共同体」論をまとめあげ、《1987》〈1990〉などにより「豪族共同体」論を根底として中国中世の世界を描き出し、《2006》などで現代中国に対する発言を続けています。

「世界史の基本法則」を意識しながら、そこから離脱して中国の独自性を考えようとする視角が、一方では中国史の特徴である皇帝の専制君主制に惹きつけた越智・矢野の貴族制の解釈を生みだします。他方、「所有」を中心とする西欧の領主制との対峙型として、郷論に基づく「民の望」と

しての貴族の姿を描く「豪族共同体」論が展開されたのです。しかし、後者の議論ですら、所有に根源的な存立基盤を求めない中国貴族のあり方を階級論理に自己「矛盾」的な存在と位置づけるように、そこには所有を根源的な基盤とする貴族を「矛盾」しない姿、すなわち本来のあり方とする認識が残存しています。

　渡邉義浩〈2003ｃ〉は、これらの貴族制論に対して、貴族の存立基盤を文化と考える方法論を提出しています。西欧・日本の「武」の領主が、武力を養う土地の「所有」を存立基盤とすることに対し、中国の「文」の貴族は、「文化」資本を存立基盤とする、と考えるのです。むろん、中国の貴族も土地は所有します。しかしそれは、文化の習得のための必要条件であり、高官の世襲の結果、拡大するものですが、一義的に貴族を支えるものではありません。中国の貴族は、文化的諸価値の専有をその存立基盤とするのです。

　以上は、渡邉の貴族制理解に則した主観的な整理です。貴族制の研究に関しては、谷川道雄〈1966〉、葭森健介〈1981〉、中村圭爾〈1993〉などが、それぞれ当該時期までの貴族制論を総括し、問題点を挙げていますので、参照してください。また、ジョン＝リ〈1984〉は、英米における貴族制研究を総括したものです。

B-2　後漢政治史

　黄巾の乱（184年）より事実上の三国時代が始まると考えると、三国時代の半分近くは後漢時代となります。三国志の研究のためには、後漢政治史の理解が不可欠なのです。

　後漢政治史の研究は、従来「秦漢帝国」論の一部として従属的な立場にありました。秦漢帝国論を代表する西嶋定生《1961》が、主として前漢の民爵賜与を論拠に立論し、それを増淵龍夫〈1962〉が、後漢の碑文を史料に批判したように、後漢は前漢の延長と考えられ、独自の時代観を持たされてはいなかったのです。1990年代に入り、後漢に関する狩野直禎《1993》・東晋次《1995》・渡邉義浩《1995》という専著が刊行され、よ

うやく後漢の独自な個性が主張されるようになったのです。

B-2-1　秦漢帝国論と後漢の位置

　それでは秦漢帝国論は、後漢や三国の理解のために無意味であるのか、というとそうではありません。古代国家のあり方を理解するため、踏まえるべき基本的な研究成果なのです。秦漢帝国論を代表する西嶋定生《1961》は、皇帝の人民に対する「個別人身支配(こべつじんしんしはい)」の必然性を、国家の民爵賜与に求めます。皇帝は一人一人を直接支配すると共に、民爵という恩恵を与え、崩壊しつつある郷里秩序を他律的に再編することにより、自発的な服従を促したと考えるのです。また、木村正雄《1965》は、下部構造から秦漢帝国の専制性を明らかにしました。暴れ河である黄河を国家が治水することにより、黄河下流域に水利事業に依存する広い農地（第二次農地）がつくられます。そこに生きる農民は、国家の治水が無ければ生きていけないので皇帝への隷属性が強く、秦漢帝国の支配を専制的にしたという「斉民(せいみん)制」論です。これに対して、増淵龍夫《1960》は、国家の専制的な支配そのものの構造ではなく、その支配を現実のものとしていく在地社会の諸関係を任侠(にんきょう)的な習俗を中心に描き出し、豪族を中心とする共同体が専制支配を支えるという西嶋・木村とは異なる秦漢帝国像を構築しました。これら三者が、秦漢帝国論を代表する研究成果といえましょう。

　このほか尾形勇《1979》は、秦漢帝国で形成された皇帝支配を「家」と国家という理念的な構造から明らかにし、西嶋定生《1983》は、秦漢帝国の成立により形成され、隋唐帝国期に完成する国際体制を冊封体制(さくほうたいせい)という朝貢－保護関係により特徴づけました。また、渡辺信一郎《1986》は、秦漢帝国を国家的奴隷制の前期として位置づけ、越智重明《1988～97》は、魏晋南北朝への展望を踏まえ、独自の秦漢帝国論を構築しています。

　これらの秦漢帝国論に対して、後漢時代の独自性を追求するものが、次の三書です。狩野直禎《1993》は、魏晋南北朝の貴族へと連なっていく「清流派」官僚の形成を、後漢中期以降の政治過程のなかで描き出している点に特徴があります。「弘農の楊氏」の事実上の始祖にあたる「四知」で

有名な楊震を描いた狩野直禎〈1968〉、「清流派」進出の契機となった李固と外戚梁氏との関係を論じた狩野直禎〈1985〉などがそれです。また、東晋次《1995》は、豪族論を中核に据えながら、後漢政治史の全体像を把握することに努めています。これに対して、渡邉義浩《1995》は、後漢時代に国教化された儒教が、国家支配と豪族層の利害をいかに調整し、国家支配を正統化するのかという国家のイデオロギー支配を明らかにするものです。これら三者三様の後漢の時代観が、現在まとまった形で提示されている後漢時代の全体像であるといえましょう。これらの後漢に関する研究の総括と方向性に関する研究動向として、井ノ口哲也〈1998〉・小嶋茂稔〈1998b〉があります。

B-2-2 外戚・宦官

　後漢の政治史の具体的な展開は、三代章帝までの安定期を除けば、外戚(がいせき)と宦官(かんがん)が権力を争奪し合う歴史と把握することも可能でしょう。これらの二勢力は、川勝義雄〈1967〉により「濁流(だくりゅう)」勢力と一括され、六朝貴族制を形成する「清流豪族」のいわば敵役として、その否定的な側面が強調されてきました。江幡真一郎〈1969〉は、そうした宦官の「濁流」的側面を余すところなく描きだし、三田村泰助《1963》は、後漢時代に止まらず、宦官に関する基本的な知識を提供します。また、狩野直禎〈1986〉は、外戚の台頭が始まった和帝の政治過程を論じ、狩野直禎〈1964〉は、孫程ら十九人の宦官のクーデターにより即位した順帝をめぐる宦官と豪族との関係を論じています。

　しかし、後漢の中期以降、連綿として外戚と宦官の政治が繰り返されながら、後漢が滅亡しなかったことは、かれらの存在を容認する勢力、あるいはかれらを必要とするものが存在したことを窺わせます。東晋次〈1982〉は、外戚政治の存立理由を「貴戚政(きせきせい)」という概念により説明することを試みています。また、渡邉義浩〈1989a〉は、皇帝権力の延長である必要悪としての宦官像を、渡邉義浩〈1990〉は、皇帝幼少時の擬似皇帝権力としての外戚像を描いたもので、後者はかれらの政治関与の正当性を儒教の

経義に求めています。

B-2-3　豪族の台頭と党錮の禁

　前漢武帝(ぶてい)期以降、大土地所有を進展させた豪族は、秦漢帝国論では、国家支配の矛盾物として（西嶋・木村説）、あるいは皇帝の支配を支える存在として（増淵説）、位置づけられています。その豪族勢力の全面的な発展の見られる時代が後漢であり、かれらを母胎に貴族が形成されることは異存のないところでしょう。

　後漢を建国した光武帝劉秀(こうぶていりゅうしゅう)は、南陽郡(なんようぐん)の豪族の出身で、その臣下も多くは豪族の出身でした。これを論拠に、楊聯陞〈1936〉などは、後漢を「豪族政権」と称しています。それを批判したものが五井直弘〈1970〉です。豪族という社会的概念で、国家権力の性格を表現することは、五井の批判どおり概念矛盾といえましょう。そもそも、豪族をいかなる存在と捉えるのかという豪族像が論者により異なっており、東晋次〈1972〉、籾山明〈1984〉などは、そうした多くの豪族論を整理することを目的の一つにしています。豪族像形成の試みは、大土地所有や族的結合からその特徴を抽出することに止まりません。鶴間和幸〈1978〉は地域論の視角から、東晋次〈1987〉は官僚としての地位から、豪族論を試みています。あるいは、益州の地方豪族の政治生活を描いた狩野直禎〈1961〉、諸葛亮が寓居したころの襄陽(じょうよう)の地域社会を描いた上田早苗〈1970〉や、後漢末期から三国における汝南郡(じょなんぐん)と潁川郡(えいせんぐん)の知識人の論争を通じて地域社会が有する特徴と地域ごとの競合関係を描いた勝村哲也〈1970〉は、地域社会の独自性と地域社会内部における豪族の位置を論じたものといえましょう。こうした多くの豪族論のなかでも、飯尾秀幸〈1985〉は、豪族の基礎単位となっている家族の概念を整理し、家族論の立場から豪族を規定する貴重な成果です。編纂史料を論拠とする豪族論が数多く提出されている現在の研究状況のなかで、新たな豪族像を模索するのであれば、飯尾も利用する出土史料の積極的な活用が必要となるでしょう。

　後漢における豪族勢力の成長は、国家を壟断していた外戚・宦官、こ

とに後者と豪族を出自とする官僚層との厳しい対立をひき起こしました。166年、169年と二度にわたって起こされた党錮の禁は、その頂点といえます。党錮の禁に関して、川勝義雄〈1967〉は、宦官の「濁流」政府の専横に対して、黄巾から「清流」派までの幅広い連帯に基づくレジスタンス運動が展開され、それに対する宦官政府の弾圧が党錮の禁であると理解します。これに対して、渡邉義浩〈1991〉は、党錮の禁は宦官と党人の権力闘争に党人が敗れた結果起こされた事件であるとし、党人は一般民衆ではなく豪族層の支持を受けていたこと、党錮の禁を契機に後漢国家の官僚となるよりも党人間での名声を保持した方がよいと判断される社会が形成されたこと、その支配者層として「名士」層が出現することを主張して、川勝説を批判しています。渡邉の党人理解および「名士」論への批判としては安部聡一郎〈2002〉・村田哲也〈2005〉があります。このほか、漢魏交替期の下部構造を論じたものに、伊藤敏雄〈1993〉があります。

B-2-4　黄巾の乱

　後漢末期の黄巾の乱については、木村正雄〈1973〉が、第二次農地の崩壊を契機に農民反乱が起こるという自説に基づきながら、黄巾系のすべての反乱について基本的な知識を提供します。多田狷介〈1968〉は、黄巾の乱に至るまでの、後漢の支配体制の崩壊と地方反乱の動向を地域論の視角から分析したものです。

　また、大淵忍爾〈1955〉は、黄巾の乱を起こした張角の太平道を民族的宗教と捉え、宗教活動における政治性の強さにその特徴を見ます。さらに、福井重雅は〈1974ab〉〈1975〉という一連の研究において、黄巾の政治的側面に止まらず、その宗教的背景や文化的伝統、口号に含まれる意味を追求しています。あるいは、三石善吉〈1979〉は、中国史上の農民反乱のなかに千年王国論の視角から黄巾の乱を位置づけます。なお、黄巾の乱の延長上に捉えられることが多い「黒山」「白波」について、石井仁〈2003〉は、村塢を支配する豪族のゆるやかな連合体であり、公権力に対して村塢支配の既得権の承認を求めるものであったとするのです。

B-2-5　後漢末の群雄

　黄巾の乱を契機に成立した後漢末の諸勢力に関しては、宮川尚志〈1956a〉・狩野直禎〈1970〉が、各地域に割拠した群雄の整理を行っています。後漢末の群雄割拠を生み出した董卓については、張大可〈1985〉がその軍事基盤である涼州兵を、方詩銘〈1992〉が後漢末の政治との関わりを論じています。このほか、董卓の涼州軍閥を分析した王希恩〈1991〉、董卓の乱から三国鼎立までの局面を分析した翦伯贊〈1988〉・黎東方〈1977〉もあります。また、諸葛亮ら多くの「名士」や儒者が戦乱を避けて集まり、襄陽を中心に「荊州学」という学問が形成された劉表政権については、野沢達昌〈1972a〉が、蔡瑁ら荊州「名士」に支えられた劉表像を描き出します。そのほかの群雄に関しては、呂布を論じた伊永文〈1986〉のほか、方詩銘《1995》に収められた〈1986ab〉〈1988〉〈1990〉〈1991〉など一連の研究があります。

　それらの後漢末の諸軍閥のなかで、曹操最大の敵対勢力として華北に割拠した袁紹に関しては、秋山公哉〈1979〉、大久保靖〈1982〉、山崎光洋〈1983〉があり、それぞれ曹操政権との対比、袁紹の勢力基盤となった門生・故吏、汝南郡の名族としての袁氏を論の中核として袁紹政権を描いています。渡邉義浩〈1997〉は、「名士」の主張を一方的に受け入れた袁紹が君主権力を確立できず、「名士」を抑圧した公孫瓚が支配地を安定的に統治できず、いずれも滅亡し、三国政権が「名士」と君主とのせめぎあいの中で形成されることを論じたものです。

B-3　曹魏政治史

　曹操が基礎を築き、曹丕が後漢の献帝から禅譲を受けて成立した曹魏政権は、両晋南北朝の貴族制を支えた九品中正制度や、北魏から隋唐の均田制へと継承される屯田制が創設されました。したがって、曹魏政権に対する研究は、三国時代から始まる魏晋南北朝をどのような時代と把握するのか、という問題意識を根底に持って行われてきたのです。

第二部　研究動向篇

B-3-1　曹魏政権論

　日本における曹魏政権論は、川勝義雄の研究を中心に展開してきました。川勝義雄〈1954〉は、曹操とその配下の武将は、任侠的結合関係を持っており、またそれぞれが率いる集団の統合理念も任侠にあったとして、曹操軍団の任侠的・「私的」結合性に、西欧中世の「私的」な結合関係との類似性を見、その性格に中国中世の特徴を求めました。これに対して五井直弘〈1956〉は、曹操の臣下を初従形態により分類し、故吏の出身者が多いことから、曹操政権の性格を家父長的・私的隷属的であるとし、三国は貴族制ではなく、秦漢帝国と同質の家父長的・隷属的な支配関係を持つ時代であるとしました。一方、好並隆司〈1957a〉は、曹操政権に故吏出身者の多い理由を、曹操の勢力拡大過程に求め、故吏関係がすでに功利化・形骸化していたことを説いて五井を批判します。さらに好並隆司〈1957b〉により反魏反乱の分析を行い、好並隆司〈1970〉は農民反乱の性格を関連づけて、曹魏を小農民自立化の傾向に対応し得た王朝としたのです。これらの研究は、いずれも「世界史の基本法則」を中国史に適用しようと努力した結果、各人の時代区分に適した特性を曹操政権に求めたものといえましょう。ゆえに曹操と臣下との結合形態に大きな関心が払われましたが、人的結合関係を任侠的あるいは隷属的と規定することのみから政権全体の歴史的位置づけを考えるのは難しいことでした。

　そのため川勝義雄は、曹操軍団の任侠的性格を指摘する一方で、川勝義雄〈1950〉により曹操政権の文人官僚を分析し、そこに内藤湖南〈1922〉が提唱した貴族制の源流を求めていました。後漢末の清流勢力は、儒家的な国家理念を持ち、それに支えられた士大夫の広範な与論を背景に、相互の連絡と組織を持った一つの統一体として魏晋貴族の母体になったとしたのです。増淵龍夫〈1960〉は、太学生の清議では儒教的価値規準は名目化・外在化しており、外戚竇武と結ぶような価値規準の自己撞着が存在したと述べ、内在的に儒教的価値規準で自己を律する逸民的人士による清流派への批判を重視すべきとしました。増淵の批判に応えて、川勝義雄〈1967〉は、逸民的人士も清流派の外延と考えられるとし、濁流豪族の領主化傾向に対

して党錮の禁から黄巾の乱に及ぶ一連のレジスタンス運動が行われたと自説を展開します。これに対して吉川忠夫〈1967a〉は、六朝貴族制社会を切り開いた者は逸民的人士でも党人でもなく、就くでもなく就かぬでもない生き方をした権道派であり、権道派にこそ貴族制の淵源と典型を求めることができるとし、多田狷介〈1970〉は、治者である清流士人と被治者である黄巾との間に、一連のレジスタンス運動を設定することに疑義を提出しました。これらの批判に対して、川勝義雄〈1970a〉は、谷川道雄との共同研究による「豪族共同体」論を導入して、自己の所説を補強・再確認したものです。

川勝・谷川の「豪族共同体」論に理論的な批判が集まり、論争が空論化していくなかで、具体的な史料に基づく実証により、川勝説を批判し続けた者が矢野主税です。その集大成である矢野主税《1976》〈1976ab〉は、川勝の主張する全国的士大夫集団の結成を否定し、曹魏政権に密着し得た者が貴族となり、代々高官を世襲すると共に在地性を失い、国家の俸給に依存する「寄生官僚」になると説いています。現象論としては、矢野の主張どおり、漢と魏の官僚家は非連続なのですが、それがそのまま、後漢末に貴族制の淵源を求めることはできないという結論には繋がらないでしょう。堀敏一〈1968〉が、貴族社会独自の秩序が作られた時点に遡ると、後漢末宦官政治に抵抗した清流豪族につきあたる、と述べるように、個々の貴族の家の連続性ではなく、貴族制独自の秩序の淵源を考えれば、後漢末の党錮の禁を契機に形成される「党人」の名声に、それを求めるべきでしょう。

貴族の家柄が継続するということは、その本源的な存立理由ではなく結果に過ぎません。貴族の存立基盤は別にあります。それを「民の望」に求める川勝説が、後漢末の思想状況の中に貴族制の淵源を置くことには賛成できますが、貴族が郷論に依存したという際の「郷論」とは、必ずしも「民の望」を意味しません。中村圭爾〈1982〉は、貴族の基盤である「郷論」が現実の郷里社会の「民の望」から乖離していることを指摘しています。

渡邉義浩〈1991〉は、当時の支配層が、一般民衆の「民の望」ではな

く、仲間社会内での評価により名声を持つ「名士」と呼ぶべき存在であることを主張し、仲間社会への参入を希望する豪族の「名士」に対する支持に、三国政権が「名士」を必要とした理由を求めます。これに対して堀敏一〈1996〉は、曹操政権に仕えていた「名士」が、政権と接触して変容し、地方名士から王朝貴族へと変貌を遂げたことを主張しています。「名士」のあり方と君主権力との関係は、具体的な政治過程の中で解明する必要があるでしょう。渡邉義浩〈2001ａ〉は、曹操が政権を樹立する過程における潁川「名士」と曹操との関係を追うことにより、その解明を目指したものです。

このほか、越智重明〈1974〉は、曹操の政策と関わらせながら政権を分析します。神矢法子〈1974〉は、制度面から曹魏の人才主義を追求しています。丹羽兌子〈1973〉は、当該時期までの曹操政権論を総括したものです。

中国においては、郭沫若〈1959〉による曹操の再評価から、曹操・曹魏政権に関する論争が本格化しました。郭沫若は封建的正統主義の観念・曹操と農民反乱との関連・曹操と豪族との関係・中国統一の四点を中心に曹操を再評価したのです。これらの諸点をめぐる論争は、郭沫若・翦伯贊編《1960》にまとめられ、好並隆司〈1970〉により、その論点が整理されています。しかし、ここでの議論は、曹操が農民の敵か否かといった階級闘争論に終始した感があり、生産的な議論は少ないものでした。また、張大可〈1988ａ〉が総括するように、これ以降の三国時代に関する研究も、曹操と諸葛亮の人物論が過半を占め、政権の構造を掘り下げ、それを理論化するという研究は、中国では少数に過ぎません。

万縄楠〈1964〉は、曹魏の政権構造を理論化した数少ない研究の一つであり、曹操と地縁・血縁で結びつき政権の基盤となった「譙沛集団」と、世族地主集団の「汝潁集団」との抗争として曹操政権を把握します。これに対して、柯友根〈1983〉は、世家大族が曹操集団の政治支柱であり、名士儒者が智嚢であり、豪強地主が軍事の骨格である、と理解しています。また、毛漢光〈1974〉は、曹操は思想的には士大夫の価値基準と大きく

I. 歴史

異なるにも拘らず、その政権の基盤は漢末の士大夫勢力にあったとします。唐長孺〈1981〉は、基本的に万縄楠〈1964〉を踏襲しながら、曹操集団における潁川出身者の多さの原因を、首都許県を含む潁川郡の支配の安定と、汝南・潁川両郡に本来的に多かった名士の推挙を曹操が荀彧に促した結果に求めています。さらに、袁氏滅亡後に崔琰が中心となって冀州の名士を、劉表の滅亡後に韓嵩が中心となって荊州の名士を、序列をつけながら曹操集団に加入させたことも指摘しています。田余慶〈1974〉、方詩銘〈1987〉は、曹操と袁紹との対決を論じたものです。これ以外にも、個別の論点で見るべき研究は多いのですが、政権論としては、基本的にこの線を超えるものは少ないといえましょう。

B-3-2　曹操の伝記

曹操には伝記的関心も多く寄せられています。第一部でも触れましたが、日本では石井仁《2000》が、曹操の権力樹立過程への創見と軍事制度の精確な記述で多くの伝記の中で群を抜きます。第一の特徴は、曹操の台頭をその特異な個性に解消しない点にあります。沛国の曹氏が郷里の夏侯氏や丁氏などとの提携が必要であったほど一族の構成員が薄かったこと、ゆえに曹騰ゆかりの西北列将の人脈を曹操が利用したこと、ともに宦官系の王吉との相似性など、曹操の出現すべき必然性を論ずる記述は、従来の伝記には無かった視角です。第二に、曹操を霊帝の後継者と位置づけることも大きな特徴でしょう。石井仁〈1996〉は、それを専門的に論じたものです。霊帝に対する低い評価が先入観となり、霊帝期の改革と曹操のそれとの継承性を意識する研究は、これまで皆無でした。例えば、徐難于《2002》は、霊帝に関する唯一の専著ですが、霊帝期の改革は、後漢最期の足掻きとしか捉えられていません。曹操の「文学」の宣揚の先駆と考えてよい「鴻都門学」の設置や西園の八校尉など霊帝期の改革には、石井が説くように三国時代の先駆け的要素が多く含まれているのです。第三に、魏武輔漢の故事と呼ばれる禅譲への過程を解明したことも特徴となります。殊礼の積み重ねの上に、新国家の正統性が定められる過程を明瞭にしたことの

意義は大きいといえましょう。石井仁〈2001〉は、この視角を展開するものです。

また、堀敏一《2001》の特徴は、第一に、貴族へと成長する三国時代の支配層に関する見解です。堀は川勝・谷川の「豪族共同体」論を採らず、漢代の豪族が三国時代の名士となり、それが政権と接触することにより王朝貴族へと変貌を遂げる、と理解します。名士の政治的立場の変貌を説く堀に対して、渡邉義浩〈2001ｂ〉は「名士」の曹操への対応を思想の内発的な要因から考えたものです。第二は、中国古代に「民主」を求める視角です。曹操の烏桓征伐の道案内をした田疇は、徐無山中に宗族・従者と住みつき、そこに帰順した五千家以上の民の父老たちと「約」を定めて、集落の秩序を維持していました。これを事例に堀は、古代中国の専制政治は、初源的な段階では、民衆の中から比較的民主的な手続きにより生み出されると主張します。中国の専制政治は民衆への顧慮の上になりたっている。その顧慮の表し方により、民主的にも専制的にもなるとするのです。

こうした独創性溢れる二著に対して、中国における曹操の伝記は、多くが概説的な記述に終始しています。曹操に関する先駆的な伝記となる王仲犖《1956》、曹操の政治・軍事・経済・思想を手堅くまとめる邱復興《2003》、簡潔に生涯を描く章映閣《1989》などは優れたものです。そうした中で、張亜新《1994》は、最も詳細で満遍なく曹操の事蹟を追い、張作耀《2000》は、後世における曹操の評価を論じている部分に新しみがあります。

B-3-3　曹操の臣下

曹操政権の臣下のなかでは、荀彧に伝記的関心が集中しています。丹羽兌子〈1969〉〈1970〉は、荀彧は最後には死を選んだが漢臣ではなく、潁川士大夫社会、なかでも政治的指向性が強かった何顒グループを中心に、曹操の勢力拡大を才能主義に基づき徹底的に推進したとします。これに対して、美川修一〈1984〉は、荀彧を漢臣と位置づけ、荀彧が漢王朝の存続を図ったために曹操に殺害されたという立場をとっています。また、張大可〈1988ｂ〉は荀彧のほか荀攸・程昱を論じたものです。なお、荀彧の

- 152 -

娘婿である陳羣については狩野直禎〈1967〉、陳羣と司馬懿の関係については佐藤達郎〈1993〉があります。

　曹操の臣下への態度は、唯才主義（ゆいさいしゅぎ）と称されていますが、王定璋〈1986〉は、曹操が唯才主義により賢能の士を求める一方で自己の敵対者を容赦なく殺害したと説き、馬植傑〈1988〉は、曹操の人材登用は、敵対者優遇・忠孝の重視・謀臣の策を奪わない・臣下の反対意見を尊重する・適材適所である点において優れていたとしています。崔琰の殺害については李楽民〈1991〉があります。また、朱子彦〈1987〉は、曹操の唯才主義は、後漢末の門閥主義を打破したが、それは戦乱時の権宜（けんぎ）の策として遂行された典型的な権謀術数主義であったとします。曹操の臣下の地域性に関して孟繁治〈1994〉は、曹操政権内における潁川郡出身者の役割の大きさに注目しています。

B-3-4　曹丕の即位と司馬氏の台頭

　曹操の死後、曹丕が後継者となり、後漢を滅ぼして魏を建国しますが、長子の曹丕のライバルであった文学的才能に優れる三男の曹植（そうち）と曹丕との関係について、曹道衡〈1984〉は、曹操が愛していた者は曹植であったにもかかわらず、臣下が曹丕を支持したため、曹植を後継者にできなかったと、曹操の後継者争いを描き出しています。また、王夢鴎〈1980〉は典論より両者の関係を論じています。文帝を継いだ明帝については、その奢侈と評される明帝の実像に迫った福原啓郎〈2000〉があり、明帝の洛陽造営の意義については渡辺信一郎〈2000〉があります。

　文帝曹丕と明帝曹叡（そうえい）の死後、曹爽（そうそう）が政権を掌握しましたが、それに対する正始（せいし）の政変と呼ばれる司馬懿のクーデターによって、曹魏政権における司馬氏の勢力が確立し、魏の簒奪と西晋の建国の基礎が定められました。これに関して、葭森健介〈1986〉が、曹爽政権を名望家政権と捉えることに対して、伊藤敏雄〈1986〉は、曹爽派が地方の族的結合と無縁で、その政策に既得権を侵害された後漢末以来の地方の名族・名士の不満を背景として司馬懿のクーデターが起こされ、その成功により門閥化が決定的

になったと主張しています。このほか、曹爽と司馬懿との抗争については、劉顕叔〈1978〉、李志民・柳春藩〈1982〉、馬植傑〈1990〉、王曉毅〈1990〉があります。

B-4　蜀漢政治史

　曹魏の研究が、多く貴族制への視角を持ちながら行われることに対して、蜀漢に関する研究は、流寓政権でありながら荊州人士が優越する理由、巴蜀の地域史からの視角、諸葛亮への伝記的関心に中心が置かれています。

B-4-1　蜀漢政権論

　後漢末の戦乱期に漢の復興を掲げた劉備が、蜀に建国した漢あるいは季漢は、前漢・後漢との区別のために蜀漢と称されます。蜀漢は、蜀すなわち益州を支配領域としながらも、政権内では荊州出身者が要職を独占していました。したがって、蜀漢政権に関する従来の諸研究は、その解明に主眼が置かれています。徐徳嶙〈1955〉は、『三国志』蜀書に専伝を有する人士、宮川尚志〈1956b〉は、上層官僚となった人士を対象として荊州人士の優越を明らかにしました。狩野直禎〈1959〉は、それらを一歩進め、蜀漢政権の各官職に任用された人士を具体的に考察することにより、荊州人士の優越の具体相を一層明確にしました。しかし、狩野の研究においても、荊州より劉備と共に入蜀した荊州人士と劉備の入蜀後登用された益州在住の荊州人士との区別がない点、政権の全時期を同一視した統計的処理のため、姜維輔政期（253〜263年）にはもはや荊州人士の優越は見られない、といった政権各時期の構造が明らかにされていない点、蜀漢政権を貴族制の形成期に位置づける視角を欠いている点などに問題が残りました。

　耿立羣〈1987〉は、蜀漢政権の荊州人士を、劉備と共に入蜀した者と益州に流寓していた者とに分け、それら荊州人士が益州豪族に優越していた理由を、流寓政権であるため劉備が益州豪族を警戒したこと、および荊州の文化が益州よりも上であったことに求めています。しかし、劉備

Ⅰ. 歴史

はとくに益州豪族を警戒してはおらず、益州の経学は劉備の入蜀に関わりなく高水準にあった、と説くなど行論中に矛盾もあり、その所説に従うことはできません。なお耿立群〈1988〉は、劉禅の時期の益州支配を論じたものです。また、尹韵公〈1982〉は、蜀漢政権では、荊州地主集団が東州地主集団と結び益州地主集団を支配した、としますが、「東州地主集団」の定義が曖昧な点、「益州地主集団」を単に支配されたものとする図式的理解など、従い難い点が多いものです。あるいは、李広建〈1990〉は、劉璋の軍事基盤であった南陽・三輔を出身とする東州兵と、劉備が率いる荊州兵との協力関係に荊州優越の理由を求め、上谷浩一〈1996〉も東州兵との連携を重視します。しかし、当該時代の「名士」と兵との間には、明確な階級差別があり、政権における「名士」の優越の問題を兵の地域性から説明することは、貴族制への展望を欠くだけではなく、階級的な視角が欠落していると言わざるを得ません。

　こうした荊州人士の優越を重視する研究に対して、榊原文彦〈1969〉・〈1978〉は、益州土着豪族は州郡の属官に止まらず中央の要職に就き、外来の支配者は益州の地で浮き上がった存在となっていた、として益州人士の重要性を指摘しています。しかし、益州人士が中央の要職に就き始めるのは蔣琬・費禕輔政期（234〜252年）からであり、劉備親政期（221〜223年）に始まり諸葛亮輔政期（223〜234年）を全盛とする荊州人士の優越を否定することはできません。あるいは、雷近芳〈1992〉は、蜀漢政権の統治集団は、地域的に故旧集団・荊楚集団・巴蜀集団・甘隴集団に分けることができ、荊楚集団が巴蜀集団と結んで優越した地位を得ていた、と益州人士の荊州以外の集団に対する優越性を説きます。これには、立論視角が地域論のみであることに不満があり、さらに故旧集団・甘隴集団に、集団としての地域性を認識できるか疑問が残ります。また、李開元〈1985〉は、蜀漢の統治集団は下層階級を中核としており、それが集団の人材不足を招いて北伐の不成功・早期の滅亡の原因となったとします。しかし、諸葛亮を劉備・関羽・張飛らと同質の下層階級と見ることはできないでしょうし、益州に「名士」が成長しなかったと考えることにも疑問が残ります。

許靖・来敏らを東州士と考えることも無理でしょう。渡邉義浩〈1988〉は、蜀漢政権における荊州人士の優越を、劉備とせめぎあう中で、荊州を名声の場とする諸葛亮が、自己の勢力基盤を荊州人士に求めたことから説明し、渡邉義浩〈1989ｂ〉は、益州人士が荊州人士の優越を受け入れた理由を諸葛亮を中心とする「名士」層への益州人士の組み込みに求めたものです。

なお、劉備の入蜀以前に、益州を支配した劉焉・劉璋政権の構造を解明したものに、狩野直禎〈1958〉があり、その支配を支えた益州豪族の動向としては、狩野直禎〈1957〉や、上田早苗〈1967〉があります。また、劉焉・劉璋政権の軍事的な基盤であった東州兵を山東との関わりで論じる福井重雅〈1979〉、劉備と関羽・張飛の関係を任侠的結合と捉える福井重雅〈1980〉は、政権存在の背景にある文化的特質に着目したものといえましょう。

また、蜀漢と孫呉が争った荊州については、尹韵公〈1981〉があり、三国時代の二大戦役である官渡の戦いには振中・盧進《1976》が、赤壁の戦いには羽白《1965》があります。

B-4-2　諸葛亮の伝記

諸葛亮への関心は高く、きわめて多くの伝記が書かれています。それらのなかで、内藤虎次郎《1897》は、内藤湖南の若いころの著作であり、若年層の登用を訴えるその主張に、若き日の湖南の政治への情熱を感じることができます。内藤中国学の見識が窺われるのは、十九世紀においてすでに、関羽や張飛などの武将を三国時代の主役とはせず、周瑜・魯肅や諸葛亮などの知識人を次代を切り開く主役と認識していたことです。石井仁〈1999〉の評を借りれば、中国を中国たらしめるものは文明であり、それを担う士大夫たちこそが中国史理解の鍵であることを湖南は看破していたのです。宮川尚志《1940》は、諸葛亮の最も優れた伝記です。これも宮川若年の著作ですが、個々の記述に明確な史料の裏づけがあり、正確さ・時代相の把握などにおいて、現在でも高い評価を受けるべきものです。このほか、中林史朗《1986》は、諸葛亮の遺文を収集して訳注を附し、渡

渡邉義浩《1998》は、後世における諸葛亮への評価を追ったところに特徴があります。渡邉義浩〈1998〉は、その原型です。

諸葛亮の伝記に関する中国の研究は、曹操に関するそれと同様、多くは概説的記述に止まります。周一良〈1954〉、万縄楠〈1978〉、張大可〈1986〉、陳文徳《1992》、朱大渭・梁満倉《1998》は比較的詳細にその生涯を描いています。余明侠《1996》は、その周到な内容で中国における諸葛亮の伝記を代表するでしょう。中国における最も優れた諸葛亮研究である王瑞功主編《1997》は、伝記・年譜・文集のほか、諸葛亮に関わる清朝までの評論・記序・詩詞曲賦・小説雑劇・遺事遺跡の資料を網羅しており、圧巻というほかはありません。諸葛亮に関する一大資料集成といえましょう。このほか、諸葛亮に関する論文集も出版されており、多様な側面から議論が展開されています。成都市諸葛亮研究会編《1985》は、諸葛亮研究会の論文集であり、成都市諸葛亮研究会・成都武侯祠博物館編《2001》は、その続編です。前者に収録された陳紹乾・譚良嘯編〈1985〉により、1985年までの諸葛亮研究を一覧することができます。

諸葛亮が荊州時代に劉備から受けた「三顧の礼」や、その時の応答である「草廬対(そうろたい)」に関する論考も数多く著されています。高士楚編《1991》・李兆鈞編《1995》はそれらをまとめた論文集です。宮川尚志〈1948〉は、劉備が諸葛亮を三顧したのではなく、諸葛亮から劉備を訪れたとする『魏略』の異説を紹介しながら、荊州における諸葛亮と劉備との関係を描き出しています。堀敏一〈1994〉も諸葛亮の出仕を扱ったものです。また、諸葛亮とよくなかったとされる法正との関係については賀游〈1985〉があり、諸葛亮の人事については胡剛・唐沢映〈1987〉があります。

B-4-3　諸葛亮の内政・外交

蜀漢政権の樹立後、諸葛亮が行った内政に関しては、李厳(りげん)などを厳しく処分したことに代表される法家政治の推進と、南中(なんちゅう)遠征に研究が集中しています。こうしたなかで、田余慶〈1981〉は、李厳の処罰を単なる法家政治の現れと理解せず、諸葛亮と李厳という旧劉備・劉璋両集団の二人の

実力者による二頭政治と蜀漢政権形成時の政治形態を捉える視角から、諸葛亮による李厳の免官を前者による後者の征服と位置づけます。渡邉義浩〈2003a〉は、諸葛亮の思想的背景を儒教に求めます。法家思想への近接とみられていた法刑の重視も、荊州学が重視する『春秋左氏伝』を典拠とする「猛」政に基づくもので、その行動の価値基準も『春秋左氏伝』に置かれていたと考えるのです。

諸葛亮の南中征服に関しては、南征のルートを解明する譚宗義〈1965〉、南方諸民族の専門家が南方の立場から諸葛亮の南征を描く、方国瑜〈1982〉のほか、諸葛亮の南征を評価する侯紹荘・冷天放〈1989〉、汪福宝〈1990〉などもあります。また、譚良嘯《1986》は、これらの諸問題の全般にわたって諸葛亮の内政を論じたものです。

諸葛亮の北伐に関しては、北伐のルートを地理的に解明する白眉初〈1930〉、史念海〈1948〉のほか、その戦略を論じた馬智修〈1966〉があります。また、張永明〈1961〉は、北伐の最中に出された「後出師表」の真偽を論じ、朱大渭〈1981〉は、街亭の戦の責任者である馬謖が斬られる経緯を論じたものです。

B-5　孫呉政治史

孫呉に関する研究は、西晋の滅亡後、北来の貴族によって形成される東晋・南朝貴族制を念頭においた孫呉政権の人的構成、江南開発とも関わる異民族山越の問題、および孫呉政権独自の軍事制度とそれを支えた社会構造との関係を探ることが、主たる課題とされています。

B-5-1　孫呉政権論

三世紀中国の長江下流域に成立した孫呉政権については、相反する二つの見方が提出されています。一方は、孫呉の建国した江南社会の後進性を立論の前提とするもので、宮川尚志・川勝義雄を代表とします。宮川尚志〈1955〉〈1956a〉は、孫氏の武力と淮河系豪族の実力を重視し、領兵制として現れる江南豪族の土着性に、君主が中書系統を中心とする官僚制で

対抗した政権であると孫呉政権を規定しました。また、川勝義雄〈1970b〉〈1973〉は、江南を開発途上にある植民地と位置づけて、江南の後進性に規定された孫呉政権が、世兵制や奉邑制で公認される開発領主体制を本質とすることを主張しています。

他方、同時代の華北と同様に、政権における知識人の果たした役割を重視する大川富士夫〈1967〉〈1969〉は、孫氏の声望を支えた江北士大夫に対抗しつつ、江南豪族の士大夫化が進行したことを説き、君主権に迎合する江南豪族や校事などの官職についた権臣と江北・江南の両士大夫との対立に、六朝貴族制の原型をみます。田余慶〈1991〉〈1992〉もまた、江東大族と孫氏との関係から政権を分析し、孫策が江東大族を武力で弾圧した誅戮期、孫権が淮北勢力だけでは江東を支配できず江東大族の協力を仰いだ羈縻期、顧雍・陸遜が文武の頂点に立ち政権の江東化が完成した依存期の三期に分け、両者の関係を考察しています。

石井仁〈1995ab〉は、これらの研究がおしなべて集団構成員の復原と政権の結合原理のみを分析対象とすることを批判し、政権の構成原理である将軍を頂点とする序列を解明しました。その結果、孫呉政権の後進性と封建制への傾斜という従来の、ことに前者に強く見られた研究の大前提を打破するとともに、孫呉政権を「偏覇」ではなく天下統一を国是とする政権と評価したのです。このほか、王霜媚〈1980〉は、孫策の軍政期は孫氏と個人的に結合していた江淮系人士が中心で、江南民衆の社会基盤が無かった。それが魯粛の死後、江北人士から江南人士へと中心が移動し、それとともに政権が矮小化した、と理解しています。

孫呉政権後半期の状況について、川勝義雄〈1973〉は、孫呉政権を支えてきた任侠的主従関係が、二宮事件と孫権の死により解体に瀕し、開発領主層が自立の傾向を示す。それに対して、中央政府は、威信を再び確立するため無理な行動を繰り返し、政権の解体を促進する。その背景には、商販行為の拡大と地域格差に起因する屯田体制の崩壊があり、それが開発領主制を基盤とする孫呉軍事政権を崩壊させた、と主張しました。村田哲也〈1998〉は、川勝説を敷衍し、孫呉が孫氏皇族と北来士人中心の軍事

第二部　研究動向篇

政権としてのあり方からの転換に失敗したことに滅亡の原因を求めます。しかし、川勝説の論拠となっている将領の世兵制・奉邑制の理解に対しては、石井仁〈1995ab〉の批判があり、孫呉政権を開発領主体制で捉えることはできないでしょう。村田哲也〈2002〉は、石井仁〈1995ab〉への反論です。渡邉義浩〈1999〉は、孫堅が作った軍事的基盤と漢室匡輔（かんしつきょうほ）という正統性を受け継いだ孫策が、周瑜の協力を得て江東での覇権を確立し、孫権の人材登用政策により、孫氏と江東人士の妥協が進んだことを論じたものです。

　一方、田余慶〈1991〉は、孫呉の江東化過程の中で政権後半期を理解します。淮泗（わいし）集団を中心としていた孫呉は、陸遜が軍部の統帥・顧雍が丞相となるに及び、江東化の第二段階を迎え、「呉の四姓」が大挙して政権に参入する。かかる傾向の抑制を試みた曁豔（きえん）と張温への弾圧を機に政権の全面的な江東化が進展する第三段階となり、江東の偏覇として孫呉は安定し、「呉の四姓」の政権への進出も決定的になったと説くのです。しかし、江東化の象徴とされる陸遜が孫権により死へと追い込まれた政権の性格を、「江東化」という概念で括り得るのかという疑問があり、曁豔と張温の行為も江東化への抑制とは理解し難いと考えます。曁豔については胡守為〈1986〉があり、顧雍については葉哲明〈1984〉があります。なお、呉の四姓については、大川富士夫〈1982〉、江南豪族全般については大川富士夫〈1971〉があります。渡邉義浩〈2000〉は、孫呉政権が抱える問題として「名士」と孫権との対峙性があり、後継者問題である二宮事件を契機に、「名士」と君主権力の双方が傷つけあい、孫呉の国力は消耗、孫晧があらゆる手段を使って君主権力の強大化に努めながらも、西晋に滅ぼされたことを述べたものです。なお、孫権の伝記には章映閣《1991》があり、二宮事件については方北辰〈1988〉があり、二宮事件とも関わった全公主（ぜんこうしゅ）については大川富士夫〈1976〉があり、孫呉の地域性については胡守為〈1989〉があります。

B-5-2　民族問題・山越

　谷口房男《1996》は、三国の異民族対策の相違を、蜀漢の懐柔策・孫呉の討伐策・曹魏の懐柔と討伐の両面策と総括しています。朱紹侯〈1981〉はその優劣を、張大可〈1988c〉は三国それぞれの民族政策を、馬植傑〈1993〉は三国と匈奴・烏桓・鮮卑の関係を論じたものです。

　曹魏は、北方には主として討伐策を展開しました。内田吟風〈1934〉は、匈奴の南単于である於扶羅および後継者の呼厨泉が袁紹に味方したので、曹操はこれを大破し、建安21（216）年には呼厨泉を抑留して匈奴を五部に分割したとしています。町田隆吉〈1979〉はこれを批判し、五部への分割を曹魏の時代に段階的に行われたもので、五部の成立は西晋の初年であるとしています。また、袁紹と結んだ烏桓には、曹操自ら遠征を行い、蹋頓に率いられた烏桓を壊滅させています。これについても内田吟風〈1943〉が基本的知識を提供します。鮮卑の軻比能だけは曹操の誘いに乗らず、曹魏との距離を保ち続けます。やがて蜀漢と結んだ軻比能は、諸葛亮の北伐に呼応して進撃しましたが、曹魏に暗殺され、異民族の台頭は西晋以降に持ち越されたのです。

　蜀漢が懐柔を試みたものは、鮮卑だけではありません。劉備は東征の際、荊州の武陵蛮に印号を与えて協力を取り付け、諸葛亮は南征の後、非漢族の大姓・夷帥に当地の支配を委ねる一方で、勁卒・青羌などを兵士にあて、南中の財貨で財政の充実をはかっています。さらに姜維は、漢中の氐と羌や涼州胡などにより自軍の強化を行いましたが、谷口房男《1996》は、蜀漢の懐柔策をこの三点に象徴させています。

　孫呉政権の民族政策の中心は、山越対策でした。井上晃〈1938〉は、山越に関する先駆的な研究であり、唐長孺〈1955a〉は、宗部と山越の関係について論じ、山越のなかに山中に移住した漢民族が含まれていることを主張しています。陳可畏〈1964〉、胡守為〈1980〉は、山越に関する基本的な史料を網羅的に掲げており、村田哲也〈1996〉は山越討伐と孫呉の軍事力との関係を論じています。谷口房男〈1971〉が取りあげた武陵蛮の問題をも踏まえて、川本芳昭〈1986〉〈1991〉は、蛮漢融合の問題を

第二部　研究動向篇

総括したものです。

　また、孫呉政権の対南政策に関しては、宮川尚志〈1942〉が、士燮を中心に交州との関係を描きだしているほか、重松俊章〈1937〉・黎虎〈1994〉が遼東に対する、杉本直治郎〈1949〉が南アジアに対する、菊地大〈2002b〉が東アジアに対する、孫呉の対南政策を解明しています。

B-6　西晋

　曹魏を滅ぼし、孫呉を平定して、三国時代を終焉させた西晋の研究は、隋唐帝国の律令体制へと連なる占田・課田制や戸調式を中心としており、政治史に関しては八王の乱の研究が盛んです。

　西晋を建国した武帝司馬炎の祖父である司馬懿の伝記には、方北辰《1990》がありますが、本来は司馬炎の伝記である福原啓郎《1995》の方が、司馬懿の台頭ぶりが明確に描かれています。渡邉義浩〈2007a〉は、司馬氏の権力確立過程を追い、州大中正の設置により「名士」層の利益代表者となり、五等爵の施行により「名士」の中の第一人者を超え、あまたの貴族の上に屹立する皇帝へと進んだことを論じています。

　武帝は、拡張した後宮で羊に乗って女性を選んだことでも有名ですが、安田二郎〈1998〉は、後宮の身分的内婚制的拡充の原因を、西晋の皇帝がそのほかの有力貴族と基本的に異なる存在ではなく、数いる同輩者の中の第一人者に止まっていたことに求めています。これに対して、渡邉義浩〈2006d〉は、後宮に止まらず諸王や公主の婚姻関係をも分析して、司馬懿から司馬師・司馬昭にかけては数多くの同輩と並ぶ「名士」の一員として婚姻関係を結んでいた司馬氏が、武帝に至り積極的な婚姻政策により、自らを頂点とする婚姻関係の国家的秩序を作り、階層的な身分制度である貴族制へと反映させようとしたと理解します。

　また、武帝の最大の苦衷は、皇太子衷（恵帝）が後継者として相応しい能力を持たなかったことにあります。加えて賢弟の司馬攸が、祖父の司馬懿に目をかけられ、司馬師の養子とされていました。父の司馬昭には、兄の司馬師の覇権を継承したという負い目があり、自分の後は兄の後嗣であ

る司馬攸に譲るというのが、かねてからの司馬昭の考えであったといいます。しかし、司馬昭は臣下達の説得により翻意して、司馬炎を太子に指名したのです。この間の事情を安田二郎〈1995〉は、司馬昭が司馬攸をダミーの後継者とすることにより、家臣団の司馬炎への忠誠心を確認したと説明します。そうしたなか皇太子衷の不慧が知れ渡ってくると、弟の司馬攸を後継者に望む声が高まってきたのです。その中心が司馬攸の舅の羊祜でした。小池直子〈2001〉によれば、武帝は、泰始6（270）年には、驃騎将軍という良き帝弟を象徴する官を司馬攸より剥奪し、泰始7（271）年には、娘の賈荃を攸に嫁がせた賈充を関中に出鎮させようとします。賈充は、皇太子の衷に娘の賈南風を嫁がせることで出鎮を免れましたが、司馬攸と司馬衷の双方に娘を嫁がせることにより、司馬攸からは相対的に引き離されたのです。この間の事情は、小池直子〈2003〉により明らかにされています。こうした内紛が、孫呉討伐を遅らせていた原因でした。

咸寧6（280）年、反対する賈充を総司令に任命して孫呉討伐を行い、中国を統一した武帝は、賈充の死後にいやがる司馬攸を強引に斉に赴かせ、皇太子衷の後継を確定します。しかし不安はぬぐえませんので、衷を守るために諸王を封建しました。渡邉義浩〈2005b〉は、それが本来は、分権化する社会に対して皇帝権力の強化を図るものであったことを論じたものです。また、西晋は「儒教国家」の再編を目指し、封建の復活や井田の施行に加えて、国子学という学校を整備しました。渡邉義浩〈2006a〉は、その国子学に現れた貴族的性格を論じたものです。なお、西晋の平呉については、越智重明〈1971〉・中林史朗〈1990〉があります。

しかし、武帝の死後、恵帝の暗愚を理由に八王の乱が起こります。八王の乱は、当初は外戚間の権力闘争でしたが、軍を握る諸王が抗争の主役となると軍事闘争に発展しました。諸王については福原啓郎〈1985〉があり、魏晋の外戚については下倉渉〈1996〉があります。さらに、八王の内乱は、異民族や流民による永嘉の乱を誘発し、西晋を滅亡させるのです。

安田二郎〈1976〉は、八王の乱の原因を私欲を優先させる時代風潮に求めます。これに対して、福原啓郎〈1982〉は、一見、外戚や諸王が私

欲を恣にして無秩序に武力抗争が展開される八王の乱の背景に、諸王と結びつく寒門寒人層による国家の私権化と、それを抑止しようとする貴族の与論との対立をみています。

　西晋の滅亡後、華北には五胡十六国・江南には東晋が建国され、五胡十六国は北魏により統一されて北朝へ、東晋は宋・斉・梁・陳の南朝へと移り変わっていきます。南北朝を統一したものが、隋唐帝国なのです。

C　経済・法制史

　秦漢帝国の支配の枠組みが崩壊したことを受けた三国時代は、さまざまな支配システムが再構築されていきます。それが、社会のどのような変化や状況を踏まえているのかを洞察するところが、経済・法制史研究の醍醐味でしょう。

C-1　経済

　三国から始まる魏晋南北朝時代は、豪族・貴族の荘園などの大土地所有が進展し、秦漢帝国が目指していた個別人身支配は後退しました。蔡学海〈1978〉によれば、後漢の永寿3（157）年に5,600万人を超えていた人口は、三国鼎立の最後の歳である263年には約1,270万人に減少していたといいます。こうした三国時代の人口については、人口の移動を整理する陳嘯江〈1934〉、史料が残る州や郡を詳細に検討する李向軍〈1988〉、編戸・兵戸・吏戸・少数民族戸など細目に分けて人口数の補正をめざす王育民〈1988〉があります。また、中国全体の人口の動向を扱う梁方仲編《1980》にも、三国時代の人口の記載があります。

　しかし、たとえば西欧中世のように、大土地所有者が領主裁判権を持つ分権社会へと中国は展開することなく、弛緩した個別人身支配を建て直していくため、屯田制に代表される土地政策が展開されました。隋唐帝国の律令体制へとつながっていく国家による中央集権化の動きに注目しながら、従来の研究成果を確認していきましょう。

C-1-1　経済全般

　三国時代は、隋唐帝国に完成する律令体制の萌芽を多くの制度にみることができます。北魏・隋唐帝国における均田制の源流である曹魏の屯田制や、租庸調へと展開していく税体系など、中国経済史上重要な制度が形成され、数多くの研究が行われています。

三国時代の経済史全般に関する研究としては、陶元珍《1935》、陳嘯江《1936》および王仲殊〈1956〉が、三国時代の経済の全体的な状況を概観し、曽我部静雄〈1953〉により、三国時代の土地制度を大きく把握することができます。王珍〈1982ab〉は、それぞれ曹魏・蜀漢政権の全般的な経済状況を述べたものです。

また、三国時代に止まらず、帝室財政と国家財政の分離、さらには前者の後者への優越を解明し、中国経済史全般にわたる古典的研究として知られる加藤繁《1952～53》は、中国経済史の展開と経済史上の重要な問題を知るための基本的な文献となっています。なお、佐藤武敏《1962》、天野元之助《1962》、西嶋定生《1966》も、三国時代に直接関わる記述は多くありませんが、それぞれ中国の古代工業、中国農業史と農書、土地制度を中心とした中国経済全般に関する専門書として、高い評価を受けています。

C-1-2　屯田制

三国時代の土地制度として、最も重要な曹魏の屯田制については、唐長孺〈1955b〉、西嶋定生〈1956〉が基本的な理解を提供します。屯田制は、潁川・汝南の黄巾を討伐して得た「資業（田土・耕牛・農具など）」をもとに許県の周辺で開始されましたが、その租税は定額賦課ではなく、「分田の術」に拠るべきであると、提案者である棗祗は主張していました。

「分田の術」とは、豪族がその支配下の隷属民に対して行っていた徴税方法で、収穫量の五～六割を税とするものです。漢代の田租がおおむね収穫量の1/30～1/10税であったことに比べると、重い負担であることが分かります。屯田制では、官牛を借りて耕作するものは収穫の六割を、私牛で耕作するものは五割を官府に収めました。さらに、そのほかに一般郡県民と同様の税役を負担したか否かで学説は分かれています。西嶋定生〈1956〉は、郡県民の負担が田租・戸調・徭役・兵役であることに対して、屯田客は佃科（小作料）のほかに徭役を負担したとします。これに対して、高敏〈1981〉は徭役に加えて兵役も負担したとし、鄭欣〈1985〉は屯田

民の徭役・兵役は郡県民より軽かったとしています。また、馬植傑〈1991〉は、徭役は特殊な時期に限定され、本来は佃科のほかに負担はなかったとします。

このほか屯田制には、藤家礼之助に〈1962〉など一連の研究があり、矢野主税〈1963a〉〈1964b〉も、独自の理解を展開します。それらを集大成して、北魏の均田制への流れのなかに、屯田制と西晋時代の占田・課田制を位置づける堀敏一《1975》が、現在も水準を示す研究となっています。堀敏一《1975》には、初学者のための解説をつけた参考文献がつけられており、中国古代の土地制度を研究する際の基本的な文献が紹介されています。

また、曹魏の屯田には、許・洛陽を中心に河北省の北中部南部・陝西省東部・山東省南部に集中する民屯田と、淮河流域・陝西省西部・河北省北部に分散する軍屯田がありました。西嶋定生〈1956〉によれば、前者は曹魏の直接的な財政基盤であり、後者は呉・蜀および北方民族に対する防衛のための前線基地です。魏末に、魏帝室と司馬氏との対立が激化すると、曹魏の財政基盤であった民屯田は廃止され、後発の軍屯田が司馬氏の西晋に継承されていきます。

なお、曹魏の屯田制を受けた西晋の占田・課田制についても、堀敏一〈1974〉など多くの研究が積み重ねられています。それらをまとめた伊藤敏雄〈1982a〉は、それを占田・課田を別系統の制度とする説と、同一戸内を対象とする説とに二分し、さらに後者を三分するという方法で、多くの諸説を適切に整理しています。伊藤敏雄には、占田・課田に対する自分の理解を展開する〈1982b〉、曹魏の屯田制を水利事業との関わりの中で追究した〈1984〉もあります。伊藤の学説整理以降の研究としては、渡辺信一郎〈1995〉、張学鋒〈2000〉があり、渡邉義浩〈2005e〉は、思想史的に占田・課田制を考察したものです。また、曹魏政権以外の屯田制に関しては、高敏〈1982b〉・藤家礼之助〈1985〉・林志華〈1984〉が孫呉、林成西〈1985〉が蜀漢で行われた屯田制度を解明しています。

C-1-3　税制

　曹魏の税制度は、高敏〈1982a〉など多くの研究により、屯田制との関わりの中で検討されています。一般の郡県民に対する課税は、曹操が冀州牧となったころから、一畝ごとに四升の田租、一戸ごとに絹二匹・綿二斤の「戸調」が定まったとされています。しかし、裴注に引かれた『魏書』に記されている「四升」という田租の額について、漢から唐にかけての升と斗の誤用の多さを論拠に「四斗」の誤りとする賀昌群〈1958〉、国家財政の収支・租率から同じく「四斗」とする周国林〈1982ab〉、漢代からの税制の流れの中でそれを支持する張学鋒〈1998〉があり、それらに従うべきでしょう。また、「戸調」については、漢の経常財務制度以外の賦斂＝調をその起源と考える渡辺信一郎〈2001〉があります。なお、曹魏の戸調に関しては、地方太守の勧農政策と表裏一体で小農民の育成という国家の意図があったとする野中敬〈1987〉があり、そこには丁寧な学説整理がつけられています。

　こうした租税制度は、漢が収穫の1/30から1/10の田租と、算賦と呼ばれる成人男女120銭・未成年者23銭の人頭税を課していたことと大きく異なります。曹魏の税制は、第一に収穫を見てのちに田租を決定した漢に対し、初めから田土の面積に応じて課すことにより課税を容易にし、第二に課税の対象を人から戸に、税の納入を貨幣から物納へと変化させたところに特徴があります。後者に関しては、北魏より均田制が施行され隋唐に至ると、租・調も夫婦や丁男単位となり、人頭支配が復活します。戸を単位とした把握を曹操が行っていたことは、漢以来の個別人身支配が後退した時期に、それでも王朝支配を再建しようとした努力と理解できるでしょう。

C-1-4　大土地所有・水利・科学技術

　魏晋南北朝は、貴族の荘園などの大土地所有が進展した時代でした。大土地所有について、宮崎市定〈1954〉は、この時代を中世と捉える立場から荘園制の理解を行っています。また、曽謇〈1937〉、何茲全〈1979〉、鄭欣〈1981〉などのように、中国では三国以降の荘園制の展開を論拠に、

古代の奴隷制から中世の封建社会へ移行すると捉えることが多いようです。渡辺信一郎〈1974〉は、漢から六朝までの大土地所有を小経営と対置すべき富農の経営論としての立場から分析しています。また大土地所有が進展する中で、村塢と呼ばれる新たな集落が形成されることについては、堀敏一〈1992〉にまとめられています。

三国時代における水利事業については、佐久間吉也に〈1961〉〈1968〉〈1976〉などの一連の研究があるほか、黄耀能《1978》にも、秦漢帝国からの水利事業の展開のなかに、三国時代を位置づけた記述があります。科学技術に関する論考のなかでは、三国時代の天文学的資料を検証した斉藤国治〈1984〉や、漢代の暦からの展開を論じた長谷部英一〈1991〉などが注目されるでしょう。

C-2 制度

制度史の研究は、中国史で最も盛んな分野です。三国時代を理解するためには、各国の中央・地方の行政制度、官僚登用制度、軍事制度、身分制度などの把握が必須であることは、言うまでもありません。そして、制度史を理解する際には、単に制度の詳細な部分に目を奪われるのではなく、その制度がどのような社会を背景としてつくり出され、その結果、社会をどのように変容させていくのかという当該時代の社会との関わりのなかで、諸制度を捉えることが必要となるでしょう。

そうした意味でも最も優れた制度史の研究書である浜口重国《1966》は、身分制度・軍事制度を中心に、隋唐までの視野を持ちながら、秦漢・魏晋南北朝の制度を明らかにしています。また、鎌田重雄《1962》は、漢代の政治制度の基本を理解する恰好の導入書となります。三国の制度は漢のそれを基本としているので、漢の制度の理解が必須となるのです。あるいは大庭脩《1982》は、出土史料である簡牘の分析により、漢代地方行政制度の末端までを描き出しています。約2,000年前の制度の詳細が、ここまで分かることは驚きですし、また将軍の制度についても、基本的な知識を提供してくれます。福井重雅《1988》は、漢代の官僚登用制度である

郷挙里選について、常挙と呼ばれ定期的に行われた孝廉に止まらず、非定期的な制挙の内容を明らかにしています。九品中正制度との比較に必要な漢代の官僚登用制度の知識を得ることができます。

C-2-1　三国時代の官僚制度

　三国の行政制度を理解するためには、中国史全体の官僚制度の発達過程を把握する必要があります。その際、基本的な研究となるものが、和田清編著《1942》で、中国の官僚制度の展開を時代を追って丁寧に解きあかしてくれます。また、中央官制に関しては、山本隆義《1968》があり、漢の三公九卿制の中から三国で発達する尚書・中書・門下が、唐の三省六部制の三省へと展開していく過程が描かれています。

　三国の中央官制は、国によって多少異なります。後漢を受け継ぐ蜀漢では、後漢の中央官制の特徴を継承して尚書の権限が強く、諸葛亮は自らの丞相府と共に録尚書事として尚書の実権も把握していました。一方、孫権が皇帝権力の強大化を図った孫呉では、皇帝権力の延長となる中書や校事官と呼ばれるスパイが力を振るいました。曹魏では尚書省が発達し、隋唐の尚書省が管轄する六部へと発展する五曹尚書が置かれたのです。こうした各国ごとの違いはありますが、いずれの国にも置かれた内政の最高官職は丞相でした。丞相は、内政のすべてを総覧し、責任を負う国家の最高官ですが、ただし蜀漢では、諸葛亮を尊重して亮の死後は丞相を置かず、大将軍か大司馬がその役割を果たしました。楊鴻年《1985》は、こうした漢から魏にかけての諸制度の実態を解明した研究です。なお、個別の制度としては、君主権の強化のために設けられた校事官のあり方を論じた官蔚藍〈1953〉、牛朴〈1988〉などが、この時代の君主権と社会のあり方との関係を考えていく手掛かりとなるでしょう。

C-2-2　九品中正制度

　両晋南北朝を特徴づける貴族制を形成し、その再生産を国家的に保障した制度が、漢魏の交替期に成立した九品中正制度です。九品中正制度は、

これを九品官人法と呼ぶか否かで、すでに議論があるように、非常に多くの研究が積みあげられています。

　唐長孺〈1955c〉などの先駆的な研究を踏まえて、九品中正がいかなる仕組みで貴族制を支えているのかを明らかにした宮崎市定《1956》が、九品中正制度研究の基本となります。宮崎は、中正の九品を郷品（きょうひん）、官階の九品を官品（かんぴん）と呼び、九品官人法とは、任官希望者が中正から受けた郷品から、原則として四等級下がった官品で起家する制度であることを明らかにしました。漢代まで官僚の地位は秩石（ちつせき）（例えば郡太守は二千石）で表わされていたのですが、一品から九品までの官品によって表現されることになり、しかもそれが中正官が与える郷品とは異なることが、ここで始めて明らかとなったのです。むろん、研究の進展により、細部の修正は行われていますが、現在でも宮崎の研究が九品中正制度の基本的な理解となっています。

　宮崎は九品官人法の制定の背景として、反魏感情の強い旧漢王朝の官僚を魏に迎える際の資格審査としての側面を重視しました。これに対して、矢野主税は、〈1961〉〈1963b〉〈1964a〉など一連の研究において、九品中正制度の資格審査が魏の官僚を中心としていること、郷品よりも官品が先に成立したことなどを主張し、越智重明は〈1963〉〈1964〉などで、九品中正制度の目的が、人事の中央集権化と官界における私的結合関係の否定にあったと理解します。

　これらの研究が、成立時の政治状況を重視することに対し、郷里社会の側から九品中正制度の特徴を考察する研究もあります。堀敏一〈1968〉は、九品中正制度が豪族勢力の発展を背景に、その意見を官人候補者の選挙に利用しようとする側面を持つことを主張し、社会の変容から九品中正制度が形成される原因を探りました。また、中村圭爾〈1984〉〈1987ab〉は、郷品が、第一に礼制にもとづく人物評価であり、第二に単なる任官資格ではなく、郷里社会における身分としても機能したと主張しています。なお、中正官が与えた人物評価である状（じょう）については、矢野主税〈1967b〉があり、張旭華〈1982〉は九品中正制度の萌芽を論じたものです。

以上のような九品中正制度をめぐる諸研究は、川合安〈1995〉により整理されていますが、川合安〈1995〉は、九品中正制度の持つ中央集権的な側面と郷里社会への配慮という二面性を、曹操政権の人事政策の特徴であった実務重視と名教を奉じる地方名望家の支持取り付けという二面性の継承と理解しています。川合の整理以後の研究として、渡邉義浩〈2002a〉は、九品中正制度運用の理念の根底に「孝」が置かれていることを、渡邉義浩〈2006e〉は、人を九品に分ける発想が董仲舒学派の性三品説に由来することを明らかにしています。渡邉義浩〈2007b〉は、九品中正制度だけでは貴族制は成立せず、西晋における五等爵制の施行とあいまって貴族制が成立したことを論じています。なお、福原啓郎〈2002〉は九品中正制度を批判する議論をまとめて翻訳したものです。また、九品中正制度に関する中国の研究は胡舒雲《2003》に、中華民国の研究は毛漢光〈1975〉に整理されています。なお、蜀漢には九品中正に類する制度は存在しません。方北辰〈1984〉は、孫呉政権に存在した「公平」という魏の「中正」にあたる官職を論じた数少ない論考です。

C-2-3 軍事制度

　三国が戦乱の時代であり、続く西晋・南北朝も分裂時代であった以上、軍事制度に関する研究が重要であることは言うまでもありません。将軍は本来有事の際に特設される最高司令官であり、輔政の大臣が任官される大将軍は上公、驃騎将軍（ひょうきしょうぐん）・車騎将軍（しゃきしょうぐん）・衛将軍（えいしょうぐん）は、文官でいえば三公（さんこう）に相当します。これに次ぐのが九卿（きゅうけい）に相当する左・右・前・後軍と、外征を担当する征北・征東・征南・征西将軍の四征将軍（しせいしょうぐん）です。魏晋期の軍事制度の特徴は、方面軍司令官職に相当する都督（ととく）・四征将軍によって運用される地方軍鎮体制の成立といえましょう。

　越智重明〈1957〉〈1980〉は、曹魏・西晋の四征将軍は固有の管轄区を持ち、州都督および州郡を支配したが、東晋以降、両者の立場が逆転し、四征将軍号は虚号化していくとします。一方、小尾孟夫〈1978ab〉は、魏晋の四征将軍は州都督を兼任することが通例であり、それは後漢末の曹操政権

- 172 -

の政治軍事的膨張の中から生み出されたものであるとしました。これに対して、石井仁〈1993〉は、曹操の念頭には当初、都督・四征将軍を併用した軍鎮体制の構想はなかったとします。赤壁の戦以降、戦線が拡大するにつれて都督の帯びる軍号として四征将軍が採用されたが、もはや唯一の征討・軍政司令官としての地位は失われており、新たな軍事編制から生まれてきた都督にその地位を奪われていく方向は決定づけられていた、とするのです。都督は、石井仁〈1992b〉によれば、牧伯(ぼくはく)の改良型であり、その原型は後漢末の軍閥に設置されていた私設の監軍職「原・都督」にあったといいます。後漢末の群雄が多く州牧(しゅうぼく)の肩書を有していたことは、これと係わるのです。

　三国時代の最も大きな行政区分は州でした。後漢では州は、司隷・豫州・冀州・兗州・徐州・青州・荊州・揚州・益州・涼州・并州・幽州・交州の十三州に分けられていました。三国は、これをさらに細かく分けることもありましたが、おおむねこの区分が踏襲されています。厳耕望《1963》は、魏晋南北朝時代の地方行政制度を詳述したものです。十三州のうち司隷は、首都洛陽を含む特別行政区で、司隷校尉(しれいこうい)という首都圏長官によって支配されました。それ以外の州は、州牧が統治を行いましたが、まれに格下の州刺史が任命されることもありました。石井仁〈1992a〉は、州刺史に持節(じせつ)して督軍(とくぐん)の権限を保有させる監軍使者(かんぐんししゃ)と将軍とが結合したものが州牧であるとし、当該州に対する軍政支配を恒常化させる制度と州牧を意義づけています。州牧の設置により、結果として、後漢末の分権化傾向に拍車がかかったのです。

　こうした強力な権力を持つ都督が専断化することを防ぐために、護軍(ごぐん)・監軍(かんぐん)が置かれました。護軍・監軍については、その職責を明らかにした石井仁〈1990a〉があります。また、石井仁〈1988〉は、私設の参謀官職として参軍事(さんぐんじ)が出現したことを述べ、それが、三国時代に特徴的な官職である軍師(ぐんし)に継承されていくとします。石井仁〈1991〉は、軍師を参謀長・軍師祭酒(ぐんしさいしゅ)を一般参謀として理解し、一種の参謀本部を形成しながら、後者が曹操の秘書官の役割を果たしたことを明らかにしています。石井

仁〈1990b〉は諸葛亮の丞相府でその具体的な姿を論じたものです。なお、曹魏の軍制については、森本淳〈1998〉もあります。

　軍隊の基本をなす兵については、兵戸制度が重要となります。浜口重国〈1940〉〈1957〉によれば、曹魏では、兵士とその家族を一般の民戸とは区別して戸籍に登録し、これを兵戸（または士家）と呼んで、代々兵役の義務を世襲させていました。曹魏の士家制度については、高敏〈1989〉が詳細です。これは中央集権的な郡県制が十分に機能せず、一般民からの兵士徴集がままならない状況のなかで、兵力を確保するために始められたものですが、それがいつであるのかの確証はありません。しかし、いったん設けられると、曹操期に止まらず、何茲全〈1947〉が述べるように、魏晋南朝の諸王朝に受け継がれていきました。また、曹操は青州の黄巾を吸収して、青州兵を編成しました。これが曹操の軍事基盤となったとして、曹操政権の成立過程における青州兵の役割を重視する片倉穣〈1969〉のほか、劉焉父子の東州兵や臧霸の徐州兵と同質の特殊な世兵と位置づける高敏〈1998〉があります。

C-3　法制

　三国時代における法制史の研究も、隋唐帝国で完成する律令格式の基礎が形成された時代なので、重要な意義を持っています。やがて西晋で編纂される泰始律令は、中国史上初の本格的な律令として高く評価されます。曹魏においても、泰始律令の先駆とされる新律十八篇が陳羣たちにより編纂されており、その意義を軽視することはできないでしょう。

　三国時代に止まらず、中国史上における律の発達については、仁井田陞〈1939〉が、基本的な理解を提供します。また、律だけでなく中国の律令法研究の基本となるものは、中田薫〈1951〉〈1953〉です。ただし、ともに難解な論文ですから、これらを読む前に、仁井田陞《1952》により、中国法制史に関する全般的な知識を身につけることが必要でしょう。また、内田智雄編訳《1964》は、『漢書』刑法志以来の正史の刑法志で、後漢・三国から西晋における法制史研究の基本史料となる『晋書』刑法志の訳注

を収めています。

C-3-1　法制度

　曹魏で編纂された新律十八篇については、滋賀秀三〈1955〉と内田智雄〈1959〜60〉〈1960〉が、その篇目の具体名と漢律からの継承関係、泰始律令への影響などの諸点で論争を行っています。栗原益男〈1984〉〈1986〉は、それに新知見を加えたものです。三国の律と令を踏まえて、西晋の泰始律令の意義を説く堀敏一〈1980〉、さらに大きな視野で整理をした堀敏一〈1982〉は、この時代の法制史研究の基本的文献といえましょう。冨谷至〈2000〉〈2001〉は、それを踏まえたうえで、漢代における令典の未成立と泰始4（268）年における晋令の成立、およびその思想的要因として後漢の礼教主義を指摘しています。

C-3-2　法思想

　後漢「儒教国家」の崩壊を受けた三国時代では、法刑が尊重されました。西田太一郎〈1955〉、宮川尚志〈1969〉、佐久間吉也〈1982〉は、三国における法律尊重の風潮を描いたものです。法律の整備は、中間刑である肉刑(けい)の復活の主張となって現れました。秦の法体系では、死刑と杖刑・流刑などとの間に、肉体を毀損する肉刑が備わっていたのですが、前漢の文帝(ぶんてい)が残虐であるとして廃止した結果、死刑とその他の刑罰との開きが大きくなり過ぎていたのです。重沢俊郎〈1952〉、福原啓郎〈1986〉〈1997〉は、陳羣(ちんぐん)たちが主張した肉刑の復活論の系譜と意義を探るものです。

　また、こうした三国の法律尊重の代表的な事例として、曹操の法家思想に基づく政治姿勢と「蜀科(しょくか)」と呼ばれる法典を編纂させた諸葛亮の政治が評価されました。とりわけ、江青ら四人組の批林批孔運動により儒教を否定した中華人民共和国の政治思想状況を背景に、曹操と諸葛亮が法家であるとの主張が繰り返し行われました。周一良〈1974〉、高敏〈1975〉、唐長孺〈1975ab〉などは、そうした時期に行われた代表的な研究です。これに対して、渡邉義浩〈2001b〉は、三国時代における法刑の隆盛は、曹

操や諸葛亮が法家であったためではなく、儒教の内発的な展開から生まれたことを主張しています。

Ⅱ. 思想・宗教

　三国時代の思想・宗教に関する研究動向を、Ｄ哲学・思想、Ｅ道教・仏教の二分野から見ていくことにしましょう。少し敷居が高く感じる分野かも知れませんが、中国の歴史は思想に大きく規定されますので、儒教を中心とする思想的枠組みを把握しておくことが必要でしょう。

Ｄ　哲学・思想

　儒教一尊の後漢「儒教国家」の崩壊を受けて、三国時代には文学・玄学といった新たな文化的価値が生まれましたが、儒教が無用となったわけではありません。たとえば玄学は老荘思想の復活ともいえるものですが、その創始者の一人である王弼は、孔子が無を説かない理由を「孔子は無を体得していたので無を求めないのである」としており、やはりその根底においては儒教を中心にしています。そのうえで、「老子や荘子が無を求めるのは、いまだ無に到達していないからである」とし、老子と荘子はあくまで孔子の下風に置かれているのです。こうした一種の論理操作は仏教が受容される時にも行われ、「孔子は悟りを開いているので仏道を説かないだけである」と踏襲されていきます（吉川忠夫〈1970〉）。一尊の地位を追われた儒教が、玄学・仏教など新しい文化の根底として生き続けていることが分かるでしょう。

　もちろん逆に儒教それ自体にもそれらの影響は及び、三国時代から始まる魏晋南北朝の儒教では、経書の解釈に玄学や仏教の影響を受けています。たとえば何晏の『論語集解』では、空を虚中とするなど、玄学による経書の解釈が行われているのです。それでも、儒教は、文化の根底として身につけていて当然の文化なのでした。渡邉義浩〈2003ｃ〉は、そうした儒教

の身体化とそれ以外の文化の習得による卓越化が、三国から始まる魏晋南北朝の文化の担い手である「名士」、そして「名士」から生まれる貴族の特徴と考えています。儒教の普遍性のうえに乗って様々な文化が展開されていくのです。三国からはじまる六朝時代全体の知識人の思想傾向については、森三樹三郎〈1954〉があります。

D-1　資料・総論

　儒教では、自分の思想を表現する場合に、新たな著書を執筆することもありますが、多くの場合それは経書の解釈として表現されます。古くは西周から前漢初期までに成立した経書には、その結果として、重層的に解釈が積み重ねられていきました。経書の解釈は戦国から漢代までのそれを伝、漢末から魏晋までのそれを注、南北朝のそれを義疏と呼び、それらはやがて唐において孔穎達により「五経正義」にまとめられました。ここで五経に選ばれたものは『周易』『尚書』『毛詩』『礼記』『春秋左氏伝』です。「五経正義」については、野間文史《1998》が、その成立と展開を論じています。なお現在「五経正義」は、「十三経注疏」の一部となって伝わっています。

　「十三経注疏」の注は、『孝経』注が唐の玄宗の注であることを除き、漢・魏晋期の注釈です。疏は唐の孔穎達の「五経正義」を踏襲するほか（①②③⑥⑦が「五経正義」です）、残りの八経は唐宋期の疏を用いています。繁をいとわず書き出しておきます。（　）の前が注、後ろが疏の作者です。

　①　周易注疏（魏の王弼、唐の孔穎達）
　②　尚書注疏（漢の孔安国、唐の孔穎達）
　③　毛詩注疏（漢の鄭玄、唐の孔穎達）
　４　周礼注疏（漢の鄭玄、唐の賈公彦）
　５　儀礼注疏（漢の鄭玄、唐の賈公彦）
　⑥　礼記注疏（漢の鄭玄、唐の孔穎達）
　⑦　春秋左氏伝注疏（西晋の杜預、唐の孔穎達）
　８　春秋公羊伝注疏（漢の何休、唐の徐彦）
　９　春秋穀梁伝注疏（東晋の范甯、唐の楊子勛）

10 論語注疏（魏の何晏、宋の邢昺）
11 孟子注疏（漢の趙岐、宋の孫奭）
12 孝経注疏（唐の玄宗、宋の邢昺）
13 爾雅注疏（晋の郭璞、宋の邢昺）

「十三経注疏」は長らく清の阮元が家蔵の宋版をもとに校勘し、刊行した影印本（「阮元本」と呼びます）を利用してきましたが、近年二種類の活字本が出版されました。李学勤主編『十三経注疏』（北京大学出版社、2000年）は、阮元本を底本に阮元・孫詒譲の校勘はもとより、そのほかの校勘学の成果も利用して誤字・脱字の補正を施した活字本であり、国立編訳館主編『十三経注疏』（国立編訳館、2001年）は、同じく阮元本を底本とする活字本で、阮元の校勘記を最後に附しています。また、野間文史《2005》は、「十三経注疏」について、その語法と伝承の形を論じたものです。三国時代のみならず、中国の哲学思想を学ぶためには、『十三経注疏』が最も基本的な資料となります。

また、経書に関する清朝考証学の成果を広く集めたものに「皇清経解」があります。阮元が1829年に出版したもので、188種、1,400巻の書を収録しています。そののち、1888年に王先謙が「皇清経解続編」209種、1,430巻を出版しました。同年、王先謙が出版した「南菁書院叢書」47種、146巻は「皇清経解三編」とも呼ばれます。この三書はまとめて「皇清経解」正・続・三編と呼ばれ、経書研究の参考となります。同じように、宋・元時代の経書研究を主としてまとめたものに『通志堂経解』があります。これらの本を参考にすると、「十三経注疏」の解釈をさらに深めていくことができます。

ただし、初学者が「十三経注疏」を読みこなしていくことは容易ではありません。そこで、経書をはじめとする中国古典を日本語に翻訳する代表的な叢書を掲げ、そのなかに含まれる「十三経」の翻訳を示しておきます。

A．漢文大系（冨山房、1909〜1916年）
B．漢籍国字解全書（早稲田大学出版部、1912〜1917年）
C．国訳漢文大成（国民文庫刊行会、1920〜1924年）

D．新釈漢文大系（明治書院、1962年〜）
　E．全釈漢文大系（集英社、1973〜1980年）
①周易（ＡＢＣＤＥ）②尚書（ＡＢＣＤＥ）③毛詩（ＡＢＣＤ）
④周礼　⑤儀礼　⑥礼記（ＡＢＣＤＥ）⑦春秋左伝伝（ＡＢＣＤＥ）
⑧春秋公羊伝　　⑨春秋穀梁伝　　　⑩論語（ＡＢＣＤＥ）
⑪孟子（ＡＢＣＤＥ）⑫孝経（ＡＢＣＤ）　⑬爾雅

　これらの日本の叢書では、五経正義に選ばれた五経と、日本で官学とされた朱子学が尊重する四書（『論語』『孟子』とそれぞれ『礼記』のなかの一篇であった『大学』『中庸』）が重んじられていることが分かるでしょう。４の周礼については本田二郎《1977〜79》が、５の儀礼については池田末利訳注《1973〜77》があり、それぞれ本文を全訳して注を附しています。また、８の春秋公羊伝については岩本憲司《1993》が何休の注まで、９の春秋穀梁伝については岩本憲司《1988》が范甯の注までを全訳しています。なお、岩本憲司には、左伝の全訳《2001〜06》もあり、春秋三伝のすべてを全訳しています。これらの日本語訳を参照することにより、経書の解釈に現れた哲学を理解していくのです。

　玄学・老荘思想の資料は、『老子』『荘子』を中心とします。これら諸子については、中華書局から「新編諸子集成」が出版されており、清朝考証学の成果から出土資料まで依るべき著作が標点を施して出版されています。『老子』については、朱謙之『老子校釈』（中華書局、1984年）、高明『帛書老子校注』（中華書局、1996年）があり、『荘子』については、郭慶藩『荘子集釈』（中華書局、1961年）、王先謙・劉武『荘子集解・荘子集解内篇補正』（中華書局、1987年）があります。また、陳立『白虎通疏証』（中華書局、1994年）、王符著、汪継培箋『潜夫論箋校正』（中華書局、1985年）も、このシリーズに含まれています。『老子』『荘子』の全訳は、前掲のＡ〜Ｅに収められていますが、池田知久《2006》は、馬王堆から出土した『老子』についての訳注です。

　三国時代の哲学・思想の著作の中には、長い年月の中で散佚してしまった書籍も多くあります。そうした書籍のなかには、輯本が作られているも

のもあります。中国では著作に当たって先人の著作物をしばしば引用します。あるいは類書(るいしょ)(分類項目ごとに関連する文章を網羅的に集めて配列した一種の百科事典)に書籍が引用されることもあります。こうした断片的な資料を丹念に集めて、まとめあげたものが輯本です。程栄『漢魏叢書(かんぎそうしょ)』(吉林大学出版社、1992年)・王謨『増訂 漢魏叢書 附遺書鈔(ぞうてい かんぎそうしょ ふいしょしょう)』(大化書局、1983年)は哲学・思想を中心とし、黄奭『黄氏逸書考(こうしいっしょこう)』(中文出版社、1986年)・馬国翰『玉函山房輯佚書(ぎょくかんさんぼうしゅういっしょ)』(中文出版社、1979年)は、哲学・思想に史学を加えた輯本であり、厳可均校釈『全上古三代秦漢三国六朝文(ぜんじょうこさんだいしんかんさんごくりくちょうぶん)』(中華書局、1958年)は、文学(詩を除く)も含めた輯本となっています。

　三国時代の哲学・思想に関する総論としては、狩野直喜《1968》が優れています。鄭玄と王粛の感生帝・礼制に関する論争(じょうげん おうしゅく かんせいてい)、何晏(かあん)の『論語集解(ろんごしっかい)』と王弼の『論語注(ろんごちゅう)』『周易注(しゅうえきちゅう)』に現れる老荘思想との関係、杜預(どよ)の『春秋左氏経伝集解(しゅんじゅうさしけいでんしっかい)』の特徴などが丁寧に論じられ、その基本的展望が示されています。このほか三国ごとの経学の特徴をまとめ、荊州学(けいしゅうがく)との関係をも論じた汪恵敏《1981》、倫理を中心にまとめた劉偉航《2002》があり、蜀漢の経学については程元敏《1997》があります。また、三国のみならず魏晋南北朝全体の儒教に関しては林登順《1996》、南北朝の義疏学(ぎそがく)については喬秀岩《2001》、さらに隋唐まで俯瞰した章権才《1996》、唐までの最新・大部の経学史である姜広輝主編《2003》があります。

D-2　儒教

　後漢を建国した光武帝劉秀(こうぶていりゅうしゅう)は、讖緯思想(しんい)を利用して皇帝の位に就き、即位後は、自らを正統化した緯書(いしょ)を整理して天下に示しました。緯書は、春秋公羊学者(しゅんじゅうくようがく)が中心となって偽作したものです。公羊学派は、緯書に基づいて孔子を神格化し、孔子は漢の成立を予感し、それを聖なる王朝として祝福し、その運営のため『春秋』を著した、と主張したのです。ここでは、孔子は未来を予言する神として描かれています。緯書については、中村璋八・安居香山《1966》、安居香山《1979》があります。また、魏・蜀の建

国にもそれが利用されたことは、平秀道〈1974〉〈1976〉、吉川忠夫〈1984〉があります。こうして儒家の思想は宗教的色彩を帯びた儒教へと変質することにより、漢の支配を正統化し、国家の支配を支える唯一の正統思想として尊重されることになりました。その中心となったものは、春秋公羊学などの今文学です。今文とは、漢代に通行していた文字のことで、詩経でいえば「斉詩」「韓詩」「魯詩」、春秋でいえば『春秋公羊伝』、礼でいえば『礼記』が今文で伝承されてきたテキストであり、それを一家専修で学ぶものが今文学です。

　これに対して、王莽のころ、太学を拡張して儒教を振興した劉歆は、宮中図書の整理を通じて、『春秋左氏伝』『詩経毛伝（毛詩）』『周礼』といった古文と総称される新しい儒教経典を発見しました。劉歆は、『春秋公羊学』などの今文学に代わり、古文学を採用すべきと主張します。やがて前漢を簒奪した王莽が皇帝になると、これら古文経典を規範として政治が行われました。出現が遅れた古文学は、君主権力を強化する方向で経典が解釈されており、皇帝権力にとって有利だったのです。王莽が最も重んじた『周礼』については、宇野精一《1949》が、今古文の論争については、銭穆《1989》、黄彰健《1982》があります。

　しかし、王莽を打倒し、今文系の讖緯思想を正統性の基底に置いた後漢は、古文学を官学とするわけにはいきません。そこで、章帝は白虎観会議を開き、今文・古文の学者を集めて教義を議論することを通じて、古文学の長所を今文学に取り込ませ、後漢「儒教国家」の教義を定めたのです。ここに、中国における儒教の国教化の完成を求めることができます（渡邉義浩《1995》）。白虎観会議については、池田秀三〈1995〉がその経学上の重要性を説き、渡邉義浩〈2005f〉は、前漢から王莽期に形成された中国の古典的国制が、白虎観会議で儒教教義の裏付けを得たことを明らかにしています。また、前漢武帝期に董仲舒の献策により五経博士が太学に置かれたとする従来の理解が『漢書』の偏向をそのまま信じた誤りであることについては、福井重雅《2005》があり、それでは儒教の国教化をどのように考えるべきかについては、渡邉義浩〈2005g〉があります。

後漢は史上初の「儒教国家」なので、周を理想とする儒教の経義と秦より継承した中央集権国家の現実とが、齟齬を生じることもありました。渡邉義浩〈2006f〉は、そうしたとき、漢の先例である故事を利用して、社会の現実と経義との妥協により政治を運用したことを明らかにしたものです。その一方で、儒教の側も「権」という理念により、現実への接近をはかったことについては、田中麻紗巳〈1998〉、堀池信夫〈2006〉があります。官学の今文学、なかでもその中心となった春秋公羊学は何休によって集大成されました。何休は、孔子が『春秋』を著して正統化した王朝が聖漢であるとしたのです。堀池信夫〈1988b〉の言葉を借りればそれは観念の世界における「永遠の漢帝国」でした。何休は滅びゆく後漢「儒教国家」の価値観の総括を行ったのです。何休が後漢末に党錮の禁を受け、現実への苦悩の中で学問世界を展開していったことについては、吉川忠夫〈1976〉があります。同様に、党錮の禁のなかで、『孟子』の注を書いた趙岐については、狩野直禎〈1980〉があります。

　また、渡邉義浩〈2001b〉が明らかにしたように、今文『尚書』を典拠とする後漢の「寛」治は、豪族の在地社会における規制力を利用する支配でしたが、それは豪族の勢力伸長を招き、外戚・宦官の専横と相まって後漢末の統治の弛緩をもたらしました。「寛」治の経学的背景については、渡部東一郎〈2000〉があります。したがって、在野の学であった古文学、ことに『春秋左氏伝』を論拠に法刑を重視する思想家が多く現れました。曹操や諸葛亮の法刑重視に繋がる流れです。後漢の安帝期から順帝初期に活躍した王符はその始まりです。王符については、徳化こそ正統とする儒家的徳化主義を否定しない法術主義は不安定ではかないとする金谷治〈1972〉、道徳教化の政治こそ理想として法刑より優先させたとする日原利国〈1957〉、法の位置をほとんど儒と対等にまで高めたとする堀池信夫〈1988a〉、崔寔と比較する渡部東一郎〈1997〉などがあります。こうしたなか、田中麻紗巳〈1996〉は、王符の人間観に両主張の論拠を求め、王符は良民に対する道徳・教化、小人に対する法・賞罰と、統治方法を弁別していたとしています。

こうした古文学の隆盛を背景に、官学の今文学と在野の古文学の融合を図り、後漢の経学を集大成したものが鄭玄です。鄭玄の学問は、今古文の折衷ですが、その主たる立場は古文学であるとすることが一般的でした（武内義雄《1936》）。これに対して、池田秀三〈2006〉は、使用したテキストは古文であるが、解釈は今文学であるとしています。鄭玄の学説の特徴は、『周礼』を経礼（礼の中心的な経書）として三礼を有機的に統一し、さらには五経全体をその体系の中に統合する体系性の高さにあります（三礼体系）。その体系化の論理操作については、加賀栄治《1964》により、その全貌が明らかにされています。また『周礼』を経礼にした理由を池田秀三〈2006〉は、祭祀の等級づけを重視する鄭玄が昊天上帝と太微五帝という二種の上帝を共存できる経典として『周礼』を選んだこと、および周公への尊崇篤い鄭玄が『尚書大伝』に注をつけるなかでそれを増幅させ、周公の権威を尊重する『周礼』を重視したことの二点に求めています。鄭玄の周礼学と尚書学に関しては、間嶋潤一に〈1983〉〈1993〉〈1997〉〈2001〉〈2002〉という一連の研究があります。なお、鄭玄の訓詁・注釈の方法については、月洞譲〈1963〉・張舜徽《1984》・王啓発著、孫険峰訳〈2006〉、年譜・著作については王利器《1983》・耿天勤主編《2003》・唐文《2004》などがあります。

　鄭玄説の総論にあたる「六芸論」を、池田秀三〈1983〉は、六芸すべてを河図洛書を媒介として天神が統治者に下した、と位置づけたものとします。しかし、天の意志を反映する秩序である「三礼体系」が実際に運用されるべき漢帝国は、すでに理想を託しうる可能性をほぼ失っていました。内山俊彦〈2005〉の述べるとおり、漢を積極的に正当化し権威づけるという明瞭な姿勢が、鄭玄にはみられません。鄭玄の営為は、来るべき明日の世界のために、理想を示そうとするものでした。しかし、それゆえにこそ、鄭玄の学問はその後の中国の歴史における一つのスタンダードとしてありつづけたのです。

　政治の実権は曹操に移っていました。それを十分に承知しつつも、荀悦は漢帝国復興の希望を献帝に託し、その方途の一助とするため『申鑒』を

執筆します。献帝から班固の『漢書』を簡略化する『漢紀』の執筆を命ぜられると、荀悦は列伝を省き、漢室の一尊を他の覇者から際立たせる体例をとりました。田中麻紗巳〈1998〉は、荀悦の法治への反抗的な姿勢に、曹操の丞相就任への警戒を指摘しています。なお、荀悦については、堀池信夫〈1988c〉、陳啓雲《2000》もあります。また、後漢の滅亡時、時を同じくして死去した仲長統について、堀池信夫〈1985〉は、理念としては儒教を根底に置くものの、政治の現実においては法治を全面に押し出す仲長統の思想を、漢代思想史の最後の幕引きと位置づけています。漢の滅亡を必然と捉えたものは仲長統だけではありません。池田秀三〈1993〉は、応劭の『風俗通義』皇覇篇もまた、革命の是認のために書かれたものであったとします。なお、漢魏禅譲の際、堯舜革命と『礼記』により、儒教が曹魏の支配を正統化したことについては、渡邉義浩〈2003d〉〈2004〉があり、郭熹微〈1997〉も漢魏禅譲を扱っています。

　また、後漢末の儒教は実践を尊びました。経世済民のため自ら軍を率いて国のために戦う儒者も多かったのです。黄巾の乱の平定に赴いた盧植は、そうした儒将の代表です。盧植については、その事跡と政治的立場を解明しながら、『礼記訓詁』の書誌学的分析を行っている池田秀三〈1990～91〉があります。田中麻紗巳〈1999〉は、これら後漢末の思想活動を①経伝注釈（鄭玄・何休）、②法刑強化（崔寔・仲長統）、③合理的俗信批判（荀悦・応劭）の三つに類型化しています。

　鄭玄に集大成された後漢経学に対して、魏晋経学の基本を提供するものが荊州学です。荊州牧劉表の保護の下、宋忠・司馬徽を中心に展開された荊州学は、鄭玄の経典解釈に対する最初の反論であり、西晋以降南朝経学の中心となっていく王粛の経学の源流となります。こうした荊州学の歴史的意義をはじめて解明したものが、加賀栄治《1964》です。荊州学については、このほか王韶生〈1964〉、野沢達昌〈1972b〉、魯錦寰〈1982〉、唐長孺〈1989〉があります。さらに加賀は、魏晋経学を漢唐訓詁の学の中心環節と位置づけます。六朝義疏学へと受け継がれる「資料」と「論理」に基づく合理的な経典解釈が魏晋に成立したためです。このうち「資料」

については、後漢古文学の成果を全面的に継承したため、魏晋経学の「新」は、ただ「論理」のうちにあるといいます。ゆえに経書解釈の問題に関して、王粛の反鄭玄的解釈の実態と本質、王弼の周易に対する新解釈の方向性、杜預の春秋解釈の方法と態度、『尚書孔氏伝』の制作とその解釈を追及しながら、その「論理」の合理性に魏晋の「新」を求めたのです。加賀が、荊州学や魏晋経学の「新」をその「論理」に求めたのは、鄭玄と王粛の違いについて藤川正数《1960》が、伝統的見解を集大成した形で、鄭玄を形式主義的な今文学派、王粛を実質主義的な古文学派的な特徴を持つと主張していたことを、転換したものでした。加賀の「論理」の主張は、今・古文の対立説よりも一歩深い立場から見て、古文学における方法・態度の違いを鄭玄・王粛の学説対立の原因と考えたものです。また、加賀は、清朝の考証学者や吉川幸次郎〈1959〉などが、王粛や王弼の性格や杜預の生き方、『尚書孔氏伝』が偽作であることに対して加えた批判を一切取りあげません。哲学的合理性の本質は、はるかに根本的なものであると考えていたからです。堀池信夫《1988》は、加賀の「論理」の根底に存在するものとして、「言語」「言語を超えるもの」についての意識を示し、魏晋玄学の無が「論理」に通底することを示しました。しかし、その一方で、彼らが生きた時代の中で、どのような政治的立場から学問的営為を行ったのかは、さらに検討する必要があると思います。渡邉義浩〈2002ｂ〉で取りあげた王粛の『孔子家語』に関する解釈は、そうした試みの一つです。王粛に関しては、その詩経学を論じた坂田新〈1974〉、政治思想を論じた南沢良彦〈1987〉があり、鄭玄派と王粛派の論争については簡博賢《1986》もあります。

　荊州学系の『春秋左氏伝』で学んだ杜預は、晋の将軍として呉を滅ぼすとともに、『春秋左氏経伝集解』を著し、『春秋』という経書で最も尊重すべき存在を孔子から周公へと移しました。そのため杜預は、第一に公羊学により聖漢の正統性の根拠とされてきた孔子素王説（無冠であるが真の王者である孔子が後世の聖王のため『春秋』を著したとする説）を否定し、第二に左伝の義例説を確立したのです。渡邉義浩〈2005ｄ〉は、杜預が義

例説の一つである「君無道(くんむどう)」により、司馬昭の君主殺害を正当化したことを論じたものです。そうした恣意的な解釈を持ちながらも杜預注が左伝の決定版となったことの理由を、加賀栄治《1964》は春秋経と左氏伝を一体化したその解釈方法の「新」と春秋秩序理念の捉え方に求めています。また、鎌田正《1963》は、杜注の典拠を詳細に分析して、杜注が劉歆(りゅうきん)以来の左氏先儒の注はもとより、爾雅・毛伝・説文・鄭注(じが・もうでん・せつもん・ていちゅう)より広雅・韋昭(こうが・いしょう)の国語注まで、きわめて多くの注を集大成していることを明らかにしました。そうした杜注の訓詁の正確さも、「五経正義」が杜注を採用した理由でしょう。渡邉義浩〈2005c〉は、杜預の諒闇心喪説(りょうあんしんそう)が、司馬炎の実質的心喪三年を正統化するとともに、司馬攸の政治的発言力を守ろうとするものであったことを明らかにしたものです。また渡邉義浩〈2005a〉は、杜預が『春秋長暦(しゅんじゅうちょうれき)』を著し、公羊伝よりも左伝が正しい『春秋』の伝であること、および左伝学における杜預の地位の確立を目指したことを論じています。

こののち、南朝は『周易』を王弼、『尚書』を孔安国(こうあんこく)、『春秋左氏伝』を杜預、北朝は『周易』『尚書』をともに鄭玄、『春秋左氏伝』を服虔(ふくけん)、『毛詩』『礼記』をともに鄭玄の注で読むことになります。おおむね荊州学が南朝に、漢学が北朝に継承されたと考えてよいでしょう。唐に成立した「五経正義(ごきょうせいぎ)」は、『周易』を王弼、『尚書』を孔安国、『春秋左氏伝』を杜預、『毛詩』『礼記』を鄭玄の注としており、南学（南朝の経学）を中心としたことが分かります。しかし、野間文史《1988》は、注に附した義疏が北学者の手になるものを中心とすることに注目し、唐初の学術は南学中心であったとはいえないとしています。

D-3　玄学・老荘

こうした儒教の展開を基底としつつ、魏晋では玄学・老荘(げんがく・ろうそう)思想もまた深化しました。堀池信夫《1988》は、魏晋に発生する思想的事態を、形而上学における宇宙論からの離脱と、思惟の内面化として把握します。形而上学については、魏の王弼の「無」の思想が、宇宙論に密接であった漢末までの形而上学を一新する、斬新な「論理」に基づくものであることに注

- 187 -

目します。また、思惟の内面化については、やはり王弼の「無」の体得の思想や、阮籍の神秘体験、嵆康の自得など、一律に至高者に対して内的に人間が迫接していく方向性を持つ思想が目立つようになる、とするのです。

かかる思想的展開は、堀池信夫〈1988ｄ〉によれば、後漢末から建安期に活躍した高誘が、『淮南子』『呂氏春秋』など道家・雑家系統の典籍に注を施すことにより、漢代の形而上学、なかんずく「道」や「無」の思想の展開について、到達し得た地点を簡潔な形で提示していたとするように、後漢末にすでに胚胎していました。後漢「儒教国家」の衰退のなかで、老荘への注目は高まっていたのです。党錮の禁で弾圧された「党人」も「逸民的人士」と呼ばれる隠者を高く評価していました。

そうした老荘再評価の風潮を背景に、曹操が儒教に代わる新たな文化的価値として宣揚した「文学」の才能を正当に評価されなかった何晏は、「文学」に代わる新奇な文化として老荘思想を蘇らせ、仲間内で評価を高めあい、卓越性を得ようとしたのです。板野長八〈1943〉は、何晏・王弼の思想を、先王の道を道家的な立場、とくに荘子的な見地より再組織し、老荘的な道を儒教の道に見出したもので、儒教の体系の下における老荘的な要素の進出であったとしています。福永光司〈1958ｂ〉は、何晏の「無名論」が「有名」「無名の有名」「無名」の三者を挙げることに着目し、堯や舜といった儒教の聖人が体得している「無名の有名」とは、実在世界に参入しながら、世俗の世界に立つことであると理解しています。また、堀池信夫〈1988ｅ〉は、何晏の無為を法家的政治思想を背景とする「為政者の無為」であるとします。渡邉義浩〈2001ｃ〉は、何晏が玄学という新たな価値観による人事を行い、老子を典拠とする中央集権化を推進したことを論じたものです。このほか何晏には、浮華と呼ばれた理由を考える福島吉彦〈1972〉、その詩を論じた鈴木修次〈1968〉、福島吉彦〈1974〉があります。

王弼は何晏と異なり政治的には無能でしたが、玄学を哲学的に深化させました。堀池信夫〈1978〉は、王弼の易解釈・老子解釈における論理性に注目し、老子本来の思想をさらに深化した緻密な形而上学を展開し

たことを指摘し、そこに魏晋期における論理性の優位をみています。王弼に関してはこのほか、無を論じる内村嘉秀〈1984〉、郭象との比較の中でその分を論じる高野淳一〈1989〉、太極に関する解釈を取り上げた仲畑信〈1993〉、その『論語釈疑』を論じた仲畑信〈1996〉、福田忍〈1994〉があります。

「正始の音」と呼ばれる両者の玄学の思想内容については、王葆玹《1987》《1996》が最もよく全体にわたる情報を提供しています。このほか、先駆的な業績に湯用彤《1957》があり、高晨陽《2000》は儒教との関わりの中で正始の玄学を論じ、周満江・呉金蘭《2002》は魏晋国家の興亡の中に玄学を位置づけます。また、盧盛江《1994》は玄学と文学との関わりを論じ、許抗生《1992》は仏教なども含めた魏晋思想全体の中に玄学を位置づけています。

何晏・王弼が創始した玄学思想の実践的・現実的な側面をさらに深めたものが阮籍（げんせき）・嵆康（けいこう）など「竹林の七賢（ちくりんのしちけん）」です。「竹林の七賢」という呼称が東晋時代に形成された伝説であることについては、福井文雅〈1959〉があり、松浦崇〈1977〉、王瑶著、石川忠久他訳《1991》も参考になります。

吉川幸次郎〈1950〉は、母の喪に酒を飲む阮籍の礼教への挑戦を健全な精神の発露と捉えました。礼教に対する反発、かといって老荘に溺れるわけでもない阮籍の自立性をそこにみるのです。また、福永光司〈1958a〉は、「詠懐詩」に現れる暗さに、阮籍の懼れと悲しみを読み取ります。渡邉義浩〈2002b〉は、司馬氏への抵抗を中心にその生き方を叙述したものです。そのほか、阮籍の伝記には、松本幸男《1977》・高晨陽《1994》があります。

また、嵆康について、西順蔵〈1960ab〉は、司馬氏ら権力者が世間の絶対価値をたてまえにすぎぬ「にせ」だとすることに抵抗して、嵆康は是非善悪をはっきりさせ、志操を守ろうとし、「にせ」が私性にあることを批判して「釈私論（しゃくしろん）」を著したとします。また、福永光司〈1962a〉は、嵆康を取り巻く政治的・倫理的・宗教的疎外の状況を明らかにし、疎外の克服への努力を人間性の自然の回復にあると総括します。加賀栄治〈1971〉

は、嵆康の論の特徴として、荘子に基づき常識を根本から否定すること、および論理性の高さを挙げ、後者が『翰林論』にも『文心雕龍』にも高く評価されていることを指摘します。荊州学に始まる「論」の重視を嵆康の思惟にも見出しているのです。このほか、「理」の分析から嵆康が「名教」と「自然」とのほどよい調和の実現を目指していた高野淳一〈1991〉、音楽との関わりを論じた堀池信夫〈1981〉、張蕙慧《1997》もあります。渡邉義浩〈2006ｃ〉は、嵆康が深化した玄学と文学とが、皇帝権力からの自律性を持つ貴族の存立基盤の一つへと成長していくことを論じたものです。

D-4　人物評価・清談

　諸葛亮の「臥龍」や曹操の「乱世の姦雄」といった人物評価は、後漢末、宦官の専横に抵抗した「党人」が生み出したものです。後漢の官僚登用制度であった郷挙里選が宦官により私物化され、客観的な基準が消滅したことに対抗したのです。「党人」の拠点となった洛陽の太学では、師と仰ぐ陳蕃を「不畏強禦陳仲挙」、李膺を「天下模楷李元礼」と、七言の人物評価によって高く評価し、三君八俊といったヒエラルキーを創りあげ、現実の後漢政府の三公九卿と対峙させたのです。七言の人物評価については今鷹真〈1979〉・王依民〈1988〉が、三君八俊については安部聡一郎〈2002〉があります。

　やがて人物評価は、洛陽の太学から全国へと広がりました。それに大きな役割を果たしたものが、李膺の評価を受け「名士」となった郭泰です。郭泰が天下を周遊すると、人物評価を求める豪族の名刺で車が一杯になったといいます。こうして人物評価に端的に現れる名声を存立基盤とし、社会の直接的な支配者である豪族の支持を受ける「名士」層が成立したのです。郭泰については岡村繁〈1955ａ〉があります。その郭泰と並称されたものが、曹操を評価した許劭です。許劭については、岡村繁〈1955ｂ〉があります。また、こうした後漢末の人物評価全般については、岡村繁〈1960ａ〉のほか、劉増貴〈1983〉があります。

「名士」の人物評価の価値基準の根底には儒教が置かれていました。これに対して曹操は、新たな評価基準として儒教と関わりなく才能だけで判断する唯才主義を掲げました。「名士」の人物評価への挑発です。これに対抗する議論が「才性四本論」です。実用的な才能を「才」とし、人間の道徳的な素質を「性」として、両者の関係を論じる「才性四本論」は、「名士」が自らの人物評価を見直す中から生まれた哲学的な議論です。「才性四本論」について、唐長孺〈1955e〉は、魏晋の才性論は新興の曹魏政権を強固なものにすることにあったと理解しています。これを批判する岡村繁〈1962〉は、司馬・反司馬の両派による政権争奪の内紛が生み出した派閥的な討論と位置づけています。「才性四本論」が人物評価の本質、つまり哲学的な側面を考究する議論であることに対して、人物評価のための実用的な理論をまとめたものが、劉劭の『人物志』です。多田狷介〈1980〉は、『人物志』を著した劉劭を曹室の君主権強化に努めた官僚と位置づけます。『人物志』は人物評価の基準を作り、客観的な人事運用を行うために著されたのです。しかし、『人物志』は、現実には利用されませんでした。西順蔵〈1956〉は、必要な諸才能を陰陽五行的人性論によって分析・配置した『人物志』は、分析・配置が見事であるだけにその空疎さが目立つと評しています。なお『人物志』については岡村繁〈1952〉〈1983〉、校勘に郭模《1987》、訳注に多田狷介〈1979～80〉があります。

　こうして人物評価は、不安定なまま九品中正制度の状へと繋がるのです。越智重明〈1965〉は、人物評価を起源とする清議と郷論との関係を論じたものです。その一方で、人物評価はまた、貴族層の玄学と結びついて清談へと発展します。清談の内容については、唐長孺〈1955d〉・福井文雅〈1968〉・蔡振豊《1997》などがあります。

E　道教・仏教

　道教は、現世に福禄寿を求める中国の民族宗教です。ただし、道教とは何か、という問題については、論争があります（酒井忠夫・福井文雅〈1983〉）。それは道教を構成する要素の複雑さに起因しています。道教の起源は、中国古来の巫術にまで遡り、墨家・儒家・道家の要素も重層的に取り入れられています。ただし、その直接的な起源を求めるとすれば、後漢末に黄巾の乱を起こした張角の太平道と、漢中に宗教王国をつくった張魯の五斗米道になるでしょう。後者を中心とする道教は、両晋南北朝には仏教の影響のもと、教義と教団を整え、やがて寇謙之の新天師道が、北魏の太武帝により国教化されるに至ります。

　一方、中国仏教とは、漢訳仏典を主な拠り所として形成され、朝鮮仏教や日本仏教の母胎となったものです。ただし、翻訳は難しいものです。言語の背景にある文化が異なる場合にはなおさらでしょう。仏教は後漢の明帝期には中国に伝わっていました（石川博道〈1939～40〉）。しかし、インド文化を背景とする仏教が、儒教一尊の後漢で普及しなかった理由は、仏教を理解する思想的背景が中国で成熟していなかったためでしょう。三国時代に玄学として復興した老荘思想は、仏教との親和性が高く、仏教は、玄学を媒介として中国に浸透しようとしました。こうした仏教を格義仏教と呼びます。やがて、異民族が中国北部を統治する五胡十六国時代になると、仏図澄や鳩摩羅什が迎えられ、本格的な仏教の受容が進み、隋唐において仏教は全盛期を迎えます。漢代の儒教一尊の価値観は崩れ、道教が興隆して仏教も流入する宗教界の多様化は、三国時代から始まるのです。

E-1　資料・総論

　道教には、その経典を集成した『道蔵』があります。仏教の『大蔵経』に相当するものです。現行の『道蔵』は、明の『正統道蔵』と『万暦続蔵』とを合わせたもので、5,485巻に及びます。これは明の成祖永楽帝が

編纂を命じたもので、いったん英宗の正統9（1444）年に刊行され（『正統道蔵』）、そののち編纂を続けて万暦35（1607）年に続刊されました（『万暦続蔵』）。今日、一般に見られるものは、1923年から26年にかけて上海の涵芬楼が北京の白雲観本を底本に影印した上海版『道蔵』です。さらに清代には、287種の道典を輯めた『道蔵輯要』が刊行されました。これには『道蔵』に未収の道典も含まれ、高い資料価値を持っています（尾崎正治〈1983〉）。

　『道蔵』に含まれる多くの道典のなかで、三国志と大きく関わるものは、『太平経』です。『太平経』は本来、170巻であったといわれますが、現在『道蔵』に収められているものは、57巻のみの残欠本と唐末の閭丘方遠が抄出したという『太平経鈔』10巻だけです。天の使者としてくだった神人が、有徳の君主に伝えさせるため、地上世界の救済の方法を弟子の真人に告げる部分が『太平経』の中心です。そこでは、自然や人倫の調和による太平の実現が説かれます。神塚淑子は、〈1988〉により太平の世の実現への理論の構造を明らかにし、〈1990〉により上清派の修道理論で重視される「心」が『太平経』でどのような内容で語られるかを論じています。

　現行本の『太平経』との関係が論じられているものは、後漢の宮崇が干吉から伝授され順帝に献じ、のち太平道を起こした張角が有したという『太平清領書』170巻です。干吉は、『三国志演義』では于吉と表記されています。孫策に殺害される干吉については、福井康順《1952》・陳国符《1949》・宮川尚志《1964》《1983》・湯用彤〈1983〉・前田繁樹〈1985〉などがあります。両書の関係について、大淵忍爾〈1939～40〉・〈1997〉は、現行の道蔵本『太平経』は後漢の『太平清領書』の後身であり、再編のあとは見られないとします。これに対して、福井康順《1952》は現行『太平経』を梁・陳のころの偽作であるとし、吉岡義豊〈1961〉は、敦煌本『太平経』の研究により、現行本が隋まで遡り得ることを明らかにしています。前田繁樹〈1994〉は、福井説を踏襲し現行本を陳の周智響によりまとめられたものとします。また、蜂屋邦夫〈1983〉は、『太平経』の言語・文字表現に考察を加え、それを問答体・散文体・対話体の三種類に分類しています。

第二部　研究動向篇

　一方、仏教には、経典を総集した『大蔵経』（一切経・三蔵とも呼びます）があります。木版印刷による最初の『大蔵経』は、北宋の太祖・太宗期に蜀で版木が雕られ、『蜀版大蔵経』と呼ばれました。この大蔵経の下賜をうけた高麗は、十一世紀前半に覆刻版を出し、その版木が元による兵火で焼失すると、十三世紀に再雕本を完成させました。いまも韓国の海印寺に板木を収蔵する『高麗大蔵経』です。日本では、1924〜32年に出版された『大正新修大蔵経』100巻があり、インドの原典に基づく翻訳・中国および日本の著述を収め、日本の仏教学の水準の高さを示し、今日世界中で最もよく利用されるテキストとなっています。

　三国時代を含む魏晋南北朝の道教については、『太平経』や『老子化胡経』などの経典を論じた福井康順《1952》、『霊宝経』や『洞神経』を論じた福井康順《1987》・小林正美《1990》・大淵忍爾《1997》、老子伝説を解明する楠山春樹《1979》があります。また、歴史的に道教の成立を解明する宮川尚志《1983》・大淵忍爾《1991》があります。

　また、魏晋南北朝の仏教については、鎌田茂雄《1982〜83》により該博で詳細な知識を得ることができます。また、塚本善隆《1968》では、三国時代の仏教のあり方が魏と呉を対比する形で述べられています。エーリク・チュルヒャー著、田中純男他訳《1995》は、中国の仏教伝来を手堅くまとめ、中嶋隆蔵《1985》は、中国の仏教受容の前提と六朝士大夫の仏教受容、そして儒仏道の三教の交流を描いています。

E-2　太平道と五斗米道

　後漢末に黄巾の乱を起こした張角は、符水（おふだと聖水）により病気を治し、民衆の支持を得たといいます。宮川尚志〈1980〉は、張角が宦官を通じて『太平経』を入手し、それに基づいて太平道という秘密結社をつくったと考えています。張角は、黄巾の乱を起こす際にも、宮中の宦官と結託して、一斉に蜂起しようとしました。その際、黄巾は36の「方」に分かれ、それぞれ渠帥という指導者を立てていました。福井重雅〈1974a〉は、「方」とは将軍のような称号ではなく、部署や党派といった集団の単

位を示す用語であるとします。また、黄巾は、「蒼天すでに死す、黄天当に立つべし。歳は甲子に在り、天下大吉ならん」というスローガンを流布させましたが、漢は火徳で赤がシンボルカラーなので、蒼天の意味が分かりません。宮川尚志〈1980〉は、五行説とは関係なく青々とした天のことであるとし、大淵忍爾〈1991〉は、「蒼天已に死す」とは木が尽きたことを意味し、木が尽きれば火は消えるから、火徳の漢は滅亡する。それを直接言わないのは、必要以上に政府を刺激しないためであるとしています。福井重雅〈1974b〉は、重要な部分は、「黄天当に立つべし。歳は甲子に在り」だけで、黄天という用語が黄老信仰を背景とする独自の表現であって、五行とはまったく関係ないとします。また、鈴木中正〈1974〉は、それまでの青い空が黄色になるという自然界の一大異変、華北にしばしば起こる黄塵万丈の現象を予言するものである、としています。なお、太平道の教義の内容は、五斗米道と同じであったとあるだけで、詳細には分かりません。黄巾の乱とともに太平道も滅亡したためです。澤章敏〈2000〉は、両者の教団組織を検討したものです。

　太平道と同じころの宗教集団に五斗米道があります。五斗米道という名称は、病気が治った信者に、五斗（約10リットル）の米を寄進させたことに由来します。創始者が張陵（張道陵）であること、それがやがて張魯に伝わり、張魯が曹操に降伏したことに異論はありませんが、二人の間に置かれる張脩（あるいは張衡）について、『三国志』に注をつけた裴松之以来、理解が分かれています。澤章敏〈2005〉は諸説を検討した上で、五斗米師として張氏発展の基礎を築いた者を張脩とし、それが『三国志』に十分記録されなかった理由を張魯伝としての制約に求めています。

　張陵→張脩→張魯と発展していく五斗米道は、太平道と同じように符水により病気を治しましたが、過ちを自首・反省させたのちに（思過・首過）、符水を飲ませることが特徴でした。思過の宗教性については、堀池信夫〈1982〉、吉川忠夫〈1994〉、土屋昌明〈1994〉があります。また、思過の場として「静室」という建物を設けましたが、これの宗教性についても吉川忠夫〈1987〉があります。さらに、五斗米道では、『老子』を学ばせ

ましたが、そのテキストには『老子想爾注』が使われたといいます。敦煌からその残巻が発見されましたが、大淵忍爾〈1967〉は後漢末、小林正美〈1987〉は南朝宋、楠山春樹〈1979〉は北魏に、その成立を求めています。また、堀池信夫〈1991〉は、『老子想爾注』を道教的な民衆的生命論の立場から理解しようとしています。

　張魯が漢中に政権を樹立してからは、流民に対して無償で食料を提供する義舎を設け、悪事を行った者は三度まで許し、四度目になると罪人と呼んで道路工事などの公益活動を行わせました。さらに、信者から構成される強固な自治組織を形成しました。澤章敏〈1994〉によれば、入信すると鬼卒、信仰が深まると一定の儀式を通過して祭酒に昇格するというシステムが作られていました。また、積極的に異民族への布教を行い、澤章敏〈1987〉によれば、勇猛な板楯蛮を教団組織のなかに巧みに取り込むことにより、その軍事基盤を強化したのです。

　こうして五斗米道は、漢中に宗教王国を維持していましたが、のちに曹操に帰順し、曹操、そして曹丕を真人と呼んで正統化することにより（吉川忠夫〈1978〉）、その保護を受けて信者を増やしたのでした。

E-3　関帝信仰

　蜀漢に仕えた関羽を神として崇拝する関帝信仰は、唐より始まりました。安史の乱で唐の力が衰えた徳宗の建中元（780）年、関羽は武成王（武神としての太公望呂尚）の従祀として、古今の名将六十四人の一人に選ばれ、蜀前将軍漢寿亭侯として初めて国家により祭られました。これが、武神としての関羽の国家祭祀の始まりですが、この時には諸葛亮や陸遜も選ばれており、その他大勢の一人に過ぎませんでした。一方、関羽終焉の地である玉泉寺では、最古の関帝廟建立の記録が徳宗の貞元18（802）年に残されており、そこでは寺院の伽藍神（仏を守護する神）として信仰されていました。井上以智為〈1941〉は、関羽の神としての基本的な性格を武神とし、そこから伽藍神・財神としての性格が派生したとし、関羽信仰の成立過程・国家祭祀の封号の変化などをまとめています。

Ⅱ．思想・宗教

　宋は北方民族の侵入に苦しみ、民族意識が高まりました。徽宗は、関羽の地位を忠恵公・武安王・義勇武安王と進めて、国家の守護を祈ります。こののち、関羽の神号は国家の危機のたびに積み重ねられました。一方、関羽の出身地の解県でも関羽信仰が発展し、悪神の蚩尤を倒す塩池の神として道教的な崇拝が広まりました。明になると、関羽信仰は飛躍的な発展をとげ、国家は関羽を祭るための白馬廟を創建し、民衆が関羽を祭る月城廟も隆盛をきわめます。そのため明初に成立した『三国志通俗演義』は関羽に遠慮があり、関羽と呼びすてず関公と表記するほか、嘉靖本の第二版では、関羽が死ぬ場面は描かれません（中川諭〈1990〉）。『源氏物語』で光源氏の死去する場面が、はじめから描かれなかったことと同じと考えてよいでしょう。こうした歴代の関羽信仰については、顔清洋《2002》《2006》が丁寧にまとめています。

　満州人の征服王朝である清は、中国文化をよく受容し、中華帝国の集大成を成し遂げました。したがって、関羽信仰も明から継承します。明清交替期に中国に滞在したイエズス会士は、明清の両軍がともに関羽を守護神としながら戦う姿を奇異な目で報告しています。太田出〈2001〉は、清が辺境での軍事行動に際して、関羽の顕聖を強調することにより、帝国の統合に利用したことを論じています。小島毅〈1992〉は、地方では明以来の山西商人の活躍により財神としての関羽崇拝が広がり、中央では清が「春秋の大義」の体現者として関羽を軍神に採用したため、関羽信仰が二重性を帯びたと理解しています。

　洪淑苓《1995》は、さまざまな関羽の伝説を集め、関羽の生前の時期ごとにおける伝説、死後の伝説をそれぞれ調べ、文人と民衆の関羽像の違いを明らかにしています。また、李福清《1997》は、関羽の伝説を網羅的に掲げたのちに、『三国志演義』の関羽像との関わりについて論じています。大塚秀高〈1996〉は、関羽を剣神と位置づけ、アーサー王のモデルとの相違について論じています。

　函館・横浜・神戸・長崎には、関帝廟があります。関帝廟の存在は、日本における華僑の経済活動を示すものです。斯波義信〈1982〉は、中華

会館として今も残る函館関帝廟を中心とする北海道の華僑の経済活動を論じています。

E-4　仏教

　仏教が中国に伝来したのは、後漢の明帝のときで、明帝が夢に金人を見てインドに使者を派遣したこと、使者が大月氏国で『四十二章経』を写して帰国したこと、白馬寺の建立と造仏をしたことが『後漢書』に記されています。明帝の異母弟の楚王英は、浮屠(仏陀)の祭祀を行いました。また、記録上、はじめて仏教を崇拝した皇帝である桓帝は、浮図(浮屠)と黄老を祀ったとされ、当時、仏教が黄老思想の一種と見なされていたことが分かります。それでも、仏典の漢訳は始まっており、安息国の王子であった安世高は、建和2(148)年ごろ洛陽に来て34部40巻の漢訳を行い、霊帝の光和2(179)年には大月氏国から支婁迦讖が来て『般舟三昧経』など浄土信仰のもとになる経典を漢訳しています。

　三国時代になると、儒教一尊の価値観が崩れ、仏教と親和性を持つ玄学が盛んとなり、また相継ぐ戦乱のため、人生の無常・因果応報の宿命論を説く仏教の受容されやすい環境が整ってきました。こうした仏教受容の精神的背景については、中嶋隆蔵《1985》があります。しかし曹操は、仏教にはあまり好意的ではありませんでした。曹爽のもと、何晏らが玄学を宣揚するころからようやく、西域僧が洛陽で訳経や布教活動を行うようになりました。安息国の曇帝は律学を講じ、亀茲国の帛延は『首楞厳経』の漢訳を行いました。

　これに対して、孫呉の建国された江南では、早くから仏教が流入し、後漢末の牟子は、儒教を学んだあと仏教を信仰し、『理惑論』を著し、『老子』『論語』『孝経』を引用しながら仏教を解説しました。大月氏国出身の支謙は、孫権の信頼を得て博士となり、東宮の輔導をつとめ、36部48巻の経典を漢訳しました。なかでも『維摩詰経』は、在家仏教を説き、君主が「至治」を行い、「道化」を宣揚するための精神的武器として東晋以降、皇帝に歓迎されました。また、康居国出身の康僧会も訳経と布教に活躍し、孫

権が仏教に理解を示したこともあり、仏教の受容が全くみられない蜀漢とは異なり、孫呉では仏教が盛んになりました。

　西晋に入ると仏教はさらに発展し、竺法雅(じくほうが)は、豊かな中国古典の教養と玄学の思想・概念を活用して、仏教に暗い知識人を教導し、格義(かくぎ)仏教の端緒を開きました。玄学の「無」の思想により、般若(はんにゃ)経典の「空」の思想を解釈したのです。これについては、辛旗〈1993〉、張美蘭〈2003〉があります。逆に仏教から玄学への影響を指摘するものもあります。王暁毅〈1993〉は、何晏の「無名論」の無所有の概念が後漢で翻訳されていた仏典の影響を受けていることを指摘しています。また、村上嘉実〈1961〉は清談に仏教の論理学の影響を、福永光司〈1962b〉は嵆康の思想に、福井康順〈1967〉は五斗米道の教義に、仏教の影響をみています。なお、格義仏教は、東晋の道安(どうあん)の批判以降も無くならず、仏典の翻訳の際には格義的な傾向が続いたとする伊藤隆寿〈1990〉の指摘もあります。このような格義仏教の進展により、東晋における仏教の本格的な発展の準備が整っていくのです。

Ⅲ．文　　学

　三国時代の文学に関する研究動向を、F魏晋文学・G三国志演義の二分野から見ていくことにしましょう。現在われわれが使っている文学・小説といった言葉は、三国時代や『三国志演義』が著された時代には、異なる意味を持っていることにも注意したいところです。文学は、儒教に比較すると、低い価値しか与えられていなかった文化です。しかし、それは今日的に見て無価値という意味ではありません。むしろ、現在の三国志研究の中心は、文学に置かれています。

F　魏晋文学

　中国最古の詩歌集は、孔子が編纂したとされる『詩経』です。四字句を主体とした素朴なリズムと人々の生活に根ざした内容は、後世の詩歌に大きな影響を与えました。詩をなぜ作るのかについては、『尚書』に「詩は志を言う」とあります。詩とは人間の思い（志）を言葉で表現したものであるというのです。これをさらに詳しく述べたものが、漢代になってから『詩経』に加えられた「毛詩大序」（詩大序）であり、そこには「詩は人間の志が動いてできるものである。心の中にあるときは志であるが、それが言葉に表現されると詩となる」と述べられています。このように文学の中心である詩の意義を規定していたものは、『詩経』『尚書』といった儒教の経典でした。そのように漢代までの文学は儒教の隷属下にあり、独自の価値を認められていなかったのです。

　これに対して、儒教から文学を自立させたものが、曹操の始めた「建安文学」です。曹操は「名士」層の価値基準の中核にある儒教に対抗するため、「文学」を宣揚したのです（渡邉義浩〈1995〉）。曹操とその二人の息子、曹丕と曹植の「三曹」と、後漢末の建安年間（196 ～ 220年）に活躍した

Ⅲ. 文学

ので「建安の七子」と呼ばれる孔融・王粲・劉楨・陳琳・阮瑀・徐幹・応瑒がその担い手でした。曹丕は『典論』論文篇の中で、「蓋し文章は経国の大業、不朽の盛事なり（そもそも文章は国を治めるうえに重大な仕事であり、永遠に朽ち果てることのない営みである）」と述べています。文学（文章）が、それ自体で価値を持っていることを高らかに宣言したのです。

また、『典論』論文篇に、「文は気を以て主と為す（文章は気を中心としている）」と述べるように、曹丕は、作者の気質や詩精神が「文」（文学作品）のもとであるとしました。やがて、阮籍と嵆康は、正始の政変により権力を握った司馬氏に抵抗するなかで、思索的・内省的に自己の存在を見つめる言志の文学を創りあげました。後世、かれらに山濤・向秀・劉伶・阮咸・王戎を加えて「竹林の七賢」と呼ぶようになります。

さらに、『典論』論文篇に、「詩・賦は麗なるを欲す（詩や賦は言葉が美しくなければならない）」とあるように、曹丕は芸術性に特色を有する詩や賦には、言葉の美しさが必須であると指摘しています。西晋になると、三張二陸両潘一左と総称される張載・張協・張亢・陸機・陸雲・潘岳・潘尼・左思が、対句を駆使しながら修辞に工夫を凝らした華麗な詩文を作りあげます。こうして、四六駢儷体と呼ばれる六朝の美文が準備されていくのです。

F-1　資料・総論

魏晋南北朝の文学に関する資料として、第一に掲げるべきものは『文選』です。南朝梁の昭明太子によって編纂された『文選』（もともと全30巻、唐になって李善注文選が毎巻を上下に分けて、60巻とした）は、選び抜かれた131名の800余りの詩文を収録しています。その版本の研究としては斯波六郎《1957》、索引には斯波六郎主編《1971》があり、岡村繁《1999》は斯波の版本研究に修正を迫るものです。清水凱夫《1999》は『文選』編纂の実態や実質的な編者、さらに他書との関係を論じたものです。また、小尾郊一他編《1990〜92》は『文選』につけられた李善注に引用された書籍・詩文を考証し、富永一登《1999》は李善注の特質を厳密で実証的

第二部　研究動向篇

な注釈態度、および作者の祖述するところを追究し、文学言語の継承と創作の過程を探ろうとした点に求めています。なお、集英社の全釈漢文大系には、小尾郊一と花房英樹による『文選』の全訳が収められています。

　『文選』に収録されなかった文章は厳可均校釈《1958》に、詩は丁福保《1959》や逯欽立《1983》に輯められています。曹操・曹丕には黄節《1958》、曹植には古直《1928》・丁晏《1957》・黄節《1957ａ》、阮籍には黄節《1957ｂ》・古直《1970》・陳伯君《1987》、嵆康には戴明揚《1962》など、校注を加えられた詩集・文集があります。また、人物の逸話を集め、魯迅著、丸尾常喜訳注《1987》が志人小説と位置づけた南朝宋の劉義慶の『世説新語』には、後漢末・三国の人物の逸話も収録され、『三国志演義』などの種本となっています。『世説新語』には、楊勇《1969》・余嘉錫《1983》・徐震堮《1984》など校注を加えた標点本があり、目加田誠《1975～78》は、南朝梁の劉孝標の注も含めた全訳となっています。同じく、魯迅著、丸尾常喜訳注《1987》により志怪小説と位置づけられた東晋の干宝の『捜神記』にも、三国時代の人物の説話が収録されています。竹田晃訳《1964》は、その全訳です。なお、魯迅は〈1927〉の中で、阮籍・嵆康を高く評価しています。

　魏晋南北朝の文学全般に関しては、吉川幸次郎《1968》に収められた諸論考、なかでも吉川幸次郎〈1956〉〈1958〉が三国時代の文学の全体像を描き出します。また、研究論文集としては、鈴木修次《1967》に収められた諸研究が、依拠すべき水準としての地位を保ち続けています。このほか、建安文学の研究を主眼に据えた松本幸男《1995》、建安の七子を論じた伊藤正文《2002》もあります。

　斯波六郎《1958》は孤独感を中心に詩人を分析し、魏晋期では阮籍・劉楨・左思を、小尾郊一《1962》は自然観から阮籍・嵆康を論じています。南朝の斉・梁の文学集団を論じる森野繁夫《1976》も、建安文壇や西晋の文人集団に論及します。また、増田清秀《1975》は楽府を定義づけ漢から唐までの変遷と特徴を論じ、中津浜渉《1970》はその正確な資料を提供します。岡村貞雄《2000》は漢末から梁までの楽府を検討するなか

で曹操・曹植を論じ、佐藤大志《2003》は東晋以降の楽府を論じています。

　文学評論史という視座より文学思想を解明する林田愼之助《1979》は、曹丕の典論と陸機の文賦を論じ、阮籍・嵆康・張華・左思・郭璞を取りあげます。陸機を中心とした西晋文学集団の研究には、佐藤利行《1995》があります。佐竹保子《2002》は、皇甫謐・夏侯湛・張華・束晳・張協・郭璞を対象として、玄学と文学との関係を論じたものです。

F-2　建安文学

　建安詩は「青年の文学」である、と鈴木修次《1967》はいいます。詩題を敏感に捉える感覚、激情の迸る抒情、技巧で飾り立てない五言の奔放なリズムによる表現のいずれもが、新しい時期の新しい創造を求める青年のそれに相応しいためです。こうした建安文学を主導したのが曹操でした。その詩風は、人生のはかなさを嘆きつつも、雄々しくそれに立ち向かっていくことを特徴とし、それは「建安の風骨」とたたえられます。「馬上に矛を横たえて詩を吟じた」とされる文武両道に秀でた曹操の個性が、三国時代を文学の本格的なスタートの時期に高めたのです。井波律子〈1972〉は、曹操の文学を、天命不信の心的態度に基づく、楽府体を中心とした即興的要素の強いもので、人生有限という漢代までの宿命観を否定し、超克するものであると捉えます。また、竹田晃〈1972〉は、曹操の自由・闊達さが建安文学の独自性を生み、乱世に生きる人間の苦しみを歌う詩には、底辺に生きる犠牲者に心を配る繊細さが表れ、神仙への憧れを歌う詩には、理想の世界と苦悩の現実を揺れ動くデリケートな心情が存するとします。それでは曹操が、個人的嗜好として文学を愛好するだけではなく、五官将文学を設置するなどの制度化を行ってまで、「文学」を宣揚した必要性は、どこにあるのでしょうか。

　岡村繁〈1966〉は、それを曹操の出自の卑しさに求めました。卑しい出自の曹魏の君主は、貴族官僚を輩下に最高権力者として君臨するために、貴族の本来的資質としての学問・文学に卓越する必要があり、そのため曹操は、貴族文学に迎合した、とするのです。しかし、吉川幸次郎〈1956〉が、

第二部　研究動向篇

曹操は「かたぎの家」の出身ではない〔宦官系の豪族の出身〕ため、従来の「とりすました文化」〔後漢時代の儒教を中心とする文化〕から制約を受けなかった、と説くように、岡村のいう「貴族官僚」の文化の中心は儒教であり、決して文学ではありません。したがって曹操は「貴族文化」に迎合したのではなく、その制約を打ち破ろうとした、と考えるべきでしょう。渡邉義浩〈1995〉は、曹操の文学宣揚の理由を荀彧ら「名士」の価値基準の根底にある儒教への対抗に求めています。そのように、建安文学には政治との関わりが濃厚に含まれているのです。和田英信〈2006〉は、建安期以降、文学作品がそれを取り巻く現実との照応関係のもとで作られ、受容されるようになったと指摘しています。

　このほか、建安文学については、その形成過程を追った松本幸男〈1960～61〉もあり、中国での研究に、劉知漸《1985》、王巍《1994》《2002》、張可礼《1986》、李景華《1994》、王玫《2005》などがあります。

F-3　三曹の文学

　現在まで伝わっている曹操の詩歌は23篇、その形式はすべて楽府です。（鈴木修次《1967》）。宋の郭茂倩『楽府詩集』の12分類に従えば、相和歌辞の範疇に入ります。増田清秀《1975》によれば、楽府とは、前漢の武帝の創設した上林楽府が（楽府と読むときは楽団を、楽府と読むときには楽曲にのせて歌う詩をさします）、音楽史上革新的な業績を挙げ、後世の宮中音楽のあり方を規定したことに因む言葉です。曹操の楽府の解釈には、伊藤正文〈1978〉・夏伝才《1986》などがあります。曹操のものした相和歌とは、漢の旧歌、もしくは街陌（町中）の歌謡であり、拍子をとって歌われた詩です。漢代には挽歌（葬送曲）であったものもありますが、曹魏ではそれが、笛を中心とした七種の楽器を伴った音楽をつけて、殿上饗宴の場で歌われるものとなったのです。

　吉川幸次郎〈1956〉は、曹操が市民の詩形であった楽府を知識人の詩形としてとりあげたことは、重要な革新であるとこれを評価します。以後、重くるしい賦の文学は下りざかとなり、活発な楽府の詩形、より短かくて

より軽快な、より抒情詩に適した詩形が、以後数百年にわたる中国文学の中心的な表現形式となる、とします。すなわち、楽府という形式に、漢代の庶民文学の継承を見ているのです。これに対して、岡村貞雄《2000》は、曹操の楽府に対する姿勢は庶民の発想とは根本的に違う、といいます。典故によって述べる曹操の作詩方法は、庶民の楽府にはなく、貴族たちの辞賦の世界で大いに流行しており、曹操はその辞賦の手法で歌謡を作った、と吉川を批判しています。また、柳川順子〈2003ab〉は、相和は後漢の黄門鼓吹により皇帝の私的娯楽として演奏されたもので、曹魏はこれを正式に宮廷音楽として取り込み、歌辞を変更することにより政権の実質的権力や威光、正統性を宣揚するための装飾品としたのだと理解しています。

曹操の楽府の意図について、石其琳〈1987〉は、「短歌行」周西伯昌詩を取りあげ、曹操が後漢からの受命を前に、卑しい身分の出身であるが故に一歩ひいてしまい、周西伯昌を自らの好む短歌行の楽曲に乗せてつくり、身の潔白を公に表そうとした、と解釈します。これに対して、矢田博士〈2001〉は、同じ「短歌行」周西伯昌篇について、詩の典拠とした孔子の言葉により曹操の正統性を表現する一方で、急いては事をし損ずるので、あくまでも自ら周の文王たらんとしたことが歌われるとしています。矢田博士〈1994〉では、「短歌行」対酒篇が、王朝の正統性を歌う魏の楽府になった時、本来後漢の混乱が暗示されていた「月明星稀」以下の四句が削除されたことを指摘します。また、薄井俊二〈1995〉は、「歩出夏門行」を取り上げ、この作品に始皇帝の巡狩刻石文に倣おう、あるいはそれを超えようとする曹操の意志を汲み取っています。

こうした曹操の作品の背景を考える研究に対して、平井徹〈1998〉は、「短歌行」は人材登用のための作品であり、「苦寒行」は兵士掌握の作品であるなど、政治的意図のみで解釈され、あるいは曹操が宦官の孫であるという出自のみで、曹操の文学的個性すべてに説明をつけてしまうことを批判します。曹操の楽府に全く功利的な面がなかったとはいえないが、詩精神に触れられないのは残念なことであり、問題も解決しない。詩は虚構の世界の産物であるとするのです。しかし、文学をアプリオリな存在として

考えるかかる方法論は、建安文学に有効であるかは疑問です。「名士」の文化的価値の中核にある儒教に対して政治的に宣揚された「文学」の中に、政治的意図が含まれないはずはないからです。そもそも「文学」という範疇が未成立のこの段階において、政治性から自由な「文学」などは存在し得ないでしょう。こうした意味で、道家春代〈1999〉が、曹操の楽府を自分自身を語る詩と捉える視座は評価されます。曹操の楽府は、単に個人的な愛好から作られたものではなく、政治的立場を宣伝するための手段なのであり、その制作は公的な行為と考えてよいでしょう。楽曲にのせ、飲宴の場で歌わせ、一族・子弟・臣下たち、さらには献帝にも聞かせるための楽府なのです。曹操の詩文の注釈については、安徽亳県曹操集訳注小組《1979》、夏伝才《1986》があります。

曹丕(そうひ)の文学に関しては、青木正児《1943》が「典論」論文篇の「蓋し文章は経国の大業、不朽の盛事なり」という字句を評して、文学を卓然独立せしめんと欲する抱負を示した、と述べています。これに対して、岡村繁〈1960b〉は、曹丕の「典論」論文篇は、中国最初の文学評論の専論とはいえず、その文章不朽論も純文学ではなく、まとまった一家言的思想書の不朽を述べたものであるとして、その意義を過大評価することを戒めています。ただし、曹丕も曹植(そうち)も内心としては純文学を軽視していたわけではないと述べて、文学を宣揚しきれない曹丕の微妙な立場を丁寧に説明しています。曹丕が「文学」よりも儒教を優先しなければならなかった理由については、渡邉義浩〈1995〉が「名士」から支持を受ける曹丕の立場を解明しています。岡村説を受けた古川末喜〈1988〉は、「典論」論文篇の文章不朽説が文学に新しい価値付けをもたらしたものではないにせよ、この時代には新しい文学現象が出現してくる。それが文学評論であり、曹丕は一家言的著作を強力な意志のもとで努力した結果、勝ち取り得るものと考えるとともに、詩賦・章表(しょうひょう)などの文学制作を個人的な娯楽、趣味の次元のものと見なしているとしています。なお、「典論」論文篇については、山口為広〈1975〉もあります。

鈴木修次《1967》は、詩人として曹丕の才能が、創造性よりも統合性

にあり、感傷的情緒を連ねる面に強く傾き、歌曲歌辞的甘さの耽溺にひかれる傾向が強いとしています。また、曹丕の「与呉質書」については福井佳夫〈1991〉があり、呉質から曹丕の評論活動を論じた松本幸男〈1975〉もあります。さらに、曹丕と曹植との後継者争いを「典論」から論じる王夢鴎〈1980〉、両者の不仲を否定する渡辺由美子〈2002〉もあります。

このほか、建安文学と政治との関係については、景蜀慧《1991》、孫明君《1995》《2003》があり、とくに三曹を扱った孫明君《1999》のほか、李宝均《1978》、王巍《1994》《2002》も参考となるでしょう。なお、曹丕の伝記については、成瀬哲生〈1982〉〈1983〉が詳細であるほか、三曹の年譜である張可礼《1983》もあります。作品の繋年については、洪順隆《1989》があります。

曹植について、鈴木修次《1967》は、贈答詩における普遍性、抒情詩における主体性、実を錯覚させる迫真性を特徴として掲げながら、曹植の詩を誠実さを根底に貫いた激情の文学である、と評しています。曹植を頂点とする建安の文学を「風骨(ふうこつ)」ということばで捉えようとする考え方は、曹植のモラル意識を根底に置いた情熱的、積極的燃焼に注目し、それを発揚しようとしたものであろう、とするのです。小守郁子〈1976〉〈1978〉は、曹植を代表とする建安の「風骨」に関する諸説を整理したうえで、曹植の詩の特徴を個性的な点に求めています。井波律子〈1987〉は、曹植の詩の方法と世界を分析し、対象を精緻に歌いあげ、緊迫した詩的感情に特色を見出しています。また、古川末喜〈1988〉は、曹植には、第一に功業、第二に一家言を重視し、そして文学を個人的・趣味的なものと捉える態度があるとします。矢田博士〈1993〉は、曹植が屈原(くつげん)と周公旦(しゅうこうたん)の不遇な側面を見つめ、類似した境遇に希望と絶望を抱いたことを論じています。なお、曹植の詩の解釈については、伊藤正文《1958》、趙幼文《1984》、裴登峰《1999》、伝記としては、松本幸男〈1957〉、植木久行〈1976〉、伝記に止まらずその作品や後世への影響を論じた黄守誠《1998》があります。

三曹の詩選集としては、余冠英《1956》があります。

第二部　研究動向篇

F-4　建安の七子

　建安の七子の中で評価の高い王粲と劉楨については、伊藤正文の一連の研究があります。伊藤正文〈1965〉は、〈1964〉で明らかにした蔡邕との係わり、および荊州での研鑽を踏まえて、王粲の詩が文人の伝統を継承して、知的操作による明晰性を持ちながら、漢賦を詩に導入したことに特徴を求めます。それは、曹操が感情豊富な民歌形式の作品、即ち古詩・古楽府を文学形式に高めたことと共に、建安文学の二つの大きな流れとなり、それが曹植により集大成される、と展望しています。また、伊藤正文〈1976〉は、〈1968〉で明らかにした不均衡な性情と放埓な行動が不敬事件での処断へとつながる生き方を踏まえて、劉楨の詩が均衡や安定を目的視せず、情念の飛翔高揚を追い求めるもので、それが古詩を継承して五言詩を文学的形式として定着させることに寄与したと理解するのです。このほかの建安の七子については、鈴木修次《1967》が各論を展開し、また、中川薫にも〈1962〉〈1963〉〈1964〉〈1965〉という一連の研究があります。詩文の輯稿として兪紹初《1989》、注釈書としては、郁賢皓・張采民《1988》、韓格平《1991》、呉雲主編《2005》があります。

F-5　阮籍と嵆康

　曹魏末の阮籍と嵆康は、六朝言志派と呼ばれます。大上正美〈2002〉によれば、言志の精神とは、嵆康の「人間として志のない者は人間ではないのだ」という表現により貫かれます。本来的な自分とはどういう自分であるかを絶えず問い続ける、いかなる場合も本来的な自分であろうとする。しかし、本来的な自分ではありえない情況を生かされている現実であるとき、しかもなおどこまでも本来的にかく生きたいと願い、それを文学で問い続けるということが言志の精神である、と大上はいうのです。大上正美《2000》は、阮籍と嵆康をその存在すべてで語る文学者であるとします。思想・文学の営為のすべてを包括した「表現」の次元に自己を押し上げていった存在であるとするのです。また、鈴木修次〈1963〉は阮籍・嵆康

から陶淵明までの流れを追い、徐公持《1986》は、阮籍と嵇康の簡潔な入門書です。後藤基巳《1973》・林田愼之助《1989〜90》は、阮籍と嵇康の文学・思想の営みを知る上で便利です。

　阮籍の詠懐詩(えいかいし)は、難解なことで知られます。松本幸男《1977》は全訳を掲げ、吉川幸次郎《1981》は、古直(こちょく)などの旧注に拠らない新たな解釈により、約半数の詩を訳しています。大上正美〈1977〉は、阮籍を二重の敗北性から捉え、どうにもならぬ現実の総体を丸ごと抱え込んで、深夜とぐろを巻く熱い想念と白昼いきなり噴出する激しい逸脱の意志とに詠懐詩の魅力を求めています。また、司馬昭に韜晦しながら仕えていた阮籍は、追い詰められ司馬昭の晋公受命を促す勧進文(かんじんぶん)を書かされました。大上正美〈1982〉は、阮籍の勧進文に王朝簒奪者の前でその本音を軽くいなす、禅譲(ぜんじょう)という虚妄劇を冷たく凝視し続ける表現者としての醒めた眼をみます。また、大上正美〈1999a〉は、礼法の君子を褌(ふんどし)の中の虱(しらみ)と評する「大人先生伝」を超人の伝記を仮構する阮籍の自己劇化と捉えています。

　命を全うした阮籍に対して、反司馬氏の立場を堅持し続け、そのために殺害された嵇康の詩について、林田愼之助〈1979〉は、嵇康の詩に現れた飛翔のイメージに、嵇康の人生観・世界観を展開するにあたって、その根底にすえられた荘子(そうじ)の哲学、とりわけ『荘子』逍遥遊篇(しょうようゆう)に見られる鵬(おおとり)の飛翔寓話(ひしょうぐうわ)の影響を見ます。川合康三〈1978〉と読み比べてもよいでしょう。興膳宏〈1961〉は、嵇康の四言詩が、『詩経(しきょう)』の形式を積極的に活用したこと、抒情性(じょじょう)に思弁的性質を導入したことを特徴とするとし、そこにアルカイストとしての一面を指摘しています。大上正美〈1989〉は、対自性を全く持たない「呂長悌に与える絶交書(りょちょうてい)」と対照的に、「山巨源に与える絶交書(さんきょげん)」は対自の場としての表現の位相が顕著であり、それに徹することにより、自責を方法として時代と向き合ったとします。また、大上正美は、〈1991〉では「二郭に答える詩」からは時代に向けての拒絶の意志を、〈1993〉では「述志詩(じゅっししし)」からは自己の意志を駆り立て確認する正統性を、〈1995〉では「卜疑(しぎ)」からは「卜居」の文体を方法とすることによって屈原(くつげん)的な生を前提とでき、時代に醒めた知識人一般に普遍する課題を設定した、と理

解します。そして、大上正美〈1999ｂ〉では「管蔡論」から、周公の聖性批判に重ねられる司馬昭体制への批判が響いてくると嵆康の文章を読み説いていきます。

　嵆康が批判した司馬昭が蜀漢を滅ぼし、その子である司馬炎が曹魏を簒奪して西晋を建て、その西晋がやがて孫呉を滅ぼし、三国時代は終焉を迎えるのです。

G 三国志演義

　『三国志演義』は、長い時間をかけて講談や語りものとして作りあげられてきた三国に関する説話を、十四世紀に羅貫中(らかんちゅう)という小説家がまとめたものとされています。羅貫中は、これまで語られてきた三国志に関する説話の中から、非現実的な部分を削り、なるべく真実の歴史に近づけようと努力しました。儒教的歴史観に基づきながら物語を史実に近づけて、何とか小説の地位を高めようとしたのです。そのため『三国志演義』は、「七分の実事(じつじ)に、三分の虚構(きょこう)」といわれる史実に近い小説となったのです。

G-1　資料・総論

　『三国志演義』は、羅貫中が原作を書いてから、多くの版本が成立しており（G-3を参照）、活字とされた本も、それが何を底本としているのかを理解しなければなりません。たとえば嘉靖壬午本(かせいじんごぼん)『三国志通俗演義』には、汪原放《1980》・沈伯俊《1993》などがあり、『李卓吾先生批評三国志(りたくごせんせいひひょうさんごくし)』には、宋效永・奚泉民《1991》などがあり、『鍾伯敬先生批評三国志(しょうはくけいせんせいひひょうさんごくし)』には、李霊年・王長友《1994》があります。こうした特別な底本の表記がなければ、決定版とされる毛本を底本とした『三国志演義』と考えてよく、沈伯俊《1992》をはじめ、多くの活字本が出版されています。また、影印本としては、天一出版社「明清善本小説叢刊」が六種の版本を、陳翔華主編「三国志演義古版叢刊」の第一輯が五種・第二輯が七種の版本を、中華書局「古本小説叢刊」が六種の版本を、上海古籍出版社影印『古本小説集成』が、二種の版本を影印しています。また中国国家図書館から「中華再造善本」の一つとして、黄正甫本が原本の体裁どおりに影印されています。日本では、井上泰山編《1997〜98》がスペインで所蔵されている葉逢春本(しょうほうしゅんぼん)を影印しています。

　『三国志演義』の翻訳としては、立間祥介《1958》が読み継がれてきました。昨年、大幅な改訂がなされた文庫本として出版されたので、入手し

やすくなりました。また、井波律子《2002〜03》も、文庫本のため入手しやすいでしょう。渡辺精一《2000〜01》は、難解な語句に注をつけていることに特徴があります。

　金文京《1993》は、『三国志演義』研究の総論というべきもので、歴史事実から小説が形成されていく過程、羅貫中の出身や生涯、版本の種類と傾向、思想内容や人物造型といった『三国志演義』研究のすべてにわたって簡明で明確な総括を与えています。『三国志演義』の研究は、この本の精読から始まります。また、沈伯俊・譚良嘯編著、立間祥介・岡崎由美・土屋文子編訳《1996》は、『三国志演義』に関する総合的な大事典でさまざまな項目を調べることができます。ただ、研究動向の部分は訳されていませんので、原著の沈伯俊・譚良嘯編《1989》に依る必要があります。また、『三国志演義』に関する最新の研究動向としては、沈伯俊・金文京〈2006〉、竹内真彦司会〈2006〉があり、本書はこれらに依拠しています。

G-2　羅貫中と『三国志演義』の成立

　羅貫中の伝記については、資料が『録鬼簿続編』・『西湖遊覧志余』に限られる上、それらの記述にも違いがあるため、不明な点が多く残っています。その出身地については、東原(とうげん)と太原(たいげん)の二説があります。東原説には、劉知漸〈1982〉・王利器〈1983〉・沈伯俊〈1987〉などがあり、太原説には、李修生〈1981〉・孟繁仁〈1986〉・劉世徳〈1992〉などがあります。金文京〈1989a〉は、羅貫中は太原から東平に移住し、杭州(こうしゅう)に移った可能性が高いとしています。

　また、『三国志演義』の成立も、原本そのものが現存しないため不明な点が多いのですが、おおよそ元末明初のころと考えられてきました。これに対して、少し早めて元代中期の成立を説く袁世碩〈1980〉・杜貴晨〈1999〉や、少し遅らせて明代中期の成立を説く張志和《2002》もあります。従来からの多数派である元末明初説のうち、元末説には、周兆新〈1995〉があり、最も多数派である明初説には、欧陽健〈1983〉・任昭坤〈1986〉などがあります。

『三国志演義』の執筆者について、竹内真彦〈2001〉は、嘉靖本において「千里独行」の部分にだけ、集中的に「関公」という呼び名が現れ、それ以外の場所は「関某」「雲長」であることから、「千里独行」の部分だけ物語が後から嵌め込まれたことを主張しています。また、上田望〈2005〉は、「你」という言葉が『三国志演義』の前半に集中して現れ、後半は極端に減少することから、『三国志演義』には少なくとも二人以上の作者がおり、前半と後半とでは別人が書いているとしています。

G-3 版本研究

現存する『三国志演義』の明版本は、30種類近くあります。鄭振鐸〈1929〉は、そのなかでも嘉靖本が最も古く、ほかはそれから派生したものであるとしていました。これに対して、小川環樹〈1964〉が関羽の三男とされる関索に注目して鄭説を批判したことから、版本の研究は本格化しました。『三国志演義』の版本は大きく「通俗演義」系と「三国志伝」系に大別されています。前者は、嘉靖壬午本『三国志通俗演義』により代表され、後者は葉逢春刊本『三国志伝』により代表されます。沈伯俊〈2004〉によれば、羅貫中の原作に近いものを前者とする劉世徳に対して、柳存仁・陳翔華・周兆新・沈伯俊らは後者であるとしています。

日本では、小川環樹《1968》の先駆的研究を受けて、『花関索伝』の発見により研究が進展し、井上泰山・大木康・金文京・氷上正・古屋昭弘《1989》によって、羅貫中の原本に関索の故事があり、嘉靖本の編者により削除されたとする見方が否定されました。井上泰山・大木康・金文京・氷上正・古屋昭弘《1989》は、原本の影印、原文に対する校注から、言語的特徴、『三国志演義』の版本と関索との関係、関索の伝説に関する研究、関係する資料目録などを含んでおり、現時点での『花関索伝』に関する最も詳しい研究書となっています。また、金文京〈1986〉は、専門的に『花関索伝』の英雄史詩と神話の特徴を論じています。

こうした『花関索伝』の研究に基づき『三国志演義』の版本は、①関索の故事の無い嘉靖壬午本（のちにスペイン所蔵のもう一つの嘉靖本すなわ

ち葉逢春本を加える)・②関索の雲南征伐の故事が見える周日校本系統(李卓吾本、毛評本などを含む)・③「花関索 荊州に父を認む」の故事がある建陽繁本『三国志伝』系統・④関索の故事はあるが周日校本系統とは若干の差異がある建陽簡本『三国志伝』系統・⑤関索の故事も花関索の故事もある『英雄譜』本系統の五つに分けられるとされてきました。

これに対して、中川諭〈1989〉は、周日校本系統の版本は、嘉靖本系統の基礎の上に、関索故事のほかにも、史書を根拠とした十箇所の内容を増補していると指摘し、金文京〈1989b〉は、余象斗本などの建陽繁本系統の文字が、部分的に嘉靖本よりもさらに早期の様相を残すことを証明しています。小松建男〈2002〉は、本文・割注・低記という三つの形式の選択と機能分担から、嘉靖本以前の原本の定型化の工夫に思いを致しています。関四平《2001》は、『三国演義』の成立、テキストと伝播について考察したものです。

また、上田望〈1990〉は、晩明の時代背景および地域性と出版文化の角度から、『三国演義』版本の分化過程を分析しました。中川諭《1998》は、これらの研究成果を吸収して、版本を①二十四巻本系統・②二十巻繁本系統・③二十巻簡本系統に大別し、それぞれの系統の各種版本に対して詳細な説明をしています。

現在の『三国志演義』の通行本となっている清の毛宗崗本(毛本)について、従来は毛宗崗本が成立するとたちまち流行して、他の版本はすべて廃れてしまったと考えられてきました。しかし上田望〈1998〉〈2001〉・中川諭〈2005〉は、毛本が清朝中期以降になってようやく独占的な地位を得たことを証明しています。

また、張志和〈1994〉は、中国国家図書館に蔵される黄正甫本こそが『三国志演義』の最古の版本であり、嘉靖壬午本よりも二十年以上早い刊行であると主張しました。それに対し、徐朔方〈1995〉・張宗偉〈1999〉・杜貴晨〈2001〉・章培恒〈2001〉が反論し、それらに対して張志和がさらに反論して(〈2001ab〉〈2002ab〉)、黄正甫本を巡る論争が起こりました。しかし陳翔華〈2002〉・中川諭〈2003〉によって、書肆黄正甫は明の終わ

り頃に活動していたという明確な証拠が示され、黄正甫本も明末以降に刊行された版本であることが証明されました。

G-4　テーマと人物

　『三国志演義』のテーマについて、沈伯俊〈1985〉は、「智慧の賛美」「天下一に帰す」「封建賢才の謳歌」「悲劇」「政権争奪の経験を総括」「国家統一への熱望」、「忠義なる英雄の賞賛」といったテーマから『三国志演義』をみることを提唱しています。また、傅継馥〈1983〉は、『三国志演義』の人物像は、文学の類型化芸術の典型の輝かしい頂点であるとしますが、石昌渝〈1985〉は、これに反対します。張錦池〈1993〉は、『三国志演義』の人物描写の方法には多様性があり、類型化あるいは非類型化という言い方で論を定めることはできず、その総合的特徴は、雅俗を広く取り入れ、材によって型を成していることにある、としています。また、鄭鉄生《2000》は、叙事学的な視角から『三国志演義』を分析し、全体の芸術的特色から、叙事的構造・人物叙事・戦争叙事と羅貫中の文学創造の特徴を論じ、研究方法の多元化を表現しています。

　具体的な人物を扱った研究として、陳翔華《1990》は、諸葛亮の人物像が変遷する歴史的な過程を追い、『三国志演義』の中心的地位に諸葛亮像があることを指摘するほか、歴史人物に対する芸術的人物像の描写に対して創見を示しています。また、大塚秀高〈1994〉は、関羽の神話イメージに対して分析を行い、尾崎保子〈1995〉は、関帝信仰と『三国志演義』の関連性を論じています。また、伊藤晋太郎は、〈2004〉では関羽と貂蝉との関係を、〈2000〉では『三国志平話』と『三国志演義』における周瑜描写の展開を論じています。上野隆三〈1991〉は、魏延(ぎえん)が諸葛亮の能力を際立たせるための犠牲になっているとします。小川陽一〈1983〉は、『三国志演義』の人間表現に人相術との関係がみられ、類型的であることを指摘する独創的な研究です。

G-5 『三国志演義』の形成

　『三国志演義』は、唐宋のころの語り物文学、元の『三国志平話』を経て、元末明初に形成されました。角谷聡〈2000〉は、「全唐詩」において三国時代の人物像がどのように詠み込まれているのかを検討するなかで、陳寿の『三国志』や裴松之の注以外の、新たな逸話や人物形象が築きあげられていることを明らかにしています。これは、唐代において何らかの形で「三国時代物語」が存在したことを示唆します。角谷聡〈1999〉は、新旧両『唐書』に見える諸葛亮の南征の物語が、角谷聡〈2003〉は、銅雀台の故事が、それぞれ大きく膨らんでいることからそれを明らかにしています。

　元代に成立した『三国志平話』の二種の版本は、いずれも日本に保存されています。二階堂善弘・中川諭訳注《1999》が全訳をした至治年間に刊行された建安虞氏刊本は、塩谷温〈1928〉の紹介により早くから知られていました。天理図書館善本叢書漢籍之部編集委員会編『三分事略・剪燈餘話・茘鏡記』（天理大学出版部、1980年）として影印された『三分事略』は、荒削りの坊刻本であり、その刊刻年代は『三国志平話』より後であると考えられています。

　また、『三国志平話』の内容について、荘司格一〈1991〉は、緊密さを欠き、語り物のテキストとして貴重な価値を持つものの、作品としての価値は高くないとしています。しかし、小川環樹〈1953〉が、『三国志平話』冒頭の仏教的な性質および張飛の人物像の突出を指摘するように、時代を背景とした独自性を高く評価すべきだと思います。なお、『三国志平話』と元雑劇中の三国劇との比較については、高橋繁樹〈1973〜75〉があります。

G-6　三国志の受容

　中国における三国志の受容は、正閏論として展開しました。三国のなかでどれが、正統か閏統（正統ではないが存在を許容される王朝）かを定める議論です。『三国志』を著した西晋の陳寿が、曹魏を正統としたことは、A史料で述べたとおりです。はじめて蜀漢を正統としたものは、華北を異民族に奪われ、蜀漢と同じ境遇となった東晋に生まれた習鑿歯が著し

た『漢晋春秋(かんしんしゅんじゅう)』です。田中靖彦〈2005a〉は、習鑿歯の蜀漢正統論に、自分の不遇を訴え、登用を願う叫びを指摘しています。また、田中靖彦〈2006〉は、芽吹くことのなかった孫呉正統論の胚胎とその否定を東晋の干宝(かんぽう)の『捜神記(そうじんき)』に求めています。

　隋唐の統一帝国になると、しばらく蜀漢正統論は息をひそめ、曹魏が正統に列せられます。そうしたなかで、史学評論の分野を始めた劉知幾(りゅうちき)の『史通(しつう)』は、田中靖彦〈2005b〉によれば、勧善懲悪(かんぜんちょうあく)の理念に基づいた魏蜀の正統論と、曹操と魏は悪、諸葛亮・劉備は善という二項対立的な評価の基を築きました。ことに安史の乱で華北を蹂躙されると、杜甫(とほ)の「蜀(しょく)相(しょう)」に表れるような、蜀漢への心情的な支持が高まっていきました。そうした蜀漢正統論を完成した者が、南宋の朱熹(しゅき)(朱子)です。諸葛亮の義をきわめて高く評価する朱熹は、『通鑑綱目(つがんこうもく)』という歴史書で蜀漢を正統として三国時代を記述しました。渡邉義浩〈1998〉は、二十五史を中心に諸葛亮像の展開を西晋から清まで追いかけたものです。『三国志演義』のような蜀漢を正統とする歴史観は、朱子学が明清の官学となることにより確定したのです。なお、川上恭司〈1990〉は、食文化としての饅頭(まんじゅう)と説話文化としての三国志物語が宋代の庶民文化隆盛のなかでピークを迎え、饅頭の起源を諸葛亮に結びつけることになったとする異色の研究です。

　日本では、空海(くうかい)の文章にすでに諸葛亮の記述が現れており、『太平記(たいへいき)』や『義経記(ぎけいき)』のなかには、「水魚の交わり」を踏まえた記録があります。『太平記(たいへいき)』を中心に、日本における『三国志』の受容を追究したものに、田中尚子《2007》があります。さらに遡って『日本書紀(にほんしょき)』への『三国志』の投影を明らかにするものが、雑喉潤〈1998〉です。『三国志演義』の日本最初の訳である湖南文山の『通俗三国志(つうぞくさんごくし)』は、小川環樹〈1964〉によれば、李卓吾評本(りたくごひょうほん)が底本になっているとされます。しかし、その冒頭は、毛宗崗(もうそうこう)本(ぼん)に依拠しているようにみえます。毛宗崗本が輸入されるのは、『通俗三国志』の出版より後なので、研究の進展が待たれるところです。上田望〈2006〉は、はじめて毛宗崗本に基づく翻訳をした久保天随(くぼてんずい)や挿図にも着目した最も優れた受容史の研究で、続編が楽しみです。

- 217 -

第三部　文献目録篇

凡　例

１．第三部　文献目録篇は、本書の中で言及し、略記した著書・論文を採録したものです。

２．第二部では、著書を《　》、論文を〈　〉と括弧の違いにより分けながら、出版時の西暦年を括弧の中に書いて略記しましたが、第三部　文献目録篇を見ることにより、正確な書誌情報を得ることができます。

３．著書には※をつけ、そこに収められた論文は、その直後に＊をつけて掲げて収録論文であることを示し、論文の初出雑誌も掲げています。その際、論題が変更されている場合には、原則として、変更前の論題に統一しました。

４．一人の著者が同一年に複数の著書・論文を著している場合には、括弧の後にabなどをつけ、区別できるようにしています。

５．邦文文献は編著者名の五十音順（姓の五十音順→名の五十音順）に、中文文献も便宜的に日本語の音読みによる五十音順に配列し、その際、濁音は清音、拗音・促音はそれぞれ一字とみなしました。邦訳は邦文の項目に入れ、旧字体・簡体字は原則として常用漢字に統一しています。

６．ここに掲載しきれなかった文献は、渡邉義浩研究室のウェブページ（http://www.daito.ac.jp/~y-wata/、文献目録検索→三国志文献目録検索システム）で公開しています。ウェブページのデータは、随時更新されます。検索システムの作成には、三国志学会の広報を担当する和田幸司氏（NPO三国志フォーラム）の協力を得ました。記して謝する次第です。

邦　文

青木正児《1943》　　　『支那文学思想史』（岩波書店、1943年→『青木正児全集』第1巻、春秋社、1969年）
秋山公哉〈1979〉　　「後漢末の名家袁紹について―曹操政権解明のための一視点」（『東洋史苑』14、1979年）
安部聡一郎〈2000〉　「後漢時代関係史料の再検討―先行研究の検討を中心に」（『史料批判研究』4、2000年）
安部聡一郎〈2002〉　「党錮の名士再考―貴族制成立過程の再検討のために」（『史学雑誌』111-10、2002年）
安部聡一郎〈2004〉　「長沙呉簡にみえる名籍の初歩的検討」（長沙呉簡研究会編『長沙呉簡研究報告』第2集、長沙呉簡研究会、2004年）
阿部幸信〈2001〉　　「長沙走馬楼呉簡所見田種初探」（長沙呉簡研究会編『嘉禾吏民田家莂研究―長沙呉簡研究報告・第1集』長沙呉簡研究会、2001年）
天野元之助《1962》　『中国農業史研究』（農業総合研究所、1962年→［増補版］御茶の水書房、1979年）
飯尾秀幸〈1985〉　　「中国古代の家族研究をめぐる諸問題」（『歴史評論』428、1985年）
池田秀三〈1983〉　　「緯書鄭氏学研究序説」（『哲学研究』47-6、1983年）
池田秀三〈1990〜91〉
　　　　　　　　　　「盧植とその「礼記解詁」（上）（下）」（『京都大学文学部研究紀要』29, 30、1990, 91年）
池田秀三〈1993〉　　「読風俗通義皇覇篇札記」（『中国思想史研究』16、1993年）
池田秀三〈1995〉　　「『白虎通義』と後漢の学術」（小南一郎編『中国古代礼制研究』京都大学人文科学研究所、1995年）
池田秀三〈2006〉　　「鄭学の特質」（渡邉義浩編『両漢における易と三礼』汲古書院、2006年）
池田末利訳注《1973〜77》
　　　　　　　　　　『儀礼』1-5（東海大学出版会、1973〜77年）
池田知久《2006》　　『老子（馬王堆出土文献訳注叢書）』（東方書店、2006年）
石井仁〈1988〉　　　「参軍事考―六朝軍府僚属の起源をめぐって」（『文化』51-3・4、1988年）
石井仁〈1990a〉　　「曹魏の護軍について」（『日本文化研究所研究報告』26、1990年）
石井仁〈1990b〉　　「諸葛亮・北伐軍団の組織と編制について―蜀漢における軍府の発展形態」（『東北大学東洋史論集』4、1990年）

第三部　文献目録篇

石井仁〈1991〉	「軍師考」(『日本文化研究所研究報告』27、1991年)
石井仁〈1992a〉	「漢末州牧考」(『秋大史学』38、1992年)
石井仁〈1992b〉	「都督考」(『東洋史研究』51-3、1992年)
石井仁〈1993〉	「四征将軍の成立をめぐって」(『古代文化』45-10、1993年)
石井仁〈1995a〉	「孫呉政権の成立をめぐる諸問題」(『東北大学東洋史論集』6、1995年)
石井仁〈1995b〉	「孫呉軍制の再検討」(中国中世史研究会編『中国中世史研究（続編）』京都大学学術出版会、1995年)
石井仁〈1996〉	「無上将軍と西園軍―後漢霊帝時代の『軍制改革』」(『集刊東洋学』76、1996年)
石井仁〈1999〉	「内藤湖南の三国時代論」(『湖南』19、1999年)
石井仁《2000》	『曹操―魏の武帝』(新人物往来社、2000年)
石井仁〈2001〉	「虎賁班剣考―漢六朝の恩賜・殊礼と故事」(『東洋史研究』59-4、2001年)
石井仁〈2003〉	「黒山・白波考―後漢末の村塢と公権力」(『東北大学東洋史論集』9、2003年)
石川博道〈1939～40〉	「後漢時代の仏教に就いて」(『史学』18-1, 4、1939, 40年)
板野長八〈1943〉	「何晏王弼の思想」(『東方学報』(東京) 14-1、1943年)
伊藤晋太郎〈2000〉	「周瑜描写の踏襲に関して―『三国志平話』から『三国志演義』へ」(『芸文研究』78、2000年)
伊藤晋太郎〈2004〉	「関羽と貂蝉」(『日本中国学会報』56、2004年)
伊藤隆寿《1992》※	『中国仏教の批判的研究』(大蔵出版、1992年)
伊藤隆寿〈1990〉*	「格義仏教考―初期中国仏教の形成」(『東洋学報』71-3・4、1990年)
伊藤徳男〈1935〉	「魏略の製作年代に就いて」(『歴史学研究』19、1935年)
伊藤敏雄〈1982a〉	「占田・課田制に関する諸研究」(『東洋史論』3、1982年)
伊藤敏雄〈1982b〉	「西晋の占田・課田制の再検討」(中国古代史研究会編『中国古代史研究 第5』雄山閣出版、1982年)
伊藤敏雄〈1984〉	「曹魏屯田と水利事業」(中国水利史研究会編『佐藤博士退官記念 中国水利史論叢』国書刊行会、1984年)
伊藤敏雄〈1986〉	「正始の政変をめぐって―曹爽政権の人的構成を中心に」(野口鐵郎編『中国史における乱の構図 筑波大学創立十周年記念東洋史論集』雄山閣出版、1986年)
伊藤敏雄〈1993〉	「魏晋期における在地社会と国家権力」(『歴史学研究』651、1993年)
伊藤敏雄〈2001〉	「長沙走馬楼簡牘調査見聞記」(長沙呉簡研究会編『嘉禾吏民田家莂研究―長沙呉簡研究報告・第1集』長沙呉簡研究会、2001年)

- 222 -

伊藤敏雄〈2003〉	「長沙走馬楼簡牘中の邸閣・州中倉・三州倉について」(『九州大学東洋史論集』31、2003年)
伊藤敏雄〈2006〉	「嘉禾吏民田家莂における米納入状況と郷・丘」(『歴史研究』43、2006年)
伊藤正文《1958》	『曹植』(岩波書店、1958年)
伊藤正文〈1978〉	「曹操詩補注稿」(『神戸大学教養部論集』20、1978年)
伊藤正文《2002》※	『建安詩人とその伝統』(創文社、2002年)
伊藤正文〈1964〉*	「王粲伝論(1)(2)」(『漢文教室』66, 67、1964年)
伊藤正文〈1965〉*	「王粲詩論考」(『中国文学報』20、1965年)
伊藤正文〈1968〉*	「劉楨伝論」(『吉川博士退休記念 中国文学論集』筑摩書房、1968年)
伊藤正文〈1976〉*	「劉楨詩論」(『近代』51、1976年)
井波律子〈1972〉	「曹操論」(『中国文学報』23、1972年)
井波律子〈1987〉	「曹植の世界」(『中国的レトリックの伝統』影書房、1987年→講談社学術文庫、1996年)
井波律子《1994》	『三国志演義』(岩波新書、1994年)
井波律子《1996》	『三国志曼荼羅』(筑摩書房、1996年→岩波現代文庫、2007年)
井波律子《2002〜03》	
	『三国志演義』1〜7(ちくま文庫、2002〜03年)
井波律子《2004》	『『三国志』を読む』(岩波書店、2004年)
井上晃〈1938〉	「三国時代の山越に就て」(『史観』17、1938年)
井上以智為〈1941〉	「関羽祠廟の由来並に変遷(1)(2)」(『史林』26-1, 2、1941年)
井上泰山編《1997〜98》	
	『三国志通俗演義史伝』上・下(関西大学出版部、1997, 98年)
井上泰山・大木康・金文京・氷上正・古屋昭弘《1989》	
	『花関索伝の研究』(汲古書院、1989年)
井ノ口哲也〈1998〉	「後漢研究へのまなざし」(『歴史学研究』707、1998年)
今泉恂之介《2000》	『関羽伝』(新潮社、2000年)
今鷹真〈1979〉	「後漢における七言の人物評価について」(『名古屋大学文学部30周年記念論集』名古屋大学文学部、1979年)
今鷹真〈1989〜97〉	「『三国志集解』補(1)〜(6)」(『名古屋大学文学部研究論集』文学 35, 38〜41, 43、1989, 92〜95, 97年)
今鷹真・井波律子・小南一郎訳《1982〜89》	
	『三国志』1〜3(筑摩書房、世界古典文学全集、1982, 89年)
今鷹真・井波律子・小南一郎訳《1992〜93》	
	『正史 三国志』1〜8(ちくま学芸文庫、1992〜93年)
今西凱夫《1994》	『原典を味わう三国志物語』(日本放送出版協会、1994年)
岩本憲司《1988》	『春秋穀梁伝范甯集解』(汲古書院、1988年)
岩本憲司《1993》	『春秋公羊伝何休解詁』(汲古書院、1993年)

第三部　文献目録篇

岩本憲司《2001～06》	『春秋左氏伝杜預集解』上・下（汲古書院、2001～06年）
殷占堂《1999》	『三国志―中国伝説のなかの英傑』（岩崎美術社、1999年）
植木久行〈1976〉	「曹植伝補考―本伝の補足と新説の補正を中心として」（『中国古典研究』21、1976年）
上田早苗〈1967〉	「巴蜀豪族と国家権力―陳寿とその祖先たちを中心に」（『東洋史研究』25-4、1967年）
上田早苗〈1970〉	「後漢末期の襄陽の豪族」（『東洋史研究』28-4、1970年）
上田望〈1990〉	「『三国演義』版本試論―通俗小説の流伝に関する一考察」（『東洋文化』71、1990年）
上田望〈1998〉	「毛綸、毛宗崗批評『四大奇書三国志演義』版本目録（稿）」（『中国古典小説研究』4、1998年）
上田望〈2001〉	「毛綸、毛宗崗批評『四大奇書三国志演義』と清代の出版文化」（『東方学』101、2001年）
上田望〈2005〉	「『三国演義』の言葉と文体―中国古典小説への計量的アプローチ」（『金沢大学文学部論集』言語・文学篇 25、2005年）
上田望〈2006〉	「日本における『三国演義』の受容（前篇）―翻訳と挿図を中心に」（『金沢大学中国語学中国文学教室紀要』9、2006年）
上谷浩一〈1996〉	「蜀漢政権論―近年の諸説をめぐって」（『東方学』91、1996年）
上野隆三〈1991〉	「魏延について」（『富山大学教養部紀要』人文・社会科学編 24-1、1991年）
薄井俊二〈1995〉	「曹操の楽府詩『歩出夏門行』について」（『町田三郎教授退官記念 中国思想史論叢』町田三郎教授退官記念論文集刊行会、1995年）
内田吟風《1975a》※	『北アジア史研究 匈奴篇』（同朋舎出版、1975年→［第2版］同朋舎出版、1988年）
内田吟風〈1934〉*	「後漢末期より五胡乱勃発に至る匈奴五部の状勢に就いて」（『史林』19-2、1934年）
内田吟風《1975b》※	『北アジア史研究 鮮卑柔然突厥篇』（同朋舎出版、1975年）
内田吟風〈1943〉*	「烏桓族に関する研究」（『満蒙史論叢』4、1943年）
内田智雄〈1959～60〉	「魏律『序略』についての二、三の問題（上）（下）―滋賀秀三氏の『曹魏新律十八篇の篇目について』に寄せて」（『同志社法学』11-3, 5、1959, 60年）
内田智雄〈1960〉	「再び魏律『序略』について―滋賀教授の私信に答えて」（『同志社法学』12-4、1960年）
内田智雄編訳《1964》	『訳注 中国歴代刑法志』（創文社、1964年→内田智雄編・冨谷至補『訳注 中国歴代刑法志（補）』創文社、2005年）
内村嘉秀〈1984〉	「王弼の道徳論」（『哲学・思想論集』10、1984年）

内山俊彦〈2005〉		「鄭玄における歴史意識の問題」(『中国―社会と文化』20、2005年)
宇野精一《1949》		『中国古典学の展開』(北隆館、1949年→『宇野精一著作集』第2巻、明治書院、1986年)
梅原末治《1943》		『漢三国六朝紀年鏡図説』(桑名文星堂、1943年→同朋舎出版、1984年)
江幡真一郎〈1969〉		「後漢末の農村の崩壊と宦官の害民について」(『集刊東洋学』21、1969年)
江畑武〈2000〉		「『三国志』の成立年次」(『阪南論集』人文・自然科学編36-2、2000年)
江畑武〈2001〉		「『三国志』の材料について―三国の国史について」(『阪南論集』人文・自然科学編36-3、2001年)

エーリク・チュルヒャー著、田中純男他訳《1995》
　　『仏教の中国伝来』(せりか書房、1995年)

王啓発著、孫険峰訳〈2006〉
　　「鄭玄『三礼注』とその思想史的意義」(渡邉義浩編『両漢における易と三礼』汲古書院、2006年)

王瑶著、石川忠久他訳《1991》
　　『中国の文人―「竹林の七賢」とその時代』(大修館書店、1991年)

大上正美《2000》※		『阮籍・嵆康の文学』(創文社、2000年)
大上正美〈1977〉*		「阮籍詠懐詩試論―表現構造にみる詩人の敗北性について」(『漢文学会会報』36、1977年)
大上正美〈1982〉*		「阮籍の『為鄭沖勧晋王牋』について」(『日本中国学会報』34、1982年)
大上正美〈1989〉*		「嵆康論(1)―絶交書二首に見る表現の位相」(『中国文化』47、1989年)
大上正美〈1991〉*		「嵆康論(2)―『答二郭詩』に見る自立の契機」(『中国文化』49、1991年)
大上正美〈1993〉*		「嵆康の文学―『述志詩』における言志の様相」(『新しい漢文教育』17、1993年)
大上正美〈1995〉*		「嵆康卜疑試論」(『日本中国学会報』47、1995年)
大上正美〈1999a〉*		「『達荘論』と『大人先生伝』」(青山学院大学総合研究所人文学系研究センター研究叢書13『比較物語研究』、1999年)
大上正美〈1999b〉*		「「管蔡論」の方法―嵆康と情況」(『青山学院大学文学部紀要』40、1999年)
大上正美《2004》※		『言志と縁情―私の中国文学』(創文社、2004年)
大上正美〈2002〉*		「言志の文学―阮籍と嵆康」(『大東文化大学漢学会誌』41、2002年)
大川富士夫〈1976〉		「全公主小考」(『立正史学』40、1976年)

第三部　文献目録篇

大川富士夫〈1978〉	「『古本三国志』をめぐって」(『立正大学文学部論叢』62、1978年)
大川富士夫《1987》※	『六朝江南の豪族社会』(雄山閣出版、1987年)
大川富士夫〈1967〉*	「孫呉政権の成立をめぐって」(『立正史学』31、1967年)
大川富士夫〈1969〉*	「孫呉政権と士大夫」(『立正大学文学部論叢』33、1969年)
大川富士夫〈1971〉*	「三国時代の江南豪族について」(『立正大学人文科学研究所年報』9、1971年)
大川富士夫〈1982〉*	「呉の四姓について」(『歴史における民衆と文化―酒井忠夫先生古稀祝賀記念論集』国書刊行会、1982年)
大久保靖〈1982〉	「漢末門生・故吏考―汝南袁氏の場合」(『史友』14、1982年)
太田出〈2001〉	「清朝のユーラシア世界統合と関聖帝君―軍事行動における霊異伝説の創出をめぐって」(歴史学研究会編『戦争と平和の中近世史』青木書店、2001年)
太田孝太郎編《1966》	『漢魏六朝官印考』(自印、1966年)
太田孝太郎編《1967》	『漢魏六朝官印考譜録』(自印、1967年)
大塚秀高〈1994〉	「関羽の物語について」(『埼玉大学紀要』 教養学部 30、1994年)
大塚秀高〈1996〉	「剣神の物語(上)(下)―関羽を中心として」(『埼玉大学紀要』教養学部 32-1, 2、1996年)
大庭脩《1982》	『秦漢法制史の研究』(創文社、1982年)
大淵忍爾〈1939～40〉	「太平経の来歴について」(『東洋学報』27-1・2、1939, 40年)
大淵忍爾《1991》※	『初期の道教―道教史の研究 其の一』(創文社、1991年)
大淵忍爾〈1955〉*	「中国における民族的宗教の成立(1)(2)」(『歴史学研究』179, 180、1955年)
大淵忍爾〈1967〉*	「老子想爾注の成立」(『岡山史学』19、1967年)
大淵忍爾〈1991〉*	「黄巾の反乱と漢中政権」(『初期の道教―道教史の研究 其の一』創文社、1991年)
大淵忍爾《1997》※	『道教とその経典―道教史の研究 其の二』(創文社、1997年)
大淵忍爾〈1997〉*	「敦煌鈔本S4226「太平部巻第二」について」(『道教とその経典―道教史の研究 其の二』創文社、1997年)
尾形勇《1979》	『中国古代の「家」と国家―皇帝支配下の秩序構造』(岩波書店、1979年)
岡村貞雄《2000》	『古楽府の起源と継承』(白帝社、2000年)
岡村繁〈1952〉	「人物志の流伝について―支那中古人物論の本質解明への一試論」(『哲学』(広島) 3、1952年)
岡村繁〈1955a〉	「郭泰の生涯とその為人」(『支那学研究』13、1955年)
岡村繁〈1955b〉	「郭泰・許劭の人物評論」(『東方学』10、1955年)

岡村繁〈1960a〉		「後漢末期の評論的気風について」(『名古屋大学文学部研究論集』22 文学8、1960年)
岡村繁〈1960b〉		「曹丕の『典論論文』について」(『支那学研究』24・25、1960年)
岡村繁〈1962〉		「『才性四本論』の性格と成立―あわせて唐長孺氏の「魏晋才性論的政治意義」を駁す」(『名古屋大学文学部研究論集』28 文学10、1962年)
岡村繁〈1966〉		「建安文壇への視角」(『中国中世文学研究』5、1966年)
岡村繁〈1983〉		「劉邵の『人物志』における人物論の構想とその意図」(金谷治編『中国における人間性の探究』創文社、1983年)
岡村繁《1999》		『文選の研究』(岩波書店、1999年)
小川環樹《1968》※		『中国小説史の研究』(岩波書店、1968年)
小川環樹〈1953〉*		「「三国演義」発展のあと」(『三国志』岩波文庫 第一冊解説、1953年)
小川環樹〈1964〉*		「関索の伝説そのほか」(『三国志』岩波文庫 第八冊付録、1964年)
小川陽一〈1983〉		「『三国志演義』の人間表現―相書との関係において」(金谷治編『中国における人間性の探究』創文社、1983年)
尾崎正治〈1983〉		「道教教典」(『道教 第1巻 道教とは何か』平河出版社、1983年)
尾崎保子〈1995〉		「関帝信仰と『三国志通俗演義』の関連性について」(『学苑』668、1995年)
尾崎康《1989》		『正史宋元版の研究』(汲古書院、1989年)
越智重明〈1957〉		「晋代の都督」(『東方学』15、1957年)
越智重明〈1962〉		「魏西晋貴族制論」(『東洋学報』45-1、1962年)
越智重明《1963》		『魏晋南朝の政治と社会』(吉川弘文館、1963年)
越智重明〈1963〉		「魏晋時代の州大中正の制」(『東洋史学』26、1963年)
越智重明〈1964〉		「九品官人法の制定について」(『東洋学報』46-2、1964年)
越智重明〈1965〉		「清議と郷論」(『東洋学報』48-1、1965年)
越智重明《1970》		『晋書』(明徳出版社、1970年)
越智重明〈1971〉		「西晋の平呉の役をめぐって」(『軍事史学』6-4、1971年)
越智重明〈1977〉		「漢六朝史の理解をめぐって」(『九州大学東洋史論集』5、1977年)
越智重明〈1980〉		「魏晋時代の四征将軍と都督」(『史淵』117、1980年)
越智重明《1982》※		『魏晋南朝の貴族制』(研文出版、1982年)
越智重明〈1974〉*		「魏王朝と士人」(『史淵』111、1974年)
越智重明《1985》		『魏晋南朝の人と社会』(研文出版、1985年)
越智重明《1988～97》		
		『戦国秦漢史研究』1～3(中国書店、1988, 93, 97年)
小尾郊一《1962》		『中国文学に現われた自然と自然観―中世文学を中心として』(岩波書店、1962年)

第三部　文献目録篇

小尾郊一他編《1990〜92》	『文選李善注引書攷証』上・下（研文出版、1990, 92年）
小尾孟夫《2001》※	『六朝都督制研究』（溪水社、2001年）
小尾孟夫〈1978a〉*	「曹魏における「四征」将軍」（『広島大学教育学部紀要』第2部 26、1978年）
小尾孟夫〈1978b〉*	「晋代における将軍号と都督」（『東洋史研究』37-3、1978年）
加賀栄治《1964》	『中国古典解釈史 魏晋篇』（勁草書房、1964年）
加賀栄治〈1971〉	「嵆康の『論』に関する一考察」（『語学文学』9、1971年）
角谷聡〈1999〉	「「三国時代物語」の形成―両『唐書』における三国時代の人物」（『中国学研究論集』4、1999年）
角谷聡〈2000〉	「「三国時代物語」の形成―『全唐詩』における三国時代の人物」（『中国学研究論集』5、2000年）
角谷聡〈2003〉	「「三国志物語」の形成―銅雀台故事を中心に」（『中国学研究論集』11、2003年）
片倉穰〈1969〉	「曹魏政権の成立過程―とくに曹操集団と黄巾について」（『歴史教育』17-3、1969年）
片山章雄〈1991〉	「吐魯番・敦煌発見の『三国志』写本残巻」（『東海史学』26、1991年）
勝村哲也〈1970〉	「後漢における知識人の地方差と自律性」（中国中世史研究会編『中国中世研究』東海大学出版会、1970年）
加藤繁《1952〜53》	『支那経済史考証』上・下（東洋文庫、1952, 53年）
金谷治《1997》※	『中国古代の自然観と人間観』（平河出版社、1997年）
金谷治〈1972〉*	「後漢末の思想家たち―特に王符と仲長統」（『福井博士頌寿記念 東洋文化論集』早稲田大学出版部、1972年）
狩野直喜《1968》	『魏晋学術考』（筑摩書房、1968年）
狩野直禎〈1958〉	「蜀漢国前史」（『東方学』16、1958年）
狩野直禎〈1959〉	「蜀漢政権の構造」（『史林』42-4、1959年）
狩野直禎《1966》	『諸葛孔明』（人物往来社、1966年→PHP文庫、2003年）
狩野直禎〈1967〉	「陳羣伝試論」（『東洋史研究』25-4、1967年）
狩野直禎《1971》	『『三国志』の世界―孔明と仲達』（清水書院、1971年）
狩野直禎《1985》	『『三国志』の知恵』（講談社現代新書、1985年）
狩野直禎《1991》	『三国時代の戦乱』（新人物往来社、1991年）
狩野直禎《1993》※	『後漢政治史の研究』（同朋舎出版、1993年）
狩野直禎〈1957〉*	「後漢末の世相と巴蜀の動向」（『東洋史研究』15-3、1957年）
狩野直禎〈1961〉*	「後漢時代地方豪族の政治生活―犍為張氏の場合」（『史泉』22、1961年）
狩野直禎〈1964〉*	「後漢中期の政治と社会―順帝の即位をめぐって」（『東洋史研究』23-3、1964年）
狩野直禎〈1968〉*	「李固と清流派の進出」（『田村博士頌寿東洋史論叢』田村博士退官記念事業会、1968年）

狩野直禎〈1970〉*	「後漢末地方豪族の動向―地方分権化と豪族」(中国中世史研究会編『中国中世史研究』東海大学出版会、1970年)
狩野直禎〈1980〉*	「趙岐考」(『史窓』38、1980年)
狩野直禎〈1985〉*	「楊震伝についての一考察」(『古代文化』37-8、1985年)
狩野直禎〈1986〉*	「後漢和帝期についての一考察」(『神田喜一郎博士追悼中国学論集』平凡社、1986年)
鎌田重雄《1962》	『秦漢政治制度の研究』(日本学術振興会、1962年)
鎌田茂雄《1982～83》	『中国仏教史』第1巻～第2巻(東京大学出版会、1982, 83年)
鎌田正《1963》	『左伝の成立と其の展開』(大修館書店、1963年)
神塚淑子《1999》※	『六朝道教思想の研究』(創文社、1999年)
神塚淑子〈1988〉*	「『太平経』の承負と太平の理論について」(『名古屋大学教養部紀要』A 人文科学・社会科学 32、1988年)
神塚淑子〈1990〉*	「『太平経』における「心」の概念」(『山下龍二教授退官記念中国学論集』研文社、1990年)
神矢法子〈1974〉	「魏前期の人才主義」(『九州大学東洋史論集』3、1974年)
川合康三〈1978〉	「阮籍の飛翔」(『中国文学報』29、1978年)
川合康三〈1986〉	『曹操―矛を横たえて詩を賦す』(集英社、1986年)
川合安〈1995〉	「九品官人法創設の背景について」(『古代文化』47-6、1995年)
川勝義雄《1982》※	『六朝貴族制社会の研究』(岩波書店、1982年)
川勝義雄〈1950〉*	「シナ中世貴族政治の成立について」(『史林』33-4、1950年)
川勝義雄〈1954〉*	「曹操軍団の構成について」(『創立廿五周年記念論文集』京都大学人文科学研究所、1954年)
川勝義雄〈1967〉*	「漢末のレジスタンス運動」(『東洋史研究』25-4、1967年)
川勝義雄〈1970a〉*	「貴族制社会の成立」(『岩波講座 世界歴史 5 古代5 アジア世界の形成Ⅱ』岩波書店、1970年)
川勝義雄〈1970b〉*	「貴族制社会と孫呉政権下の江南」(中国中世史研究会編『中国中世史研究』東海大学出版会、1970年)
川勝義雄〈1973〉*	「孫呉政権の崩壊から江南貴族制へ」(『東方学報』(京都)44、1973年)
川勝義雄・谷川道雄〈1970〉*	
	「中国中世史研究における立場と方法」(中国中世史研究会編『中国中世史研究』東海大学出版会、1970年)
川上恭司〈1990〉	「中国粉食文化考」(『布目潮渢博士古稀記念論集 東アジアの法と社会』汲古書院、1990年)
川本芳昭〈1991〉	「山越再論」(『佐賀大学教養部研究紀要』23、1991年)
川本芳昭《1998》※	『魏晋南北朝時代の民族問題』(汲古書院、1998年)
川本芳昭〈1986〉*	「六朝における蛮の理解についての一考察―山越・蛮漢融合の問題を中心として見た」(『史学雑誌』95-8、1986年)

第三部　文献目録篇

菊地大〈2001〉	「後漢・孫呉・西晋時期の江南地域に見られる五連罐・神亭壺について」(『明大アジア史論集』6、2001年)
菊地大〈2002a〉	「三国呉の「嘉興元年」鏡についての一試論」(『明大アジア史論集』7、2002年)
菊地大〈2002b〉	「孫呉政権の対外政策について—東アジア地域を中心に」(『駿台史学』116、2002年)
木村正雄《1965》	『中国古代帝国の形成—特にその成立の基礎条件』(不昧堂書店、1965年→［新訂版］比較文化研究所、2003年)
木村正雄《1979》※	『中国古代農民反乱の研究』(東京大学出版会、1979年)
木村正雄〈1973〉*	「黄巾の反乱」(『東京教育大学文学部紀要』91、1973年)
丘振声著、村山孚訳《1990》	『「三国志」縦横談』(新人物往来社、1990年)
喬秀岩《2001》	『義疏学衰亡史論』(白峰社、2001年)
金文京〈1986〉	「関羽の息子と孫悟空（上）（下）」(『文学』54-6, 9、1986年)
金文京〈1989b〉	「〈三国志演義〉版本試探—建陽諸本を中心に」(『集刊東洋学』61、1989年)
金文京《1993》	『三国志演義の世界』(東方書店、1993年)
金文京《2005》	『中国の歴史04 三国志の世界』(講談社、2005年)
楠山春樹《1979》※	『老子伝説の研究』(創文社、1979年)
楠山春樹《1979》*	「『老子想爾注』考」(『老子伝説の研究』創文社、1979年)
久保卓哉〈1985〉	「『三国職官表』官名索引」(『宇部工業高等専門学校研究報告』31、1985年)
栗原益男〈1984〉	「曹魏の法令について」(唐代史研究会編『中国律令制の展開とその国家・社会との関係—周辺諸地域の場合を含めて』刀水書房、1984年)
栗原益男〈1986〉	「曹魏の詔と令」(『中村治兵衛先生古稀記念 東洋史論叢』刀水書房、1986年)
五井直弘《2001》※	『漢代の豪族社会と国家』(名著刊行会、2001年)
五井直弘〈1956〉*	「曹操政権の性格について」(『歴史学研究』195、1956年)
五井直弘〈1970〉*	「後漢王朝と豪族」(『岩波講座 世界歴史 4 古代4 東アジア世界の形成Ⅰ』岩波書店、1970年)
五井直弘《2002》※	『中国古代の城郭都市と地域支配』(名著刊行会、2002年)
五井直弘〈1971〉*	「中国古代史と共同体—谷川道雄氏の所論をめぐって」(『歴史評論』255、1971年)
小池直子〈2001〉	「賈充出鎮—西晋・泰始年間の派閥抗争に関する一試論」(『集刊東洋学』85、2001年)
小池直子〈2003〉	「賈南風婚姻」(『名古屋大学東洋史研究報告』27、2003年)
小出文彦監修《1999》	『三国志人物事典』(新紀元社、1999年)
興膳宏《2001》※	『乱世を生きる詩人たち—六朝詩人論』(研文出版、2001年)

興膳宏〈1961〉*	「嵇康詩小論」(『中国文学報』15、1961年)
小嶋茂稔〈1998a〉	「范曄『後漢書』の史料的特質に関する考察―従来の諸説の検討を中心に」(『史料批判研究』1、1998年)
小嶋茂稔〈1998b〉	「後漢時代史研究の近年の動向」(『歴史学研究』707、1998年)
小島毅〈1992〉	「国家祭祀における軍神の変質―太公望から関羽へ」(『日本文化研究』3、1992年)
後藤基巳《1973》	『ある抵抗の姿勢 竹林の七賢』(新人物往来社、1973年)
小林岳〈1992〉	「劉昭と『集注後漢』」(『史滴』13、1992年)
小林岳〈1993〉	「劉昭の『後漢書注補志序』訳注」(『早稲田大学高等学院研究年誌』37、1993年)
小林岳〈1994〉	「劉昭の『後漢書』補志について―『後漢書』補成考」(『早稲田大学高等学院研究年誌』38、1994年)
小林岳〈1997〉	「劉昭の『後漢書』注について―『集注後漢』の内容をめぐって」(『史学雑誌』106-7、1997年)
小林春樹〈1984a〉	「後漢時代の蘭台令史について―『漢書』研究序説」(『東方学』68、1984年)
小林春樹〈1984b〉	「後漢時代の東観について―『後漢書』研究序説」(『史観』111、1984年)
小林正美《1990》※	『六朝道教史研究』(創文社、1990年)
小林正美〈1987〉*	「『老子想爾注』の成立について」(秋月観暎編『道教と宗教文化』平河出版社、1987年)
小松健一《1995》	『三国志の風景』(岩波新書、1995年)
小松建男〈2002〉	「嘉靖本以前の『三国志演義』」(『中国文化―研究と教育』60、2002年)
小南一郎〈1993〉	「神亭壺と東呉の文化」(『東方学報』(京都)65、1993年)
小守郁子〈1976〉	「曹植論」(『名古屋大学文学部研究論集』69、1976年)
小守郁子〈1978〉	「曹植論(承前)」(『名古屋大学文学部研究論集』75、1978年)
崔凡芝著、小林岳訳〈1996〉	
	「裴松之『三国志』注の史学的意義について」(『早稲田大学高等学院研究年誌』40、1996年)
斉藤国治〈1984〉	「『三国志』の中の天文史料(A.D.220〜280)―その天文年代的な検証」(『科学史研究 第Ⅱ期』23、1984年)
酒井忠夫・福井文雅〈1983〉	
	「道教とは何か」(『道教 第1巻 道教とは何か』平河出版社、1983年)
榊原文彦〈1969〉	「蜀漢政権と豪族」(『鎌田博士還暦記念 歴史学論叢』鎌田博士還暦記念会、1969年)
榊原文彦〈1978〉	「劉備と益州」(『日本大学史学科創立五十周年記念 歴史学論文集』日本大学史学科五十周年記念事業実行委員会、1978年)

第三部　文献目録篇

坂田新〈1974〉　　　「王粛の詩経学」(『目加田誠博士古稀記念 中国文学論集』龍渓書舎、1974年)
佐久間吉也〈1961〉　「曹魏時代の灌漑について」(『福島大学学芸学部論集』社会科学 12-1、1961年)
佐久間吉也〈1968〉　「孫呉期の漕運路形成について」(『集刊東洋学』20、1968年)
佐久間吉也〈1976〉　「曹魏の漕運路形成について」(『社会文化史学』13、1976年)
佐久間吉也〈1982〉　「曹操の法術主義と校事のいきさつについて」(『東洋史論』4、1982年)
雑喉潤〈1974〉　　　「不遇の史書『三国志』のために」(『入矢教授・小川教授退休記念 中国文学語学論集』京都大学文学部中国語学中国文学研究室入矢教授小川教授退休記念会、1974年)
雑喉潤《1997》　　　『「三国志」劉備と歩く』(立風書房、1997年)
雑喉潤〈1998〉　　　「『日本書紀』に投影された『三国志』について」(『名古屋自由学院短期大学研究紀要』30、1998年)
雑喉潤《2001》　　　『三国志の大地』(竹内書店新社、2001年)
雑喉潤《2002》　　　『三国志と日本人』(講談社現代新書、2002年)
佐竹保子《2002》　　『西晋文学論―玄学の影と形似の曙』(汲古書院、2002年)
佐藤大志《2003》　　『六朝楽府文学史研究』(渓水社、2003年)
佐藤武敏《1962》　　『中国古代工業史の研究』(吉川弘文館、1962年)
佐藤達郎〈1993〉　　「曹魏文・明帝期の政界と名族層の動向―陳羣・司馬懿を中心に」(『東洋史研究』52-1、1993年)
佐藤利行《1995》　　『西晋文学研究―陸機を中心として』(白帝社、1995年)
澤章敏〈1987〉　　　「五斗米道と板楯蛮」(『史観』116、1987年)
澤章敏〈1994〉　　　「五斗米道政権の組織構造」(道教文化研究会編『道教文化への展望』平河出版社、1994年)
澤章敏〈2000〉　　　「道教教団の形成―五斗米道と太平道」(野口鐵郎編集代表『講座道教 2 道教の教団と儀礼』雄山閣出版、2000年)
澤章敏〈2005〉　　　「張脩と五斗米道」(『福井文雅博士古稀記念論集 アジア文化の思想と儀礼』春秋社、2005年)
三国時代の出土文字資料班編《2005》
　　　　　　　　　　『魏晋石刻資料選注』(京都大学人文科学研究所、2005年)
塩谷温〈1928〉　　　「全相平話三国志に就て」(『狩野教授還暦記念支那学論叢』弘文堂書房、1928年)
滋賀秀三〈1955〉　　「曹魏新律十八篇の篇目について」(『国家学会雑誌』69-7・8、1955年)
重沢俊郎〈1952〉　　「漢魏に於ける肉刑論」(『東洋の文化と社会』2、1952年)
重沢俊郎〈1959〉　　「文献目録を通して見た六朝の歴史意識」(『東洋史研究』18-1、1959年)
重田徳〈1971〉　　　「中国封建制研究の方向と方法―六朝封建制度の一検討」(『歴史評論』247、1971年)

重松俊章〈1937〉	「孫呉の対外発展と遼東との関係」(『九州帝国大学法文学部十周年記念哲学史学文学論文集』岩波書店、1937年)
篠田耕一《1993》	『三国志軍事ガイド』(新紀元社、1993年)
斯波義信〈1982〉	「函館華僑関係資料集」(『大阪大学文学部紀要』22、1982年)
斯波六郎《1957》	『文選諸本の研究』(斯波博士退官紀年事業会、1957年)
斯波六郎《1958》	『中国文学における孤独感』(岩波書店、1958年→岩波文庫、1990年)
斯波六郎主編《1971》	
	『文選索引』(中文出版社、1971年)
清水凱夫《1999》	『新文選学―『文選』の新研究』(研文出版、1999年)
下倉渉〈1996〉	「散騎省の成立―曹魏・西晋における外戚について」(『歴史』86、1996年)
荘司格一〈1991〉	「「三国志平話」について」(『東洋文化研究所紀要』11、無窮会、1991年)
ジョン＝リ〈1984〉	「英米における中国中世貴族制研究の成果と課題」(『史林』67-1、1984年)
沈従文他編、古田真一他訳《1995》	
	『中国古代の服飾研究 増補版』(京都書院、1995年)
沈伯俊・譚良嘯編著、立間祥介・岡崎由美・土田文子編訳《1996》	
	『三国志演義大事典』(潮出版社、1996年)
杉本直治郎〈1949〉	「三国時代における呉の対南策」(広島文理科大学東洋史学研究室編『東洋の政治経済』目黒書店、1949年)
杉本正年《1979》	『東洋服装史論攷 古代編』(文化出版局、1979年)
鈴木啓造〈1970～82〉	
	「諸家後漢書列伝輯稿,(続)～(十続)」(『早稲田大学教育学部学術研究』19～28, 31、1970～79, 82年)
鈴木修次〈1963〉	「嵆康・阮籍から陶淵明へ」(『中国文学報』18、1963年)
鈴木修次〈1967〉	『漢魏詩の研究』(大修館書店、1967年)
鈴木修次〈1968〉	「何晏の詩について」(『漢学学会会報』27、1968年)
鈴木中正〈1974〉	「漢・魏革命と黄巾軍」(『中国史における革命と宗教』東京大学出版会、1974年)
石其琳〈1987〉	「曹操に於ける受命問題と「短歌行」周西伯昌詩」(『中国文学論集』16、1987年)
関尾史郎〈1996a〉	「安徽曹氏一族墓出土文字磚緒論」(『東アジア―歴史と文化』5、1996年)
関尾史郎〈1996b〉	「安徽曹氏一族墓出土姓名磚試論」(『新潟史学』36、1996年)
関尾史郎〈1997〉	「安徽曹氏一族墓墓主試探」(『環日本海研究年報』4、1997年)
関尾史郎〈2001〉	「吏民田家莂の性格と機能に関する一試論」(長沙呉簡研究会編『嘉禾吏民田家莂研究―長沙呉簡研究報告・第1集』長沙呉簡研究会、2001年)

第三部　文献目録篇

関尾史郎〈2005〉	「史料群としての長沙呉簡・試論」(『木簡研究』27、2005年)
関尾史郎〈2006〉	「長沙呉簡中の名籍について―史料群としての長沙呉簡・試論（2）」(『唐代史研究』9、2006年)
曽我部静雄〈1953〉	「三国時代の土地制度」(『均田法とその税役制度』大日本雄弁会講談社、1953年)
平秀道〈1974〉	「魏の文帝と圖緯」(『龍谷大学論集』404、1974年)
平秀道〈1976〉	「蜀の昭烈帝と讖緯」(『龍谷大学論集』409、1976年)
高島俊男《1994》	『三国志人物縦横談』(大修館書店、1994年)
高野淳一〈1989〉	「王弼の「分」の思想について―郭象との対比を通して」(『日本中国学会報』41、1989年)
高野淳一〈1991〉	「嵆康に於ける世界認識と「理」」(『集刊東洋学』66、1991年)
高橋繁樹〈1973〜75〉	「三国雑劇と三国平話（1）〜（4）」(『中国古典研究』19, 20、1973, 75年)
高橋継男〈1993〉	「『石刻史料新編』第一・第二・第三輯　書名・著者索引」(『アジア・アフリカ文化研究所研究年報』28、1993年)
高村武幸〈2004〉	「長沙走馬楼呉簡にみえる郷」(長沙呉簡研究会編『長沙呉簡研究報告』第2集、長沙呉簡研究会、2004年)
竹内真彦〈2001〉	「『三国志演義』における関羽の呼称―『演義』成立をめぐって」(『日本中国学会報』53、2001年)
竹内真彦司会、井上泰山・上田望・金文京・小松謙・中川諭〈2006〉	「座談会『三国志演義』研究をめぐって」(『未名』24、2006年)
竹内康浩《2002》	『「正史」はいかに書かれてきたか―中国の歴史書を読み解く』(大修館書店、2002年)
武内義雄《1936》	『中国思想史』(岩波書店、1936年→『武内義雄全集』第8巻、角川書店、1978年)
竹田晃訳《1964》	『捜神記』(平凡社東洋文庫、1964年→平凡社ライブラリー、2000年)
竹田晃〈1972〉	「人間曹操の一側面―その詩を手懸りとして」(『東京大学教養学部人文科学科紀要』55、1972年)
竹田晃《1973》	『曹操―その行動と文学』(評論社、1973年)
竹田晃《1990》	『三国志の英傑』(講談社現代新書、1990年)
多田狷介〈1979〜80〉	「『人物志』訳稿（上）（下）」(『史艸』20, 21、1979, 80年)
多田狷介《1999》※	『漢魏晋史の研究』(汲古書院、1999年)
多田狷介〈1968〉＊	「黄巾の乱前史」(『東洋史研究』26-4、1968年)
多田狷介〈1970〉＊	「後漢後期の政局をめぐって―外戚・宦官・清流士人」(『東京教育大学文学部紀要』76 史学研究、1970年)
多田狷介〈1971〉＊	「中国古代史研究覚書」(『史艸』12、1971年)

多田狷介〈1975〉＊	「「後漢ないし魏晋期以降中国中世」説をめぐって」(『歴史学研究』422、1975年)
多田狷介〈1977〉＊	「戦国・秦漢期における共同体と国家」(『史潮』新2、1977年)
多田狷介〈1980〉＊	「劉劭とその考課法について」(『中嶋敏先生古稀記念論集』上巻、中嶋敏先生古稀記念事業会、1980年)
立間祥介《1958》	『三国志演義』(平凡社、1958年→［改訂新版］徳間文庫、2006年)
立間祥介《1990》	『諸葛孔明―三国志の英雄たち』(岩波新書、1990年)
田中尚子《2007》	『三国志享受史論考』(汲古書院、2007年)
田中麻紗巳〈1998〉	「荀悦の『権時之宜』等について」(『漢学研究』36、1998年)
田中麻紗巳《2003》※	『後漢思想の探究』(研文出版、2003年)
田中麻紗巳〈1996〉＊	「王符の人間観について」(『日本大学文理学部人文科学研究所 研究紀要』51、1996年)
田中麻紗巳〈1999〉＊	「荀悦の合理的思考について」(『日本大学文理学部人文科学研究所 研究紀要』57、1999年)
田中靖彦〈2005a〉	「『漢晋春秋』に見る三国正統観の展開」(『東方学』110、2005年)
田中靖彦〈2005b〉	「唐代における三国正統論と『史通』―曹魏描写に込められた劉知幾の唐朝観」(『中国―社会と文化』20、2005年)
田中靖彦〈2006〉	「初期東晋における孫呉観―干宝『捜神記』を中心に」(『六朝学術学会報』7、2006年)
谷川道雄《1976》※	『中国中世社会と共同体』(国書刊行会、1976年)
谷川道雄〈1966〉＊	「六朝貴族制社会の史的性格と律令体制への展開」(『社会経済史学』31-1～5、1966年)
谷川道雄《1987》	『中国中世の探求―歴史と人間』(日本エディタースクール出版部、1987年)
谷川道雄〈1990〉	「六朝時代の名望家支配について」(『龍谷大学論集』436、1990年)
谷川道雄《2006》	『戦後日本から現代中国へ―中国史研究は世界の未来を語り得るか』(河合文化教育研究所、2006年)
谷口建速〈2006a〉	「長沙走馬楼呉簡よりみる孫呉政権の穀物搬出システム」(『中国出土資料研究』10、2006年)
谷口建速〈2006b〉	「長沙走馬楼呉簡における穀物関係簿初探」(『民衆史研究』72、2006年)
谷口房男《1981》	『華陽国志人名索引―附華陽国志民族関係語彙索引』(国書刊行会、1981年)
谷口房男《1996》※	『華南民族史研究』(緑蔭書房、1996年)
谷口房男〈1971〉＊	「三国時代の蛮について―孫呉の武陵蛮対策を中心として」(『白山史学』15・16、1971年)

第三部　文献目録篇

中国の思想刊行委員会編訳《1994a》
　　　　　　　　　『正史 三国志英傑伝』1〜4（徳間書店、1994年）
中国の思想刊行委員会編《1994b》
　　　　　　　　　『三国志全人名事典』（徳間書店、1994年）
張学鋒〈1998〉　　「曹魏租調制度についての一考察」（『史林』81-6、1998年）
張学鋒〈2000〉　　「西晋の占田・課田・租調制の再検討」（『東洋史研究』59-1、2000年）
張美蘭〈2003〉　　「空思想の格義的理解について―老荘思想の無との関係を中心に」（『印度学仏教学研究』53-1、2003年）
塚本善隆《1968》　『中国仏教通史』第1巻（鈴木学術財団、1968年→春秋社、1979年）
月洞譲〈1963〉　　「鄭玄の古典解釈の態度」（『漢文教室』37、1963年）
津田資久〈1998〉　「『魏略』の基礎的研究」（『史朋』31、1998年）
津田資久〈2001〉　「陳寿伝の研究」（『北大史学』41、2001年）
津田資久〈2003〉　「『魏志』の帝室衰亡叙述に見える陳寿の政治意識」（『東洋学報』84-4、2003年）
土屋昌明〈1994〉　「後漢における思過と首過について―自伝文学との関連を考えるために」（道教文化研究会編『道教文化への展望』平河出版社、1994年）
鶴間和幸〈1978〉　「漢代豪族の地域的性格」（『史学雑誌』87-12、1978年）
道家春代〈1999〉　「曹操の楽府詩と魏の建国」（『名古屋大学中国語学文学論集』12、1999年）
富永一登《1999》　『文選李善注の研究』（研文出版、1999年）
冨谷至〈2000〉　　「晋泰始律令への道―第1部 秦漢の律と令」（『東方学報』（京都）72、2000年）
冨谷至〈2001〉　　「晋泰始律令への道―第2部 魏晋の律と令」（『東方学報』（京都）73、2001年）
内藤湖南《1969》※『内藤湖南全集』第8巻（筑摩書房、1969年）
内藤湖南〈1922〉＊「概括的唐宋時代観」（『歴史と地理』9-5、1922年）
内藤虎次郎《1897》『諸葛武侯』（東華堂、1897年→『内藤湖南全集』第1巻、筑摩書房、1970年）
内藤虎次郎《1949》『支那史学史』（弘文堂、1949年→『内藤湖南全集』第11巻、筑摩書房、1970年）
中川薫〈1962〉　　「建安文人伝（1）―陳琳伝」（『鳥取大学学芸学部研究報告』人文科学 12、1962年）
中川薫〈1963〉　　「建安文人伝（2）―阮瑀伝」（『鳥取大学学芸学部研究報告』人文・社会科学 14、1963年）
中川薫〈1964〉　　「建安文人伝（3）―徐幹伝」（『鳥取大学学芸学部研究報告』人文・社会科学 15、1964年）

中川薫〈1965〉	「建安文人伝(4)―応瑒伝」(『鳥取大学学芸学部研究報告』人文・社会科学 16、1965年)
中川諭〈1989〉	「『三国演義』版本研究―毛宗崗本の成立過程」(『集刊東洋学』61、1989年)
中川諭〈1990〉	「嘉靖本『三国志通俗演義』における「関羽の最期」の場面について」(『文化』54-1・2、1990年)
中川諭《1998》	『『三国志演義』版本の研究』(汲古書院、1998年)
中川諭〈2003〉	「黄正甫本『三国志伝』再考」(『新大国語』29、2003年)
中川諭〈2005〉	「継志堂刊『三国英雄志伝』について」(『中国―社会と文化』20、2005年)
中嶋隆蔵《1985》	『六朝思想の研究―士大夫と仏教思想』(平楽寺書店、1985年)
中田薫《1964》※	『法制史論集 第4巻 補遺』(岩波書店、1964年→[第2版]岩波書店、1971年)
中田薫〈1951〉*	「支那における律令法系の発達について」(『比較法研究』1-4、1951年)
中田薫〈1953〉*	「「支那における律令法系の発達について」補考」(『法制史研究』3、1953年)
中津浜渉《1970》	『楽府詩集の研究』(汲古書院、1970年)
仲畑信〈1993〉	「魏晋における太極論の展開」(『中国思想史研究』16、1993年)
仲畑信〈1996〉	「王弼『論語釈疑』について」(『中国思想史研究』19、1996年)
中林史朗《1986》	『諸葛孔明語録』(明徳出版社、1986年)
中林史朗〈1990〉	「西晋初期政治史の一断面―征呉問題と巴蜀人士」(『北京外国語学院・大東文化大学交流協定十周年記念論文集』北京外国語学院・大東文化大学、1990年)
中林史朗《1995》	『華陽国志』(明徳出版社、1995年)
中林史朗・渡邉義浩《1996》	『三国志研究要覧』(新人物往来社、1996年)
中林史朗・渡邉義浩《1999》	『後漢紀』(明徳出版社、1999年)
中村圭爾《1987》※	『六朝貴族制研究』(風間書房、1987年)
中村圭爾〈1982〉*	「「郷里」の論理―六朝貴族社会のイデオロギー」(『東洋史研究』41-1、1982年)
中村圭爾〈1984〉*	「九品官人法における郷品について」(『人文研究』36-9、1984年)
中村圭爾〈1987a〉	「初期九品官制における人事について」(川勝義雄・礪波護編『中国貴族制社会の研究』京都大学人文科学研究所、1987年)
中村圭爾〈1987b〉	「魏晋時代における「望」について」(『中国―社会と文化』2、1987年)
中村圭爾〈1993〉	「六朝貴族制論」(谷川道雄編『戦後日本の中国史論争』河合文化教育研究所、1993年)

第三部　文献目録篇

中村璋八・安居香山《1966》
　　　　　　　　　　『緯書の基礎的研究』（漢魏文化研究会、1966年→国書刊行会、1986年）
成瀬哲生〈1982〉　「曹丕年譜ノート」（『北海道大学文学部紀要』31-1、1982年）
成瀬哲生〈1983〉　「曹丕のことども―髑髏と感傷」（『北海道大学文学部紀要』32-1、1983年）
仁井田陞《1952》　『中国法制史』（岩波書店、岩波全書、1952年→［増訂版］岩波書店、岩波全書、1963年）
仁井田陞《1959》※　『中国法制史研究 第1 刑法』（東京大学東洋文化研究所、1959年→［補訂版］東京大学出版会、1980年）
仁井田陞〈1939〉＊　「中国における刑罰体系の変遷―とくに「自由刑」の発達」（『法学協会雑誌』57-3〜5、1939年）
二階堂善弘・中川諭訳注《1999》
　　　　　　　　　　『三国志平話』（光栄、1999年）
西順蔵《1969》※　『中国思想論集』（筑摩書房、1969年）
西順蔵〈1956〉＊　「魏の君子たちの思想の性質について」（『一橋論叢』36-6、1956年）
西順蔵〈1960a〉＊　「嵆康たちの思想」（『一橋論叢』43-3、1960年）
西順蔵〈1960b〉＊　「嵆康の釈私論の一つの解釈」（『福井博士頌寿記念 東洋思想論集』福井博士頌寿記念論文集刊行会、1960年）
西嶋定生《1961》　『中国古代帝国の形成と構造―二十等爵制の研究』（東京大学出版会、1961年）
西嶋定生《1966》※　『中国経済史研究』（東京大学出版会、1966年）
西嶋定生〈1956〉＊　「魏の屯田制―特にその廃止問題をめぐって」（『東洋文化研究所紀要』10、1956年）
西嶋定生《1983》　『中国古代国家と東アジア世界』（東京大学出版会、1983年）
西嶋定生《2002》※　『西嶋定生東アジア史論集 第5巻 歴史学と東洋史学』（岩波書店、2002年）
西嶋定生〈1971〉＊　「中国における歴史意識」（『岩波講座 世界歴史 30 別巻 現代歴史学の課題』岩波書店、1971年）
西田太一郎〈1955〉　「両漢魏晋における刑罰思想」（『人文』1、1955年）
丹羽兌子〈1969〉　「荀彧の生涯――清流士大夫の生き方をめぐって」（『名古屋大学文学部二十周年記念論集』名古屋大学文学部、1969年）
丹羽兌子〈1970〉　「魏晋時代の名族―荀氏の人々について」（中国中世史研究会編『中国中世史研究』東海大学出版会、1970年）
丹羽兌子〈1973〉　「曹操政権論ノート」（『名古屋大学東洋史研究報告』2、1973年）
野沢達昌〈1972a〉　「劉氏集団の構造とその崩壊」（『史陵』2、1972年）
野沢達昌〈1972b〉　「後漢末荊州学派の研究」（『立正大学文学部論叢』41、1972年）

野中敬〈1987〉	「魏晋戸調成立攷」(『早稲田大学大学院文学研究科紀要』別冊14、1987年)
野間文史《1988》	『五経正義の研究—その成立と展開』(研文出版、1988年)
野間文史《2005》	『十三経注疏の研究—その語法と伝承の形』(研文出版、2005年)
長谷川道隆〈1986〉	「呉・晋(西晋)墓出土の神亭壺—系譜および類型を中心に」(『考古学雑誌』71-3、1986年)
長谷部英一〈1991〉	「魏晋南北朝の暦論」(『中国哲学研究』3、1991年)
蜂屋邦夫〈1983〉	「太平経における言辞文書—共・集・通の思想」(『東洋文化研究所紀要』92、1983年)
花田清輝《1969》	『随筆三国志』(筑摩書房、1969年→講談社文芸文庫、2007年)
浜口重国《1966》※	『秦漢隋唐史の研究』上・下(東京大学出版会、1966年)
浜口重国〈1940〉*	「後漢末・曹操時代に於ける兵民の分離に就いて」(『東方学報』(東京)11-1、1940年)
浜口重国〈1957〉*	「魏晋南朝の兵戸制度の研究」(『山梨大学学芸学部紀要』2、1957年)
林巳奈夫編《1976》	『漢代の文物』(京都大学人文科学研究所、1976年→[新版]朋友書店、1996年)
林田愼之助《1979》※	『中国中世文学評論史』(創文社、1979年)
林田愼之助〈1979〉*	「嵆康の飛翔詩篇」(『中国中世文学評論史』創文社、1979年)
林田愼之助《1986》	『諸葛孔明—泣いて馬謖を斬る』(集英社、1986年→集英社文庫、1991年)
林田愼之助《1989〜90》	『人間三国志』全6巻(集英社、1989〜90年)
林田愼之助《1994》	『三国志 風と雲と龍—曹操と諸葛孔明』(集英社、1994年)
林田愼之助〈2000〉	「六朝の史家と志怪小説—裴松之の『三国志』注引の異聞説話をめぐって」(『立命館文学』563、2000年)
原田淑人《1938》	『漢六朝の服飾』(東洋文庫、1938年→[増補版]東洋文庫、1967年)
東晋次〈1972〉	「漢代豪族研究のための一試論」(『名古屋大学東洋史研究報告』1、1972年)
東晋次《1995》※	『後漢時代の政治と社会』(名古屋大学出版会、1995年)
東晋次〈1982〉*	「漢代の貴戚に関する覚書」(『愛媛大学教育学部紀要』第2部 人文・社会科学 14、1982年)
東晋次〈1987〉*	「後漢時代の選挙と地方社会」(『東洋史研究』46-2、1987年)
久村因〈1973〉	「華陽国志の版本について」(『名古屋大学教養部紀要』A 人文科学・社会科学 17、1973年)
日原利国〈1962〉	「漢代の刑罰における主観主義—『春秋』と刑罰の関係」(『愛知学芸大学研究報告』人文科学 11、1962年)
日原利国《1986》※	『漢代思想の研究』(研文出版、1986年)

第三部　文献目録篇

日原利国〈1957〉*	「王符の法思想」(『東洋の文化と社会』6、1957年)
平井徹〈1998〉	「魏曹操の楽府―漢古楽府との関連について」(『芸文研究』75、1998年)
福井康順《1952》	『道教の基礎的研究』(理想社、1952年→『福井康順著作集』第1巻、法蔵館、1987年)
福井康順《1987》※	『福井康順著作集 第2巻 道教思想研究』(法蔵館、1987年)
福井康順〈1967〉*	「天師道と仏教との交渉について―主として異議に対しての反論」(『山崎先生退官記念 東洋史論集』山崎先生退官記念会、1967年)
福井重雅〈1974a〉	「黄巾集団の組織とその性格」(『史観』89、1974年)
福井重雅〈1974b〉	「黄巾の乱と起義の口号」(『大正大学研究紀要』文学部・仏教学部 59、1974年)
福井重雅〈1975〉	「黄巾の乱と伝統の問題」(『東洋史研究』34-1、1975年)
福井重雅〈1979〉	「漢末兗州兵出自考―山東と巴蜀の文化をめぐって」(『史観』100、1979年)
福井重雅〈1980〉	「天下三分と益州疲弊―初期劉備集団の性格をめぐって」(早稲田大学東洋史研究室編集『栗原朋信博士追悼記念 中国前近代史研究』雄山閣出版、1980年)
福井重雅《1988》	『漢代官僚登用制度の研究』(創文社、1988年)
福井重雅《2005》	『漢代儒教の史的研究―儒教の官学化をめぐる定説の再検討』(汲古書院、2005年)
福井文雅〈1959〉	「竹林七賢についての一試論」(『フィロソフィア』37、1959年)
福井文雅〈1968〉	「清談の概念とその解釈とについて」(『日本中国学会報』20、1968年)
福井佳夫〈1991〉	「曹丕の「与呉質書」について―六朝文学との関連」(『中国中世文学研究』20、1991年)
福島吉彦〈1972〉	「何晏研究―弁褒貶」(『山口大学文学会志』23、1972年)
福島吉彦〈1974〉	「何晏詩考」(『入矢教授・小川教授退休記念 中国文学・語学論集』京都大学文学部中国語学中国文学研究室入矢教授小川教授退休記念会、1974年)
福田忍〈1994〉	「王弼論語釈疑―玄学的思惟」(松川健二編『論語の思想史』汲古書院、1994年)
福永光司〈1962b〉	「嵆康と仏教―六朝思想史と嵆康」(『東洋史研究』20-4、1962年)
福永光司《2005》※	『魏晋思想史研究』(岩波書店、2005年)
福永光司〈1958a〉*	「阮籍における懼れと慰め―阮籍の生活と思想」(『東方学報』(京都) 28、1958年)
福永光司〈1958b〉*	「何晏の立場―その学問と政治理念」(『愛知学芸大学研究報告』人文科学 7、1958年)

福永光司 〈1962a〉*	「嵆康における自我の問題―嵆康の生活と思想」(『東方学報』(京都) 32、1962年)
福原啓郎 〈1982〉	「八王の乱の本質」(『東洋史研究』41-3、1982年)
福原啓郎 〈1985〉	「西晋代宗室諸王の特質―八王の乱を手掛りとして」(『史林』68-2、1985年)
福原啓郎 〈1986〉	「魏晋時代の肉刑復活論の意義」(『京都外国語大学研究論叢』28、1986年)
福原啓郎 《1995》	『西晋の武帝 司馬炎』(白帝社、1995年)
福原啓郎 〈1997〉	「魏晋時代の肉刑復活論の意義、再論―廷議における賛成派と反対派の論拠の分析を中心に」(『京都外国語大学研究論叢』48、1997年)
福原啓郎 〈1998〉	「晋辟雍碑に関する一試論」(『京都外国語大学研究論叢』51、1998年)
福原啓郎 〈2000〉	「三国魏の明帝―奢靡な皇帝の実像」(『古代文化』52-8、2000年)
福原啓郎 〈2002〉	「魏晋時代における九品中正制批判の議論に関する考察 訳注篇」(『京都外国語大学研究論叢』59、2002年)
藤井重雄 〈1976〉	「陳寿伝について」(『新潟大学教育学部紀要』人文・社会科学編 18、1976年)
藤井守編 《1980》	『三国志語彙集』(中国中世文学研究会、1980年)
藤井守編 《1981》	『三国志裴氏注語彙集』(中国中世文学研究会、1981年)
藤家礼之助 《1989》※	『漢三国両晋南朝の田制と税制』(東海大学出版会、1989年)
藤家礼之助 〈1962〉*	「曹魏の典農部屯田の消長」(『東洋学報』45-2、1962年)
藤家礼之助 〈1985〉*	「孫呉の屯田制」(『東海大学紀要文学部』44、1985年)
藤川正数 《1960》	『魏晋時代における喪服礼の研究』(敬文社、1960年)
藤田至善編 《1960〜62》	『後漢書語彙集成』上・中・下(京都大学人文科学研究所、1960〜62年)
船木勝馬他訳 〈1975〜98〉	「華陽国志訳注稿(1)〜(14)」(『アジア・アフリカ文化研究所研究年報』1974〜1978, 17, 21, 23, 24, 26, 27, 29, 31, 33、1975〜78, 82, 86, 88, 89, 91, 92, 94, 96, 98年)
古川末喜 《2003》※	『初唐の文学思想と韻律論』(知泉書院、2003年)
古川末喜 〈1988〉*	「建安、三国文学思想の新動向」(『日本中国学会報』40、1988年)
辺土名朝邦 〈1995〉	「桓譚の形神論について」(『西南学院大学国際文化論集』9-2、1995年)
堀敏一 〈1970〉	「中国古代史と共同体の問題」(『駿台史学』27、1970年→歴史学研究会他編『現代歴史学の課題 上 新しい歴史科学を学ぶために』青木書店、1971年)

第三部　文献目録篇

堀敏一	《1975》※	『均田制の研究—中国古代国家の土地政策と土地所有制』（岩波書店、1975年）
堀敏一	〈1974〉＊	「魏晋の占田・課田と給客制の意義」（『東洋文化研究所紀要』62、1974年）
堀敏一	〈1980〉	「晋泰始律令の成立」（『東洋文化』60、1980年）
堀敏一	〈1982〉	「中国における律令制の展開」（井上光貞他編『東アジア世界における日本古代史講座 6 日本律令国家と東アジア』学生社、1982年）
堀敏一	〈1994〉	「曹操と孔明の出仕」（『律令制と東アジア世界—私の中国史学（2）』汲古書院、1994年）
堀敏一	《1996》※	『中国古代の家と集落』（汲古書院、1996年）
堀敏一	〈1992〉＊	「魏晋南北朝時代の村をめぐって」（唐代史研究会編『中国の都市と農村』汲古書院、1992年）
堀敏一	〈1996〉	「曹操政権と豪族」（『明治大学人文科学研究所紀要』39、1996年）
堀敏一	《2001》	『曹操—三国志の真の主人公』（刀水書房、2001年）
堀敏一	《2002》※	『唐末五代変革期の政治と経済』（汲古書院、2002年）
堀敏一	〈1968〉＊	「九品中正制度の成立をめぐって—魏晋の貴族制社会にかんする一考察」（『東洋文化研究所紀要』45、1968年）
堀池信夫	〈1981〉	「嵇康『声無哀楽論』考」（『哲学・思想論集』6、1981年）
堀池信夫	〈1982〉	「嵇康における民衆と社会」（『歴史における民衆と文化—酒井忠夫先生古稀祝賀記念論集』国書刊行会、1982年）
堀池信夫	《1988》※	『漢魏思想史研究』（明治書院、1988年）
堀池信夫	〈1978〉＊	「王弼考」（『筑波大学哲学・思想学系論集』4、1978年）
堀池信夫	〈1985〉＊	「仲長統について」（『中国文化』43、1985年）
堀池信夫	〈1988a〉＊	「王符の天道・人道観」（『漢魏思想史研究』明治書院、1988年）
堀池信夫	〈1988b〉＊	「何休の『元』」（『漢魏思想史研究』明治書院、1988年）
堀池信夫	〈1988c〉＊	「荀悦論」（『漢魏思想史研究』明治書院、1988年）
堀池信夫	〈1988d〉＊	「高誘の『道』と『天』」（『漢魏思想史研究』明治書院、1988年）
堀池信夫	〈1988e〉＊	「何晏の思想」（『漢魏思想史研究』明治書院、1988年）
堀池信夫	〈1991〉	「生命論としての老子注—老子想爾注小考」（『筑波中国文化論叢』10、1991年）
堀池信夫	〈2006〉	「漢代の『権』について」（渡邉義浩編『両漢における易と三礼』汲古書院、2006年）
本田二郎	《1977〜79》	
		『周礼通釈』上・下（秀英出版、1977, 79年）
本田済編訳	《1968》	『漢書・後漢書・三国志列伝選』（平凡社、中国古典文学大系、1968年）
本田済	《1987》※	『東洋思想研究』（創文社、1987年）

本田済〈1957〉*	「范曄の後漢書」(『神田博士還暦記念 書誌学論集』神田博士還暦記念会、1957年)
本田済〈1962〉*	「陳寿の三国志について」(『東方学』23、1962年)
前田繁樹《2004》※	『初期道教経典の形成』(汲古書院、2004年)
前田繁樹〈1985〉*	「六朝時代に於ける干吉伝の変遷」(『東方宗教』65、1985年)
前田繁樹〈1994〉*	「再出本『太平経』について―六朝末道教諸派の中で」(道教文化研究会編『道教文化への展望』平河出版社、1994年)
間嶋潤一〈1983〉	「両漢における「図書」と『図書』」(『北海道教育大学紀要』第一部 A 34-1、1983年)
間嶋潤一〈1993〉	「『尚書中候』における太平神話と太平国家」(『日本中国学会報』45、1993年)
間嶋潤一〈1997〉	「『尚書中候』における周の受命神話について」(『香川大学教育学部研究報告』第1部 99、1997年)
間嶋潤一〈2001〉	「『尚書中候』と鄭玄―周公の太平神話をめぐって」(『大久保隆郎教授退官紀念論集 漢意とは何か』大久保隆郎教授退官紀念論集刊行会、2001年)
間嶋潤一〈2002〉	「鄭玄『尚書注』と『尚書大伝』―周公居摂の解釈をめぐって」(『東洋史研究』60-4、2002年)
増田清秀《1975》	『楽府の歴史的研究』(創文社、1975年)
増淵龍夫《1960》※	『中国古代の社会と国家』(弘文堂、1960年→〔新版〕岩波書店、1996年)
増淵龍夫〈1960〉*	「後漢党錮事件の史評について」(『一橋論叢』44-6、1960年、新版にのみ所収)
増淵龍夫〈1962〉*	「所謂東洋的専制主義と共同体」(『一橋論叢』47-3、1962年、新版にのみ所収)
町田隆吉〈1979〉	「二・三世紀の南匈奴について―『晋書』巻101劉元海載記解釈試論」(『社会文化史学』17、1979年)
松浦崇〈1977〉	「袁宏『名士伝』と戴逵『竹林七賢論』」(『中国文学論集』6、1977年)
松浦友久《1998》	『詩歌三国志』(新潮社、1998年)
松枝茂夫・立間祥介監修《1979~80》	
	『三国志』1~5、別巻(徳間書店、1979, 80年)
松本幸男《1977》	『阮籍の生涯と詠懐詩』(木耳社、1977年)
松本幸男《1995》※	『魏晋詩壇の研究』(中国芸文研究会、1995年)
松本幸男〈1957〉*	「曹植の悲劇的生涯について」(『立命館文学』145、1957年)
松本幸男〈1960~61〉*	
	「建安詩壇の形成過程について(1)~(4)」(『立命館文学』184, 186, 188, 189、1960, 61年)
松本幸男〈1975〉*	「曹丕と呉質―曹丕の評論活動の契機」(『立命館文学』358・359、1975年)

美川修一〈1984〉	「『三国志』―荀彧の死」（早稲田大学文学部東洋史研究室編『中国正史の基礎的研究』早稲田大学出版部、1984年）
三田村泰助《1963》	『宦官―側近政治の構造』（中公新書、1963年）
三石善吉《1991》※	『中国の千年王国』（東京大学出版会、1991年）
三石善吉〈1979〉*	「千年王国運動としての黄巾の乱」（『筑波法政』2、1979年）
満田剛〈1999〉	「王沈『魏書』研究」（『創価大学大学院紀要』20、1999年）
満田剛〈2000〉	「敦煌文献所見 王沈『魏書』について」（『シルクロード研究』2、2000年）
満田剛〈2001〉	「『三国志』蜀書の典拠について」（『創価大学大学院紀要』23、2001年）
満田剛〈2004〉	「韋昭『呉書』について」（『創価大学人文論集』16、2004年）
満田剛《2006》	『三国志―正史と小説の狭間』（白帝社、2006年）
南沢良彦〈1987〉	「王粛の政治思想―「感生帝説」批判の背景」（『中国思想史研究』10、1987年）
宮川尚志《1940》	『諸葛孔明―「三国志」とその時代』（冨山房、1940年→光風社出版、1984年）
宮川尚志〈1940〉	「六朝時代の史学」（『東洋史研究』6-5、1940年）
宮川尚志〈1942〉	「三国分立と交州の地位」（『東洋史研究』7-2・3、1942年）
宮川尚志《1956》※	『六朝史研究 政治・社会篇』（日本学術振興会、1956年）
宮川尚志〈1948〉*	「孔明の出廬についての異説」（『学芸』5-1、1948年）
宮川尚志〈1955〉*	「三国呉の政治と制度」（『史林』38-1、1955年）
宮川尚志〈1956a〉*	「三国軍閥の形成」（『六朝史研究 政治・社会篇』日本学術振興会、1956年）
宮川尚志〈1956b〉*	「蜀姓考」（『六朝史研究 政治・社会篇』日本学術振興会、1956年）
宮川尚志《1964》	『六朝史研究 宗教篇』（平楽寺書店、1964年）
宮川尚志〈1969〉	「三国時代の国家観念と科法の尊重」（『鎌田博士還暦記念歴史学論叢』鎌田先生還暦記念会、1969年）
宮川尚志《1970》	『三国志』（明徳出版社、1970年）
宮川尚志《1983》※	『中国宗教史研究』第一（同朋舎出版、1983年）
宮川尚志〈1980〉*	「張陵と張角」（『池田末利博士古稀記念 東洋学論集』池田末利博士古稀記念事業会、1980年）
宮岸雄介〈1996〉	「裴松之の史学観」（『早稲田大学大学院文学研究科紀要』第1分冊 42、1996年）
宮崎市定《1956》	『九品官人法の研究―科挙前史』（東洋史研究会、1956年→『宮崎市定全集』第6巻、岩波書店、1992年→中公文庫、1997年）
宮崎市定《1993》※	『宮崎市定全集』第8巻（岩波書店、1993年）
宮崎市定〈1954〉*	「中国史上の荘園」（『歴史教育』2-6、1954年）
村上嘉実《1974》※	『六朝思想史研究』（平楽寺書店、1974年）

村上嘉実〈1961〉*	「清談と仏教」(『塚本博士頌寿記念 東洋思想論集』塚本博士頌寿記念会、1961年)
村田哲也〈1996〉	「孫呉政権の軍事力形成と山越討伐の一考察」(『東洋史苑』47、1996年)
村田哲也〈1998〉	「孫呉政権後期政治史の一考察―孫権死後の北伐論の展開から」(『東洋史苑』52・53、1998年)
村田哲也〈2002〉	「孫呉政権の軍制に関する一考察―孫呉政権像の理解をめぐって」(『東洋史苑』59、2002年)
村田哲也〈2005〉	「「名士」論についての一考察―渡邉義浩氏の「名士」論から貴族制論への展開をめぐって」(『東洋史苑』65、2005年)
目加田誠《1975〜78》	『世説新語』上・中・下 (明治書院、1975, 76, 78年)
籾山明〈1984〉	「漢代豪族論への一視角」(『東洋史研究』43-1、1984年)
森鹿三・日比野丈夫訳《1974》	『中国古典文学大系 第21巻 洛陽伽藍記・水経注(抄)』(平凡社、1974年)
森三樹三郎《1986》※	『六朝士大夫の精神』(同朋舎出版、1986年)
森三樹三郎〈1954〉*	「六朝士大夫の精神」(『大阪大学文学部紀要』3、1954年)
森野繁夫《1976》	『六朝詩の研究―「集団の文学」と「個人の文学」』(第一研究社、1976年)
森本淳〈1998〉	「曹魏軍制前史―曹操集団拡大過程からみた一考察」(『中央大学アジア史研究』22、1998年)
森本淳〈2001〉	「嘉禾吏民田家莂にみえる同姓同名に関する一考察」(長沙呉簡研究会編『嘉禾吏民田家莂研究―長沙呉簡研究報告・第1集』長沙呉簡研究会、2001年)
安居香山《1979》	『緯書の成立とその展開』(国書刊行会、1979年)
安田二郎《2003》※	『六朝政治史の研究』(京都大学学術出版会、2003年)
安田二郎〈1976〉*	「八王の乱をめぐって―人間学的考察の試み」(『名古屋大学東洋史研究報告』4、1976年)
安田二郎〈1995〉*	「西晋初期政治史試論―斉王攸問題と賈充の伐呉反対を中心に」(『東北大学東洋史論集』6、1995年)
安田二郎〈1998〉*	「西晋武帝好色攷」(『東北大学東洋史論集』7、1998年)
矢田博士〈1993〉	「境遇類似による希望と絶望―曹植における周公旦及び屈原の意味」(『早稲田大学大学院文学研究科紀要』別冊 文学・芸術学編 19、1993年)
矢田博士〈1994〉	「曹操「短歌行(対酒篇)」考―歌われなかった「月明星稀」以下の四句を中心に」(『中国詩文論叢』13、1994年)
矢田博士〈2001〉	「曹操「短歌行(周西伯昌篇)」考―正当性の主張と自戒を込めて」(『ことばを考える』4、2001年)

柳川順子	〈2003a〉	「魏朝における「相和」「清商三調」の違いについて」(『九州中国学会報』41、2003年)
柳川順子	〈2003b〉	「『宋書』楽志と『楽府詩集』—その「相和」「清商三調」の分類を巡って」(『広島女子大学国際文化学部紀要』11、2003年)
矢野主税	〈1961〉	「魏晋中正制についての一考察」(『史学研究』82、1961年)
矢野主税	〈1963a〉	「曹魏屯田の系譜試論」(『長崎大学学芸学部社会科学論叢』12、1963年)
矢野主税	〈1963b〉	「魏晋中正制の性格についての一考察」(『史学雑誌』72-2、1963年)
矢野主税	〈1964a〉	「魏晋南朝の中正制と門閥社会」(『長大史学』8、1964年)
矢野主税	〈1964b〉	「曹魏屯田の系譜試論補遺」(『長崎大学学芸学部社会科学論叢』13、1964年)
矢野主税	〈1967a〉	「別伝の研究」(『長崎大学教育学部 社会科学論叢』16、1967年)
矢野主税	〈1967b〉	「状の研究」(『史学雑誌』76-2、1967年)
矢野主税	〈1976a〉	「魏・呉・蜀の政治的社会的独自性について」(『長崎大学教育学部社会科学論叢』25、1976年)
矢野主税	《1976》※	『門閥社会成立史』(国書刊行会、1976年)
矢野主税	〈1958〉*	「門閥貴族の系譜試論」(『古代学』7-1、1958年)
矢野主税	〈1976b〉*	「曹操集団の性格の一考察」(『門閥社会成立史』国書刊行会、1976年)
山尾幸久	〈1967〉	「魏志倭人伝の資料批判」(『立命館文学』260、1967年)
山口為広	〈1975〉	「典論論文攷」(『漢文学会会報』20、1975年)
山口久和	《1999》	『「三国志」の迷宮—儒教への反抗 有徳の仮面』(文春新書、1999年)
山崎光洋	〈1983〉	「後漢時代の汝南の袁氏について」(『立正史学』53、1983年)
山本隆義	《1968》	『中国政治制度の研究—内閣制度の起源と発展』(東洋史研究会、1968年)
吉岡義豊	〈1961〉	「敦煌本太平経について」(『東洋文化研究所紀要』22、1961年)
吉川幸次郎	《1962》	『三国志実録』(筑摩書房、1962年→ちくま学芸文庫、1997年)
吉川幸次郎	《1968》※	『吉川幸次郎全集』第7巻(筑摩書房、1968年)
吉川幸次郎	〈1950〉*	「阮籍伝—時代の反抗者」(『文学界』4-10、1950年)
吉川幸次郎	〈1956〉*	「三国志実録—曹氏父子伝(1)〜(6)」(『世界』121, 123, 125, 127, 131, 132、1956年)
吉川幸次郎	〈1958〉*	「三国志実録—曹植兄弟(1)〜(6)」(『新潮』55-1, 2, 4, 5, 9, 12、1958年)
吉川幸次郎	〈1959〉*	「学者のいましめ—王粛について」(『産業経済新聞』1959年1月8日)
吉川幸次郎	《1981》	『阮籍の「詠懐詩」について』(岩波文庫、1981年)
吉川忠夫	《1984》※	『六朝精神史研究』(同朋舎出版、1984年)

吉川忠夫	〈1967a〉*	「范曄と後漢末期」(『古代学』13-3・4、1967年)
吉川忠夫	〈1967b〉*	「范曄と劉知幾」(『東海史学』4、1967年)
吉川忠夫	〈1968〉*	「踞食論争をめぐって」(『田村博士頌壽東洋史論叢』田村博士退官記念事業会、1968年)
吉川忠夫	〈1970〉*	「六朝士大夫の精神生活」(『岩波講座 世界歴史 5 古代5 アジア世界の形成Ⅱ』岩波書店、1970年)
吉川忠夫	〈1976〉*	「党錮と学問―とくに何休の場合」(『東洋史研究』35-3、1976年)
吉川忠夫	〈1978〉*	「真人と革命」(『東洋史研究』37-5、1978年)
吉川忠夫	〈1984〉	「蜀における讖緯の学の伝統」(安居香山編『讖緯思想の総合的研究』国書刊行会、1984年)
吉川忠夫	〈1987〉	「静室考」(『東方学報』(京都) 59、1987年)
吉川忠夫	〈1994〉	「中国六朝時代における宗教の問題」(『思想』838、1994年)
吉川忠夫訓注	《2001~07》	『後漢書』第1冊~第10冊、別冊(岩波書店、2001~05, 07年)
好並隆司	〈1957a〉	「曹操の時代―五井氏の所論について」(『歴史学研究』207、1957年)
好並隆司	〈1957b〉	「魏王朝成立過程試論」(杉本直治郎・沖野舜二編『社会科教育 歴史・地理研究論集』第五回社会科教育歴史地理研究大会委員会、1957年)
好並隆司	〈1970〉	「曹操政権論」(『岩波講座 世界歴史 5 古代5 アジア世界の形成Ⅱ』岩波書店、1970年)
葭森健介	〈1981〉	「中国史における貴族制研究に関する覚書」(『名古屋大学東洋史研究報告』7、1981年)
葭森健介	〈1986〉	「魏晋革命前夜の政界―曹爽政権と州大中正設置問題」(『史学雑誌』95-1、1986年)
米山寅太郎	《1988》	『呉書』(汲古書院、1988年)
羅福頤著、北川博邦訳	《1983》	
		『図説 中国の古印―古璽印概論』(雄山閣出版、1983年)
劉煒編著、気賀沢保規編訳	《2001》	
		『図説 三国志の世界』(大修館書店、2001年)
魯迅著、丸尾常喜訳注	《1987》	
		『中国小説の歴史的変遷―魯迅による中国小説史入門』(凱風社、1987年)
和田清編著	《1942》	『支那官制発達史―特に中央集権と地方分権との消長を中心として』(中華民国法制研究会、1942年→汲古書院、1973年)
和田英信	〈2006〉	「建安文学をめぐって」(『三国志研究』1、2006年)
渡辺信一郎	《1986》※	『中国古代社会論』(青木書店、1986年)
渡辺信一郎	〈1974〉*	「漢六朝期における大土地所有と経営(上)(下)」(『東洋史研究』33-1, 2、1974年)

第三部　文献目録篇

渡辺信一郎〈1995〉	「占田・課田の系譜―晋南朝の税制と国家的土地所有」（中国中世史研究会編『中国中世史研究（続編）』京都大学出版会、1995年）
渡辺信一郎〈2001〉	「戸調制の成立―賦斂から戸調へ」（『東洋史研究』60-3、2001年）
渡辺信一郎《2003》※	『中国古代の王権と天下秩序―日中比較史の視点から』（校倉書房、2003年）
渡辺信一郎〈2000〉*	「宮闕と園林―三～六世紀中国における皇帝権力の空間構成」（『考古学研究』47-2、2000年）
渡辺精一《1989》	『三国志人物事典』（講談社、1989年）
渡辺精一《1998》	『三国志人物鑑定事典―キーワードで探る英雄たちの素顔』（講談社、1998年）
渡辺精一《2000～01》	『「新訳」三国志』（講談社、2000～01年）
渡部東一郎〈1997〉	「後漢における儒と法―王符と崔寔を手掛かりに」（『集刊東洋学』78、1997年）
渡部東一郎〈2000〉	「後漢の「寛政」の思想的背景について」（『日本中国学会報』52、2000年）
渡辺由美子〈2002〉	「曹操没後の曹丕と曹植―不仲説の検証」（『二松』16、2002年）
渡邉義浩〈1994〉	「「徳治」から「寛治」へ」（野口鐵郎編『中国史における教と国家　筑波大学創立二十周年記念東洋史論集』雄山閣出版、1994年）
渡邉義浩《1995》※	『後漢国家の支配と儒教』（雄山閣出版、1995年）
渡邉義浩〈1989a〉*	「後漢時代の宦官について」（『史峯』3、1989年）
渡邉義浩〈1990〉*	「後漢時代の外戚について」（『史峯』5、1990年）
渡邉義浩〈1991〉*	「後漢時代の党錮について」（『史峯』6、1991年）
渡邉義浩〈1998〉	「諸葛亮像の変遷」（『大東文化大学漢学会誌』37、1998年）
渡邉義浩《1998》	『諸葛亮孔明―その虚像と実像』（新人物往来社、1998年）
渡邉義浩《2000》	『図解雑学　三国志』（ナツメ社、2000年）
渡邉義浩主編《2001～》	『全訳後漢書』（汲古書院、2001年～）
渡邉義浩《2002》	『図解雑学　諸葛孔明』（ナツメ社、2002年）
渡邉義浩《2004》※	『三国政権の構造と「名士」』（汲古書院、2004年）
渡邉義浩〈1988〉*	「蜀漢政権の成立と荊州人士」（『東洋史論』6、1988年）
渡邉義浩〈1989b〉*	「蜀漢政権の支配と益州人士」（『史境』18、1989年）
渡邉義浩〈1995〉*	「三国時代における「文学」の政治的宣揚―六朝貴族制形成史の視点から」（『東洋史研究』54-3、1995年）
渡邉義浩〈1997〉*	「三国政権形成前史―袁紹と公孫瓚」（『吉田寅先生古稀記念アジア史論集』東京法令出版、1997年）
渡邉義浩〈1999〉*	「孫呉政権の形成」（『大東文化大学漢学会誌』38、1999年）

渡邉義浩〈2000〉＊	「孫呉政権の展開」(『大東文化大学漢学会誌』39、2000年)
渡邉義浩〈2001a〉＊	「曹操政権の形成」(『大東文化大学漢学会誌』40、2001年)
渡邉義浩〈2001b〉＊	「「寛」治から「猛」政へ」(『東方学』102、2001年)
渡邉義浩〈2001c〉＊	「浮き草の貴公子 何晏」(『大久保隆郎教授退官紀念論集 漢意とは何か』大久保隆郎教授退官紀念論集刊行会、2001年)
渡邉義浩〈2002a〉＊	「九品中正制度における「孝」」(『大東文化大学漢学会誌』41、2002年)
渡邉義浩〈2002b〉＊	「呻吟する魂 阮籍」(野口鐵郎先生古稀記念論集刊行委員会編『中華世界の歴史的展開』汲古書院、2002年)
渡邉義浩〈2003a〉＊	「死して後已む―諸葛亮の漢代的精神」(『大東文化大学漢学会誌』42、2003年)
渡邉義浩〈2003b〉＊	「「史」の自立―魏晋期における別伝の盛行を中心として」(『史学雑誌』112-4、2003年)
渡邉義浩〈2003c〉＊	「所有と文化―中国貴族制研究への一視角」(『中国―社会と文化』18、2003年)
渡邉義浩〈2003d〉＊	「三国時代における「公」と「私」」(『日本中国学会報』55、2003年)
渡邉義浩〈2004〉	「「魏公卿上尊号奏」にみる漢魏革命の正統性」(『大東文化大学漢学会誌』43、2004年)
渡邉義浩〈2005a〉	「杜預の春秋長暦について」(『東洋研究』155、2005年)
渡邉義浩〈2005b〉	「「封建」の復権―西晋における諸王の封建に向けて」(『早稲田大学大学院文学研究科紀要』第4分冊 50、2005年)
渡邉義浩〈2005c〉	「杜預の諒闇説と皇位継承問題」(『大東文化大学漢学会誌』44、2005年)
渡邉義浩〈2005d〉	「杜預の左伝癖と西晋の正統性」(『六朝学術学会報』6、2005年)
渡邉義浩〈2005e〉	「井田の系譜―占田・課田制の思想史的背景について」(『中国研究集刊』37、2005年)
渡邉義浩〈2005f〉	「後漢儒教の固有性―『白虎通』を中心として」(渡邉義浩編『両漢の儒教と政治権力』汲古書院、2005年)
渡邉義浩〈2005g〉	「日本における「儒教の国教化」をめぐる研究について」(渡邉義浩編『両漢の儒教と政治権力』汲古書院、2005年)
渡邉義浩〈2006a〉	「西晋における国子学の設立」(『東洋研究』159、2006年)
渡邉義浩〈2006b〉	「司馬彪の修史」(『大東文化大学漢学会誌』45、2006年)
渡邉義浩〈2006c〉	「嵆康の歴史的位置」(『六朝学術学会報』7、2006年)
渡邉義浩〈2006d〉	「西晋司馬氏婚姻考」(『東洋研究』161、2006年)
渡邉義浩〈2006e〉	「九品中正制度と性三品説」(『三国志研究』1、2006年)
渡邉義浩〈2006f〉	「後漢における礼と故事」(渡邉義浩編『両漢における易と三礼』汲古書院、2006年)
渡邉義浩《2007》	『図解雑学 三国志演義』(ナツメ社、2007年)

第三部　文献目録篇

渡邉義浩〈2007a〉　　「司馬氏の台頭と西晋の建国」(『大東文化大学漢学会誌』46、2007年)
渡邉義浩〈2007b〉　　「西晋における五等爵制と貴族制の成立」(『史学雑誌』116-3、2007年)
渡邉義浩・田中靖彦《2004》
　　　　　　　　　　『三国志の舞台』(山川出版社、2004年)
渡部武〈1970〉　　　「「先賢伝」「耆旧伝」の流行と人物評論との関係について」(『史観』82、1970年)

中 文

安徽亳県曹操集訳注小組《1979》
　　　　　　　　　『曹操集訳注』（中華書局、1979年）
伊永文〈1986〉　　「論呂布」（『社会科学研究』1986-6、1986年）
郁賢皓・張采民《1988》
　　　　　　　　　『建安七子詩箋註』（巴蜀書社、1988年）
尹韻公《2001》※　『尹韻公縦論三国』（山西人民出版社、2001年）
尹韻公〈1981〉＊　「従荊州争奪戦看三国前期的外交闘争」（『文史哲』1981-5、1981年）
尹韻公〈1982〉＊　「談蜀国滅亡的原因」（『文史哲』1982-5、1982年）
羽白《1965》　　　『赤壁之戦』（中華書局、1965年）
栄麗華編《1993》　『1949～1989 四十年出土墓誌目録』（中華書局、1993年）
袁維春《1993》　　『三国碑述』（北京工芸美術出版社、1993年）
袁世碩〈1980〉　　「明嘉靖刊本〈三国志通俗演義〉乃元人羅貫中原作」（『東岳論叢』1980-3、1980年）
王育民〈1988〉　　「三国人口探索」（『歴史地理』6、1988年）
王依民〈1988〉　　「《後漢書》所記"七言"小考」（『文史』31、1988年）
王巍《1994》　　　『建安文学研究史論』（吉林大学出版社、1994年）
王巍《2002》　　　『曹氏父子与建安文学』（遼海出版社、2002年）
王希恩〈1991〉　　「漢末涼州軍閥集団簡論」（『甘粛社会科学』1991-2、1991年）
王暁毅〈1990〉　　「正始改制与高平陵政変」（『中国史研究』1990-4、1990年）
王暁毅《2003》※　『儒釈道与魏晋玄学形成』（中華書局、2003年）
王暁毅〈1993〉＊　「漢魏仏教与何晏早期玄学」（『世界宗教研究』1993-3、1993年）
汪恵敏《1981》　　『三国時代之経学研究』（漢京文化事業有限公司、1981年）
汪原放《1980》　　『三国志通俗演義』（上海古籍出版社、1980年）
王国維《1984》　　『水経注校』（上海人民出版社、1984年）
王韶生〈1964〉　　「荊州学派対於三国学術之関係」（『崇基学報』4-1、1964年）
王人聰・葉其峯編《1990》
　　　　　　　　　『秦漢魏晋南北朝官印研究』（香港中文大学文物館、1990年）
王瑞功主編《1997》『諸葛亮研究集成』上・下（斉魯書社、1997年）
王先謙《1936》　　『後漢書集解』（芸文印書館、1936年→中華書局、1991年）
王素〈2004〉　　　「長沙走馬楼三国呉簡研究的回顧与展望」（北京呉簡研討班編『呉簡研究 第1輯』崇文書局、2004年）
王素・宋少華・羅新〈1999a〉
　　　　　　　　　「新出長沙走馬楼簡牘整理簡介」（『書品』1999-3、1999年）

第三部　文献目録篇

王素・宋少華・羅新〈1999b〉	「長沙走馬楼簡牘整理的新収穫」(『文物』1999-5、1999年)
王壮弘・馬成名編《1985》	『六朝墓誌検要』(上海書画出版社、1985年)
王霜媚〈1980〉	「孫呉政権的成立与南北勢力的興替」(『食貨月刊』10-3、1980年)
王仲殊〈1956〉	「三国時期的経済発展」(『歴史教学』1956-10、1956年)
王仲犖《1956》	『曹操』(上海人民出版社、1956年)
汪兆鏞《1988》	『稿本晋会要』(書目文献出版社、1988年)
王珍〈1982a〉	「三国時期曹魏経済的恢復和発展」(『史学月刊』1982-1、1982年)
王珍〈1982b〉	「三国時期蜀国経済的発展」(『史学月刊』1982-3、1982年)
王定璋〈1986〉	「曹操対謀臣的態度」(『社会科学』蘭州1986-4、1986年)
王天良編《1980》	『三国志地名索引』(中華書局、1980年)
王天良編《1988》	『後漢書地名索引』(中華書局、1988年)
王玫《2005》	『建安文学接受史論』(上海古籍出版社、2005年)
汪福宝〈1990〉	「蜀漢統治南中歴史作用的再認識」(『安徽師大学報』哲学社会科学版1990-3、1990年)
汪文台《1987》	『七家後漢書』(河北人民出版社、1987年)
王葆玹《1987》	『正始玄学』(斉魯書社、1987年)
王葆玹《1996》	『玄学通論』(五南図書出版有限公司、1996年)
王夢鴎〈1980〉	「従典論残篇看曹丕嗣位之争」(『中央研究院歴史語言研究所集刊』51-1、1980年)
欧陽健〈1983〉	「試論〈三国志通俗演義〉的成立年代」(四川省社会科学院編『三国演義研究集』四川省社会科学院出版社、1983年)
王利器〈1983〉	『鄭康成年譜』(斉魯書社、1983年)
王利器〈1983〉	「羅貫中与〈三国志通俗演義〉」(『社会科学研究』1983-1, 2、1983年)
賀昌群《1985》※	『賀昌群史学論著選』(中国社会科学出版社、1985年)
賀昌群〈1958〉*	「升斗弁」(『歴史研究』1958-1、1958年)
何茲全《1982》※	『読史集』(上海人民出版社、1982年)
何茲全〈1947〉*	「魏晋南朝的兵制」(『中央研究院歴史語言研究所集刊』16、1947年)
何茲全〈1979〉*	「漢魏之際封建説」(『歴史研究』1979-1、1979年)
夏伝才《1986》	『曹操集注』(中州古籍出版社、1986年)
賀游〈1985〉	「諸葛亮与法正」(成都市諸葛亮研究会編『諸葛亮研究』巴蜀書社、1985年)
柯友根〈1983〉	「世族地主是曹操集団的主要階級基礎」(『厦門大学学報』哲学社会科学版1983-2、1983年)
郭熹微〈1997〉	「論魏晋禅代」(『新史学』8-4、1997年)

郭沫若〈1959〉	「談蔡文姫的《胡笳十八拍》」(『蔡文姫』文物出版社、1959年→郭沫若著作編集出版委員会編『郭沫若全集 文学篇』第8巻、人民文学出版社、1987年)
郭沫若・翦伯賛編《1960》	『曹操論集』(生活・読書・新知三聯書店、1960年)
郭模《1987》	『人物志及注校證』(文史哲出版社、1987年)
官蔚藍〈1953〉	「三国時代之校事制度」(『大陸雑誌』6-7、1953年)
韓格平《1991》	『建安七子詩文集校注訳析』(吉林文史出版社、1991年)
関四平《2001》	『三国演義源流研究』(黒龍江教育出版社、2001年)
顔清洋《2002》	『関公全伝』(台湾学生書局、2002年)
顔清洋《2006》	『従関羽到関帝』(遠流、2006年)
簡博賢《1986》	『今存三国両晋経学遺籍考』(三民書局、1986年)
邱復興《2003》	『曹操今論』(北京大学出版社、2003年)
牛朴〈1988〉	「論三国時代的校事制度」(『福建論壇』文史哲版 1988-5、1988年)
許嘉璐分史主編《2004a》	『三国志(二十四史全訳)』(漢語大詞典出版社、2004年)
許嘉璐分史主編《2004b》	『後漢書(二十四史全訳)』(漢語大詞典出版社、2004年)
許抗生《1992》	『魏晋思想史』(桂冠図書公司、1992年)
許盤清《2004》	『三国風雲地図説』(地震出版社、2004年)
姜広輝主編《2003》	『中国経学思想史』(中国社会科学出版社、2003年)
金文京〈1989a〉	「羅貫中的本貫」(『中国古典小説研究動態』1989-3、1989年)
景蜀慧《1991》	『魏晋詩人与政治』(文津出版社、1991年)
恵棟《1936》	『後漢書補注』(商務印書館、1936年→『二十五史三編』岳麓書社、1994年)
厳可均校釈《1958》	『全上古三代秦漢三国六朝文』(中華書局、1958年)
厳耕望《1963》	『中国地方行政制度史』乙部 上編3,4 魏晋南北朝地方行政制度 上・下 (中央研究院歴史語言研究所、1963年)
呉雲主編《2005》	『建安七子集校注』(天津古籍出版社、2005年)
呉金華《1990》	『三国志校詁』(江蘇古籍出版社、1990年)
胡剛・唐沢映〈1987〉	「諸葛亮在人事上的苦悩与過失」(『中南民族学院学報』社会科学版 1987-1、1987年)
呉士鑑・劉承幹《1936》	『晋書斠注』(芸文印書館、1936年)
胡守為〈1980〉	「山越与宗部」(『史学論文集』広東人民出版社、1980年)
胡守為〈1986〉	「暨豔案試析」(『学術研究』1986-6、1986年)

胡守為〈1989〉	「試論孫呉政権的地域性」(北京大学中国中古史研究中心編『紀念陳寅恪先生誕辰百年学術論文集』北京大学出版社、1989年)
呉樹平《1987》	『東観漢記校注』(中州古籍出版社、1987年)
呉樹平《1988》	『秦漢文献研究』(斉魯書社、1988年)
呉順東・譚属春・陳愛平《1994》	
	『三国志全訳』(貴州人民出版社、1994年)
胡舒雲《2003》	『九品官人法考論』(社会科学文献出版社、2003年)
古直《1928》	『曹子建詩箋』(中華書局、1928年→広文書局、1966年→『層氷堂五種』国立編訳館重印、1984年)
古直《1970》	『阮嗣宗詩箋』(広文書局、1970年→『層氷堂五種』国立編訳館重印、1984年)
洪飴孫《1936》	『三国職官表』(『二十五史補編』開明書店、1936年→中華書局、1955年)
黄恵賢《1987》	『校補襄陽耆旧記』(中州古籍出版社、1987年)
高士楚編《1991》	『諸葛亮躬耕地望論文集』(東方出版社、1991年)
高秀芳・楊済安編《1980》	
	『三国志人名索引』(中華書局、1980年)
洪淑苓《1995》	『関公民間造型之研究―以関公伝説為重心的考察』(国立台湾大学出版委員会、1995年)
黄守誠《1998》	『曹子建新探』(雲龍出版社、1998年)
洪順隆《1989》	『魏文帝曹丕年譜曁作品繋年』(台湾商務印書館、1989年)
黄彰健《1982》	『経今古文学問題新論』(中央研究院歴史語言研究所、1982年)
侯紹荘・冷天放〈1989〉	
	「諸葛亮対「南中」寛緩和善的民族政策」(『貴州文史叢刊』1989-3、1989年)
高晨陽《1994》	『阮籍評伝』(南京大学出版社、1994年)
高晨陽《2000》	『儒道会通与正始玄学』(斉魯書社、2000年)
杭世駿《1994》	『三国志補注』(『二十五史三編』岳麓書社、1994年)
黄節《1957a》	『曹子建詩註』(人民文学出版社、1957年)
黄節《1957b》	『阮歩兵詠懐詩註』(人民文学出版社、1957年→芸文出版社、1971年)
黄節《1958》	『魏武帝魏文帝詩註』(人民文学出版社、1958年)
黄大華《1936》	『東漢三公年表』(『二十五史補編』開明書店、1936年→『二十五史三編』岳麓書社、1994年)
耿天勤主編《2003》	『鄭玄志』(山東人民出版社、2003年)
高敏〈1975〉	「曹操的法家路線与水稲生産―兼論屯田制的実質」(『鄭州大学学報』哲学社会科学版 1975-1、1975年)
高敏《1987》※	『魏晋南北朝社会経済史探討』(人民出版社、1987年)
高敏〈1981〉*	「関於曹魏屯田制的幾個問題」(『史学月刊』1981-1、1981年)

高敏〈1982a〉*	「曹魏租調制拾零」(『史学月刊』1982-5、1982年)	
高敏〈1982b〉*	「東呉屯田制略論」(『中州学刊』1982-6、1982年)	
高敏《1998》※	『魏晋南北朝兵制研究』(大象出版社、1998年)	
高敏〈1989〉*	「曹魏士家制度的形成与演変」(『歴史研究』1989-5、1989年)	
高敏〈1998〉*	「漢魏之際的幾支特殊世兵―青州兵、徐州兵与東州兵」(『魏晋南北朝兵制研究』大象出版社、1998年)	
黄耀能《1978》	『中国古代農業水利史研究―中国経済史研究之一』(六国出版社、1978年)	
耿立羣〈1987〉	「蜀漢政権的成立及初期統治」(『国立中央図書館館刊』20-1、1987年)	
耿立羣〈1988〉	「蜀漢後主時期対巴蜀的統治」(『国立中央図書館館刊』21-2、1988年)	
蔡学海〈1978〉	「三国的人口問題」(『東海大学歴史学報』2、1978年)	
崔曙庭〈1990〉	「《三国志》本文確実多於裴注」(『華中師範大学学報』哲学社会科学版 1990-2、1990年)	
蔡振豊《1997》	『魏晋名士与玄学清談』(黎明文化事業公司、1997年)	
施之勉《1982～84》	『後漢書集解補』1～4 (中国文化大学出版部、1982～84年)	
施蟄存〈1987〉	『水経注碑録』(天津古籍出版社、1987年)	
史念海〈1948〉	「論諸葛亮的攻守策略―中国古代地理政治家伝署之七」(『文史雑誌』6-2、1948年)	
朱子彦〈1987〉	「曹操用人政策的再評価」(『人文雑誌』1987-5、1987年)	
朱紹侯〈1981〉	「三国民族政策優劣論」(『河南師大学報』1981-3、1981年)	
朱大渭〈1981〉	「馬謖被殺的真相」(『学林漫録』4、1981年)	
朱大渭・梁満倉《1998》		
	『武侯春秋』上・下 (団結出版社、1998年)	
周一良〈1974〉	「諸葛亮和法家路線」(『歴史研究』1974-1、1974年)	
周一良《1998》※	『周一良集』第壱巻 (遼寧教育出版社、1998年)	
周一良〈1954〉*	「論諸葛亮」(『歴史研究』1954-3、1954年)	
周国林〈1982a〉	「曹魏畝収租四升弁誤」(『江漢論壇』1982-1、1982年)	
周国林〈1982b〉	「曹魏西晋租調制度的考実与評価」(『華中師院学報』1982年増刊号、1982年)	
周国林〈1986〉	「裴松之《三国志注》引書考」(『中国歴史文献研究』1、1986年)	
周兆新〈1995〉	「〈三国志義〉成立于何時」(周兆新主編『三国演義叢考』北京大学出版社、1995年)	
周天游《1986》	『八家後漢書輯注』上・下 (上海古籍出版社、1986年)	
周天游《1987》	『後漢紀校注』(天津古籍出版社、1987年)	
周満江・呉金蘭《2002》		
	『玄思風流―清談名流与魏晋興亡』(済南出版社、2002年)	
周明泰《1936》	『三国志世系表 附考証』(『二十五史補編』開明書店、1936年→中華書局、1955年)	

第三部　文献目録篇

徐公持《1986》		『阮籍与嵆康』（上海古籍出版社、1986年）
徐朔方〈1995〉		「論〈三国演義〉成書」（周兆新主編『〈三国演義〉叢考』北京大学出版社、1995年）
徐震堮《1984》		『世説新語校箋』（中華書局、1984年）
徐徳嶙〈1955〉		「蜀漢政権的建立和維持」（『三国史講話』羣聯出版社、1955年）
徐難于《2002》		『漢霊帝与漢末社会』（斉魯書社、2002年）
舒焚《1986》		『楚国先賢伝校注』（湖北人民出版社、1986年）
舒焚・張林川《1986》		
		『襄陽耆旧記校注』（荊楚書社、1986年）
章映閣《1989》		『曹操新伝』（上海人民出版社、1989年）
章映閣《1991》		『孫権新伝』（上海人民出版社、1991年）
章恵康・易孟醇主編《1998》		
		『後漢書今注今釈』上・中・下（岳麓書社、1998年）
章権才《1996》		『魏晋南北朝隋唐経学史』（広東人民出版社、1996年）
葉哲明〈1984〉		「論顧雍為相和孫呉鼎足江東―兼評顧雍和張昭之相才」（『台州師専学報』社会科学版 1984-1、1984年）
章培恒〈2001〉		「関于〈三国演義〉的黄正甫本」（『上海師範大学学報』2001-5、2001年）
沈家本〈1964〉		「三国志裴注所引書目」（『沈寄簃先生遺書』文海出版社、1964年→『二十五史三編』岳麓書社、1994年）
辛旗〈1993〉		「魏晋玄学影響下的般若学与大家七宗」（『中国文化月刊』167、1993年）
任昭坤〈1986〉		「従兵器辨〈三国志通俗演義〉的成立年代」（『貴州文史叢刊』1986-1、1986年）
任乃強《1987》		『華陽国志校補図注』（上海古籍出版社、1987年）
振中・盧進《1976》		『官渡大戦』（上海人民出版社、1976年）
沈伯俊〈1985〉		「向往国家統一、歌頌"忠義"英雄―論〈三国演義〉的主題」（『天府新論』1985-6、1985年）
沈伯俊〈1987〉		「関于羅貫中的籍貫問題」（『海南大学学報』1987-2、1987年）
沈伯俊〈1992〉		『三国演義』（江蘇古籍出版社、1992年）
沈伯俊〈1993〉		『三国志通俗演義』（花山文芸出版社、1993年）
沈伯俊〈2004〉		「『三国演義』」（石昌渝主編『中国古代小説総目』白話巻、山西教育出版社、2004年）
沈伯俊・金文京〈2006〉		
		「《三国演義》研究的回顧与展望」（『文芸研究』2006-4、2006年）
沈伯俊・譚良嘯編《1989》		
		『三国演義辞典』（巴蜀書社、1989年）
成都市諸葛亮研究会編《1985》		
		『諸葛亮研究』（巴蜀書社、1985年）

成都市諸葛亮研究会・成都武侯祠博物館編《2001》	
	『諸葛亮与三国文化』（四川大学出版社、2001年）
石昌渝〈1985〉	「論〈三国志演義〉人物形象的非類型化」（『三国演義学刊』1、1985年）
銭儀吉《1991》	『三国会要』（上海古籍出版社、1991年）
銭大昭《1936》	『三国志弁疑』（新文豊出版、1936年→『二十五史三編』岳麓書社、1994年）
銭大昭《1937》	『後漢書弁疑』（新文豊出版、1937年→『二十五史三編』岳麓書社、1994年）
翦伯賛〈1988〉	「董卓之乱与三国鼎立局面之序幕」（『北京大学学報』哲学社会科学版 1988-2、1988年）
銭穆《1989》	『両漢経学今古文平議』（東代図書公司、1989年）
曽慧洁《2002》	『中国歴代服飾図典』（江蘇美術出版社、2002年）
曽謇〈1937〉	「三国時代的社会」（『食貨半月刊』5-10、1937年）
宋効永・奚泉民《1991》	
	『李卓吾先生批評三国志』（黄山書社、1991年）
宋少華〈2005〉	「長沙三国呉簡保護整理与研究的新展開」（長沙市文物考古研究所編『長沙三国呉簡暨百年来簡帛発現与研究 国際学術研討会論文集』中華書局、2005年）
曹道衡〈1984〉	「従魏国政権看曹丕曹植之争」（『遼寧大学学報』哲学社会科学版 1984-3、1984年）
孫機《2001》	『増訂本 中国古輿服論叢』（文物出版社、2001年）
孫明君《1995》	『漢末士風与建安詩風』（文津出版社、1995年）
孫明君《1999》	『三曹与中国詩史』（清華大学出版社、1999年）
孫明君《2003》	『漢魏文学与政治』（商務印書館、2003年）
戴明揚《1962》	『嵆康集校注』（人民文学出版社、1962年）
譚宗義〈1965〉	「諸葛亮南征考」（『文史学報』2、1965年）
譚良嘯《1986》	『諸葛亮治蜀』（四川人民出版社、1986年）
張亜新《1994》	『曹操大伝』（中国文学出版社、1994年）
趙一清《1991》	『稿本三国志注補』（書目文献出版社、1991年）
張永明〈1961〉	「後出師表真偽的弁証」（『大陸雑誌』22-10、1961年）
張可礼《1983》	『三曹年譜』（斉魯書社、1983年）
張可礼《1986》	『建安文学論稿』（山東教育出版社、1986年）
張旭華〈1982〉	「九品中正制萌芽探討」（『中国古代史論叢』1982-2、1982年）
張錦池〈1993〉	「論〈三国志通俗演義〉的創作原則和人物描写」（『明清小説研究』1993-1、1993年）
張蕙慧《1997》	『嵆康音楽美学思想探求』（文津出版、1997年）
張作耀《2000》	『曹操伝』（人民出版社、2000年）
張志和《2002》※	『透視《三国演義》三大疑案』（中国社会科学出版社、2002年）

第三部　文献目録篇

張志和〈1994〉*	「黄正甫刊本〈三国志伝〉乃今見〈三国演義〉最早刻本考」(『北京師範大学学報』1994-2、1994年)
張志和〈2001a〉*	「黄正甫刊本〈三国志伝〉乃今見〈三国演義〉最早刻本続考—就教于徐朔方先生」(『河南大学学報』社会科学版2001-1、2001年)
張志和〈2001b〉*	「再説黄正甫刊本〈三国志伝〉乃今見〈三国演義〉最早刻本—答張宗偉同志」(『明清小説研究』2001-1、2001年)
張志和〈2002a〉*	「再論〈三国演義〉作者不是羅貫中—答杜貴晨先生」(『許昌師専学報』2002-3、2002年)
張志和〈2002b〉*	「由黄正甫刊本説至〈三国演義〉的版本演変—答章培恒先生」(『透視《三国演義》三大疑案』中国社会科学出版社、2002年)
張舜徽《1984》	『鄭学叢書』(斉魯書社、1984年→『張舜徽集』第2輯、華中師範大学出版社、2005年)
張舜徽主編《1992》	『三国志辞典』(山東教育出版社、1992年)
張舜徽主編《1994》	『後漢書辞典』(山東教育出版社、1994年)
張沈石編《1977》	『晋書人名索引』(中華書局、1977年)
張宗偉〈1999〉	「黄正甫刊本〈三国志伝〉非今見〈三国演義〉最早刻本考」(『明清小説研究』1999-1、1999年)
張大可《1988》※	『三国史研究』(甘粛人民出版社、1988年→［増訂版］華文出版社、2003年)
張大可〈1985〉*	「試論董卓及其涼州兵団」(『西北史地』1985-4、1985年)
張大可〈1986〉*	「論諸葛亮」(『社会科学』蘭州 1986-1、1986年)
張大可〈1988a〉*	「建国四十年来三国史研究述評」(『社会科学』蘭州 1988-2、1988年)
張大可〈1988b〉*	「論二荀程郭」(『三国史研究』甘粛人民出版社、1988年)
張大可〈1988c〉*	「論三国時期的民族政策」(『三国史研究』甘粛人民出版社、1988年)
趙超編《1992》	『漢魏南北朝墓誌彙編』(天津古籍出版社、1992年)
趙超《2002》	『霓裳羽衣—古代服飾文化』(江蘇古籍出版社、2002年)
張孟倫〈1980〉	「評劉知幾対《三国志》的評論」(『中華文史論叢』1980-3、1980年)
張孟倫〈1984〉	「裴松之《三国志注》」(『中国歴史文献研究集刊』4、1984年)
趙幼文《1984》	『曹植集校注』(人民文学出版社、1984年)
趙幼文《2001》	『三国志校箋』上・下(巴蜀書社、2001年)
陳可畏〈1964〉	「東越、山越的来源和発展」(『歴史論叢』1、1964年)
陳啓雲《2000》	『荀悦与中古儒学』(遼寧大学出版社、2000年)
陳国符《1949》	『道蔵源流考』(中華書局、1949年→［増訂版］中華書局、1963年)
陳翔華《1990》	『諸葛亮形象史研究』(浙江古籍出版社、1990年)

陳翔華〈2002〉		「〈三国志演義〉原編撰者及有関問題」(『中華文化論叢』2002-2、2002年)
陳紹乾・譚良嘯編〈1985〉		「諸葛亮研究資料目録索引〈1926～1983年〉」(成都市諸葛亮研究会編『諸葛亮研究』巴蜀書社、1985年)
陳嘯江〈1934〉		「三国時代的人口移動」(『食貨半月刊』1-3、1934年)
陳嘯江《1936》		『三国経済史』(中山大学文科研究所、1936年→姚季農主編『三国史論集』3、古籍史料出版社、1973年)
陳博〈1993〉		「従史料来源看《三国志・魏志》多回護的原因」(『西北大学学報』哲学社会科学版1993-4、1993年)
陳博〈1996〉		「韋昭《呉書》考」(『文献』1996-3、1996年)
陳伯君《1987》		『阮籍集校注』(中華書局、1987年)
陳文徳《1992》		『諸葛亮大伝』(遠流、1992年→九洲図書出版社、1995年)
丁晏《1957》		『曹集銓集』(文学古籍刊行社、1957年)
鄭欣《1989》※		『魏晋南北朝史探索』(山東大学出版社、1989年)
鄭欣〈1981〉*		「三国時期封建社会的変革」(『歴史論叢』2、1981年)
鄭欣〈1985〉*		「曹魏屯田客的兵役徭役負担問題」(『斉魯学刊』1985-5、1985年)
程元敏《1997》		『三国蜀経学』(台湾学生書局、1997年)
鄭振鐸〈1929〉		「三国志演義的演化」(『小説月報』20-10、1929年)
鄭鉄生《2000》		『〈三国演義〉叙事芸術』(新華出版社、2000年)
鄭徳坤《1934》		『水経注引得』(哈仏燕京学社、1934年)
丁福保《1959》		『全漢三国晋南北朝詩』(中華書局、1959年→芸文出版社、1968年)
田余慶《1993》※		『秦漢魏晋史探微』(中華書局、1993年→［重訂本］中華書局、2004年)
田余慶〈1974〉*		「曹袁闘争和世家大族」(『歴史研究』1974-1、1974年)
田余慶〈1981〉*		「李厳興廃和諸葛用人」(中華書局編集部編『中華学術論文集』中華書局、1981年)
田余慶〈1991〉*		「曁艶案及相関問題—兼論孫呉政権的江東化」(『中国文化』4、1991年)
田余慶〈1992〉*		「孫呉建国的道路」(『歴史研究』1992-1、1992年)
杜貴晨《2001》※		『伝統文化与古典小説』(河北大学出版社、2001年)
杜貴晨〈1999〉*		「〈三国志通俗演義〉成立及今本改定年代小考」(『中華文化論壇』1999-2、1999年)
杜貴晨〈2001〉		「関于羅貫中〈三国演義〉的著作権問題」(『泰安師専学報』2001-4、2001年)
湯球・黄奭《1989》		『衆家編年体晋史』(天津古籍出版社、1989年)
湯球・楊朝明《1991》		『九家旧晋書輯本』(中州古籍出版社、1991年)

陶元珍《1935》	『三国食貨志』（台湾商務印書館、1935年）
陶元珍《1936》	『三国志世系表補遺 附訂譌』（『二十五史補編』開明書店、1936年→中華書局、1955年）
唐長孺《1955》※	『魏晋南北朝史論叢』（生活・読書・新知三聯書店、1955年）
唐長孺〈1955a〉*	「孫呉建国及漢末江南的宗family与山越」（『魏晋南北朝史論叢』生活・読書・新知三聯書店、1955年）
唐長孺〈1955b〉*	「西晋田制試釈」（『魏晋南北朝史論叢』生活・読書・新知三聯書店、1955年）
唐長孺〈1955c〉*	「九品中正制度試釈」（『魏晋南北朝史論叢』生活・読書・新知三聯書店、1955年）
唐長孺〈1955d〉*	「清談与清議」（『魏晋南北朝史論叢』生活・読書・新知三聯書店、1955年）
唐長孺〈1955e〉*	「魏晋才性論的政治意義」（『魏晋南北朝史論叢』生活・読書・新知三聯書店、1955年）
唐長孺〈1975a〉	「論曹操法家路線的形成」（『歴史研究』1975-1、1975年）
唐長孺〈1975b〉	「曹操法家路線的形成及其局限性」（『武漢大学学報』哲学社会科学版 1975-1・2、1975年）
唐長孺《1983》※	『魏晋南北朝史論拾遺』（中華書局、1983年）
唐長孺〈1981〉*	「東漢末期的大姓名士」（中華書局編集部編『中華学術論文集』中華書局、1981年）
唐長孺〈1989〉	「漢末学術中心的南移与荊州学派」（谷川道雄編『地域社会在六朝政治文化上所起的作用』玄文社、1989年）
唐文《2004》	『鄭玄辞典』（語文出版社、2004年）
湯用彤《1957》	『魏晋玄学論稿』（人民出版社、1957年→『湯用彤全集』3、華北人民出版社、2000年）
湯用彤〈1983〉	「読《太平経》書所見」（『湯用彤学術論文集』中華書局、1983年→『湯用彤全集』5、華北人民出版社、2000年）
馬植傑〈1990〉	「論司馬懿殺曹爽事件」（『蘭州大学学報』社会科学版 1990-2、1990年）
馬植傑〈1991〉	「論曹魏屯田的創始時間及有関問題」（『史学月刊』1991-3、1991年）
馬植傑《1993》※	『三国史』（人民出版社、1993年）
馬植傑〈1988〉*	「論曹操用人及其有関問題」（『蘭州大学学報』社会科学版 1988-1、1988年）
馬植傑《1993》*	「三国時的匈奴和烏桓、鮮卑」（『三国史』人民出版社、1993年）
馬智修〈1966〉	「論諸葛亮之北伐策略」（『香港大学中文学会年刊』1965・1966、1966年）
裴登峰《1999》	『曹植詩新探』（甘粛人民出版社、1999年）
白寿彞〈1999〉	「陳寿和袁宏」（『中国史学史論集』中華書局、1999年）
白眉初〈1930〉	「諸葛亮出師六次路線考略」（『地学雑誌』18-4、1930年）

万斯同《1936a》		『東漢九卿年表』(『二十五史補編』開明書店、1936年→中華書局、1955年)
万斯同《1936b》		『東漢雲台功臣侯表』(『二十五史補編』開明書店、1936年→中華書局、1955年)
万縄楠《1983》※		『魏晋南北朝史論稿』(安徽教育出版社、1983年)
万縄楠〈1964〉*		「曹魏政治派別的分野及其升降」(『歴史教学』1964-1、1964年)
万縄楠〈1978〉*		「論諸葛亮的"治実"精神」(『安徽師大学報』哲学社会科学版 1978-3、1978年)
繆鉞〈1962〉		「陳寿与《三国志》」(『歴史教学』1962-1、1962年)
繆鉞《1988》		『三国志導読』(巴蜀書社、1988年)
傅継馥〈1983〉		「《三国》人物是類型化典型的光輝範本」(『社会科学戦線』1983-4、1983年)
北京図書館金石組《1989》		
		『北京大学図書館蔵 中国歴代石刻拓本匯編 三国晋南朝』(中州古籍出版社、1989年)
蒲志煊《1980》		『華陽国志校注』(中国文化大学中国文学研究所、1980年)
方国瑜〈1982〉		「南中地方勢力与蜀統治之争奪及相互利用」(『求史論叢』1、上海人民出版社、1982年)
方詩銘《1995》※		『曹操・袁紹・黄巾』(上海社会科学院出版社、1995年)
方詩銘〈1986a〉*		「世族・豪傑・遊侠―従一個側面看袁紹」(『上海社会科学院学術季刊』1986-2、1986年)
方詩銘〈1986b〉*		「従《漢末英雄記》看公孫瓚」(『史林』1986-2、1986年)
方詩銘〈1987〉*		「曹操起家与袁曹政治集団」(『学術月刊』1987-2、1987年)
方詩銘〈1988〉*		「剣客・軽侠・壮士―呂布与并州軍事集団」(『史林』1988-1、1988年)
方詩銘〈1990〉*		「論"気侠之士"袁術」(『史林』1990-3、1990年)
方詩銘〈1991〉*		「"黒山賊"張燕与袁紹在河北的対峙和戦争」(『史林』1991-4、1991年)
方詩銘〈1992〉*		「董卓対東漢政権的控制及其失敗」(『史林』1992-2、1992年)
方北辰〈1984〉		「孫呉的"公平"和"中正"浅説」(『四川大学学報叢刊』20、1984年)
方北辰〈1988〉		「論孫呉的"二宮構争"」(『四川大学学報叢刊』37、1988年)
方北辰《1990》		『司馬懿伝』(国際文化事業公司、1990年)
方北辰《1995》		『三国志注訳』1～3(陝西人民出版社、1995年)
毛漢光〈1974〉		「三国政権的社会基礎」(『中央研究院歴史語言研究所集刊』46-1、1974年)
毛漢光〈1975〉		「従中正評品与官職之関係論魏晋南朝之社会架構」(『中央研究院歴史語言研究所集刊』46-4、1975年)
孟繁仁〈1986〉		「〈録鬼簿続編〉与羅貫中種種」(『三国演義学刊』2、四川省社会科学院出版社、1986年)

第三部　文献目録篇

孟繁冶〈1994〉	「潁川謀士群体与曹操政権」（『鄭州大学学報』哲学社会科学版 1994-6、1994年）
兪紹初《1989》	『建安七子集』（中華書局、1989年）
熊方《1984》	『後漢書三国志補表三十種』上・中・下（中華書局、1984年）
余嘉錫《1983》	『世説新語箋疏』（中華書局、1983年→［修訂本］上海古籍出版社、1993年）
余冠英《1956》	『三曹詩選』（作家出版社、1956年→人民出版社、1979年）
余明侠《1996》	『諸葛亮評伝』（南京大学出版社、1996年）
楊鴻年《1985》	『漢魏制度叢考』（武漢大学出版社、1985年→［第2版］武漢大学出版社、2005年）
楊守敬《1974》	『水経注図』（文海出版社、1974年→『楊守敬集』第5冊、湖北人民出版社、1997年）
楊守敬《1989》	『水経注疏』（江蘇古籍出版社、1989年→『楊守敬集』第3・4冊、湖北人民出版社、1997年）
楊晨《1956》	『三国会要』（中華書局、1956年→世界書局、1975年）
楊殿珣編《1940》	『石刻題跋索引』（商務印書館、1940年→［増訂本］商務印書館、1990年）
楊勇《1969》	『世説新語校箋』（新加坡大学中文系及香港大衆書局出版、1969年→［修訂本］中華書局、2006年）
楊耀坤《1985》	『陳寿与《三国志》』（四川人民出版社、1985年）
楊翼驤〈1963〉	「裴松之与《三国志注》」（『歴史教学』1963-2、1963年）
楊聯陞〈1936〉	「東漢的豪族」（『清華学報』11-4、1936年）
羅福頤主編《1987》	『秦漢南北朝官印徴存』（文物出版社、1987年）
雷近芳〈1992〉	「試論蜀漢統治集団的地域構成及其矛盾」（『瀋陽師範学院学報』哲学社会科学版 1992-4、1992年）
雷国珍・汪太理・劉強倫《1995》	『後漢書全訳』（貴州人民出版社、1995年）
李開元〈1985〉	「浅談蜀漢統治集団的社会構成」（『文史知識』1985-6、1985年）
李楽民〈1991〉	「崔琰被殺原因考弁―兼論曹操的用人」（『史学月刊』1991-2、1991年）
李暁明〈1990〉	「裴松之史学初論」（『華中師範大学学報』1990-4、1990年）
李景華《1994》	『建安文学述評』（首都師範大学出版社、1994年）
李向軍〈1988〉	「三国人口考」（『遼寧大学学報』1988-3、1988年）
李広建〈1990〉	「蜀漢政権的建立和地方勢力的関係」（『新亜書院歴史学系系刊』8、1990年）
李志民・柳春藩〈1982〉	「関于司馬懿曹爽之争的評価問題」（『史学集刊』1982-4、1982年）
李修生〈1981〉	「論羅貫中」（『山西師院学報』1981-1、1981年）
李兆鈞編《1995》	『草廬対研究新編』（百花文芸出版社、1995年）

李福清《1997》	『関公伝説和三国演義』（漢忠文化事業公司、1997年）	
李宝均《1978》	『曹氏父子和建安文学』（上海古籍出版社、1978年）	
李裕民編《1979》	『後漢書人名索引』（中華書局、1979年）	
李霊年・王長友《1994》		
	『鍾伯敬先生批評三国志』（安徽文芸出版社、1994年）	
劉偉航《2002》	『三国倫理研究』（巴蜀社、2002年）	
劉永華《2002》	『中国古代車与馬具』（上海辞書出版社、2002年）	
劉永華《2003》	『中国古代軍戎服飾』（上海古籍出版社、2003年）	
劉顕叔〈1978〉	「論魏末政争中的党派分際」（『史学彙刊』9、1978年）	
劉世徳〈1992〉	「羅貫中籍貫考弁」（『文学遺産』1992-2、1992年）	
劉増貴〈1983〉	「論後漢末的人物評論風気」（『成功大学歴史学系歴史学報』10、1983年）	
劉知漸《1985》※	『建安文学編年史』（重慶出版社、1985年）	
劉知漸〈1982〉*	「重新評価〈三国演義〉」（『社会科学研究』1982-4、1982年）	
劉殿爵・陳方正主編《1994》		
	『東観漢記逐字索引』（商務印書館、1994年）	
劉琳《1984》	『華陽国志校注』（巴蜀社、1984年）	
梁章鉅《1955》	『三国志旁証』（芸文印書館、1955年→『二十五史三編』岳麓書社、1994年）	
梁方仲編《1980》	『中国歴代戸口、田地、田賦統計』（上海人民出版社、1980年）	
逯欽立《1983》	『先秦漢魏晋南北朝詩』上・中・下（中華書局、1983年）	
逯耀東《1998》※	『魏晋史学及其他』（東大図書公司、1998年）	
逯耀東〈1986〉*	「三国志注与裴松之三国志自注」（『労貞一先生八秩栄慶論文集』台湾商務印書館、1986年）	
逯耀東《2000》	『魏晋史学的思想与社会基礎』（東大図書公司、2000年）	
林志華〈1984〉	「孫呉在安徽的屯田」（『安徽史学』1984-1、1984年）	
林成西〈1985〉	「論諸葛亮在北伐過程中的屯田」（『中国史研究』1985-1、1985年）	
林登順《1996》	『魏晋南北朝儒学流変之省察』（文津出版社、1996年）	
黎虎〈1994〉	「孫権対遼東的経略」（『北京師範大学学報』社会科学版1994-5、1994年）	
黎東方〈1977〉	「論董卓」（『史学論集』中華学術与現代文化叢書3、1977年）	
魯錦寰〈1982〉	「漢末荊州学派与三国政治」（『中州学刊』1982-4、1982年）	
蘆建栄〈1986〉	「裴松之歴史評論的思想根源—兼論尊経伝統的回応」（『労貞一先生八秩栄慶論文集』台湾商務印書館、1986年）	
魯迅〈1927〉	「魏晋風度及文章与薬及酒之関係」（『現代青年』173〜178、1927年）	
盧盛江《1994》	『魏晋玄学与文学思想』（南開大学出版社、1994年）	
盧弼《1936》	『三国志集解』（芸文印書館、1936年→中華書局、1989年）	

跋

　わたしの大学のゼミでは、毎年二十名前後のゼミ生が、卒業論文を書いています。これに加えて、修士論文や博士論文を書く院生がいますので、論文指導に十分な時間を割いているとは言い難い現状が続いています。そうしたなかで、卒業論文を書くゼミ生たちに、配布していたプリントが第一部の原型です。自分の論文を事例に書き方を説明するという恥ずかしいことをしているのは、本来ゼミ生を対象としたプリントであったこと、および大東文化大学文学部中国学科の独自教科書である『中国学研究入門』を編集したときに、門脇廣文主任より、それをそのまま使用せよとの命を受けたためです。そのお陰により、論文の読み方や書き方をより具体的に示せたことは、本書の特徴になると思います。

　本書の成立は、三国志学会に大きく依拠しています。第一回大会の懇親会の場で、日外アソシエーツ編集部の小森浩二さんに、本書の執筆を依頼されました。狩野直禎会長にご相談したところ、三国志学会として監修をしていただけることになり、狩野直禎会長・金文京副会長・大上正美副会長・堀池信夫副会長に原稿をお目通しのうえ、補訂をしていただきました。さらに三国志学会事務局の石井仁先生・中川諭先生にも、同様の補訂をお願いしました。歴史・三国志演義・建安文学・哲学宗教のすべての分野を学際的に研究しようとする三国志学会の特徴を、少しでも本書に現すことができたとすれば、それは補訂をいただいた先生方のお陰です。また、第三部に掲げきれなかった文献は、渡邉義浩のウェブページ（http://www.daito.ac.jp/~y-wata/）に掲げた、三国志文献目録検索システムにより、著書名・論文名・年代・分類などから検索できるようになっております。このシステムを構築してくれた三国志学会広報の和田幸司さんは、コンピュータ関係の企業にお勤めで、研究者ではありません。また、題字は『三国志研究』の題字も揮毫していただいた書家の呉田志穂さんに、赤壁の墨絵は画家の王農さんに描いていただきました。ありがとうございました。

　研究者だけではなく、三国志を愛するすべての人に開かれた三国志学会が成立し、その監修のもと、本書が出版の日を迎えたことを感謝いたします。

2007年5月

渡邉　義浩

著者略歴

渡邉 義浩（わたなべ・よしひろ）

1962年、東京都大田区生まれ。筑波大学大学院博士課程歴史・人類学研究科修了、文学博士。現在、大東文化大学文学部中国学科教授。北海道教育大学函館校助教授を経て現在に至る。中国古代史が専門。

単著に『後漢国家の支配と儒教』(雄山閣出版、1995年)、『諸葛亮孔明―その虚像と実像』(新人物往来社、1998年)、『図解雑学 三国志』(ナツメ社、2000年)、『三国政権の構造と「名士」』(汲古書院、2004年)、『図解雑学 三国志演義』(ナツメ社、2007年)、共著に『三国志の舞台』(山川出版社、2004年)、共編訳に『全訳後漢書』(汲古書院、2001年～、全19巻の予定)などがある。

三国志研究入門

2007年7月25日　第1刷発行

著　者／渡邉義浩
監　修／三国志学会
発行者／大高利夫
発　行／日外アソシエーツ株式会社
　　　　〒143-8550 東京都大田区大森北1-23-8 第3下川ビル
　　　　電話 (03)3763-5241(代表)　FAX(03)3764-0845
　　　　URL　http://www.nichigai.co.jp/

　　　　組版処理／有限会社デジタル工房
　　　　印刷・製本／光写真印刷株式会社

©Yoshihiro WATANABE 2007
不許複製・禁無断転載　　《中性紙三菱クリームエレガ使用》
〈落丁・乱丁本はお取り替えいたします〉
ISBN978-4-8169-2059-2　　　　Printed in Japan,2007

逆引き 中国語辞典

上野 恵司，相原 茂 共編
B6・750頁　定価6,014円（本体5,728円）　1993.6刊

常用語3万語を末尾の音節（文字）で排列、末尾に同じ字のつく語群が一目でわかる逆引き辞典。現代中国語の規範に忠実な発音と、的確な語釈付き。「表音ローマ字音節表」「部首索引」で自在に引ける。付録として、'不''得'の接中辞を持つ語群一覧、「ABB型形容詞常用語一覧」「簡体字表」を収載。

新訂 現代中国語成語辞典

上野 恵司 編　B6・360頁　定価3,670円（本体3,495円）　1995.6刊

会話や文章で頻繁に使われている成語4,300語を厳選し、日本語による簡潔な語釈を付けた成語辞典。「ローマ字音節索引」「画数索引」「末尾字による逆引索引」、日本語の慣用表現2,000語から引ける「日本語索引」付き。

中国語常用動詞例解辞典

荒屋 勸 主編　B6・920頁　定価6,014円（本体5,728円）　1995.2刊

日常生活でよく使われる中国語の動詞表現を網羅し、豊富な例文を収録した動詞専門の用例辞典。見出しとなる動詞は2000語。5万件の例文は、日常生活でよく使われる表現やことわざなどの慣用表現を収集。中国語の作文に便利な「日本語索引」付き。

中国古典文学案内

A5・400頁　定価13,440円（本体12,800円）　2004.3刊

「詩経」から「紅楼夢」まで、春秋戦国時代～清時代の中国古典文学に関する図書の目録。代表的な作品124点と、思想家・文学者・政治家など関連する人物140名を見出しとし、全集、単行本、研究書あわせて5,515冊を収録。

お問い合わせは…　データベースカンパニー　日外アソシエーツ

〒143-8550　東京都大田区大森北1-23-8
TEL.(03)3763-5241　FAX.(03)3764-0845
http://www.nichigai.co.jp/